파워포인트는 각종 회의나 세미나, 강의 등에서 효과적으로 메시지를 전달하기 위해 사용되는 프레젠테이션 제작 프로그램으로 누구나 한번쯤은 접하게 되는 필수적인 소프트웨어 도구라 할 수 있습니다. 이 책은 간결하고 명확한 설명, 실무와 연계된 다양한 예제를 담은 **실습 중심의 파워포인트 교재**로서, 초보자뿐만 아니라 대학생, 직장인 등 다양한 사용자들이 쉽게 이해하고 바로 적용해 볼 수 있도록 심혈을 기울여 제작한 파워포인트 길라잡이입니다.

저자들은 파워포인트를 비롯한 오피스 프로그램에 대한 다수의 저서 경험이 있고 다년간 대학에서 관련 강의를 진행해왔기 때문에 학생들의 입장에 서서 어떻게 하면 파워포인트를 가장 쉽고 빠르게 배울 수 있는지 누구보다 잘 알고 있습니다. 또한 이 책이 단순한 강의 교재로서의 역할을 뛰어넘어 실무에 바로 활용될 수 있는 **든든한 가이드라인**이 될 수 있도록 최대한 다양하고 실질적인 예제를 담기 위해 노력하였습니다.

이 책은 파워포인트의 핵심적인 내용을 모두 포함하고 있으며, 총 10장으로 구성되어 있습니다. 각 장의 본문은 간결하고 명확한 설명을 포함하고 있으며 단계적인 실습을 통해 쉽게 내용을 습득할 수 있도록 하였습니다. 기본 프로젝트와 응용 프로젝트를 통해 각 장에서 배운 핵심 기능을 다시 한 번 익히며, 기본 실습 문제와 응용 실습 문제를 통해 보다 심화된 사용법을 익힐 수 있도록 하였습니다. 특히 응용 실습 문제에서는 주어진 목적에 맞게 파워포인트를 디자인하는 방법도 함께 포함하여 **실전 프레젠테이션 기법**을 간접적으로 엿볼 수 있도록 하였습니다.

끝으로 이 책이 완성되기까지 많은 도움을 주신 연두 에디션 관계자 분들께 깊이 감사드리며, 이 책을 읽는 모든 분들이 진정한 파워포인트 고수가 되어 **스티브 잡스보다 더 멋진 발표**를 할 수 있기를 진심으로 바랍니다.

2019년 10월
저자 일동

각 Chapter는 기본 이론과 프로젝트, 실습문제로 이루어져 있다. 기본 이론에서는 파워포인트의 각 기능에 대한 기본적인 사용법을 익힌다. 프로젝트는 기본 프로젝트와 응용 프로젝트로 구성되며, 기본 이론에서 습득한 내용을 실무와 유사한 예제에 적용해봄으로써 파워포인트의 핵심 기능 사용법을 익힐 수 있다. 실습문제 또한 기본 실습문제와 응용 실습문제로 나누어지며, 문제 풀이를 통해 학습한 내용을 다시 한 번 확인할 수 있도록 하였다. 특히 응용 실습문제에서는 실무 프레젠테이션 기법이 담겨 있는 예제를 제시함으로써 독자들이 각자의 주제에 맞게 자유롭게 활용해 볼 수 있도록 하였다.

TIP
이해를 돕기 위해 부가적인 설명이 필요한 부분은 TIP으로 제공한다.

기본 이론
각 기능에 대한 필수적인 이론을 설명하며, 예제를 통해 확인할 수 있다.

참고
필수적인 이론 외에 알아두면 좋은 기능을 참고로 설명한다.

기본프로젝트

예제 프로젝트를 통해 파워포인트 기본 기능을 Step 별로 학습한다.

응용프로젝트

예제 프로젝트를 통해 기본 기능 및 추가적인 다양한 기능을 Step 별로 학습한다.

Summary

각 Chapter의 핵심적인 내용을 간략하게 요약 정리한다.

기본 실습문제

기본문제를 직접 풀어보면서 학습한 내용에 대해 다시 한 번 점검한다.

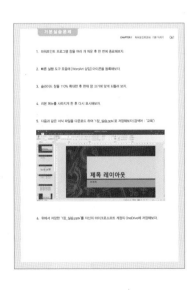

응용실습문제

응용문제를 직접 풀어보면서 학습한 내용에 대해 다시 한 번 점검한다. 예제에 담겨진 실무 프레젠테이션 기법을 각자의 주제에 맞게 자유롭게 활용해볼 수 있다.

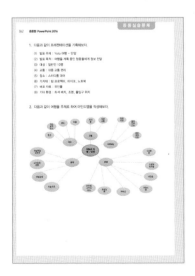

종합실습

모든 Chapter가 끝나면 종합 실습을 통해 그동안 배운 파워포인트의 모든 기능을 종합적으로 점검하며, 파워포인트 관련 자격증을 준비하는 분들에게 도움을 줄 수 있게 하였다.

강의 계획서(3시수 기준)

16주 수업의 3시간 시수를 기준으로 전체 Chapter를 학습하는 것을 목표로 한다. 본 교재는 다양한 실습 예제를 제공하여 학습자가 실무에서 자주 부딪히는 문제들을 미리 접해 볼 수 있도록 하였다.

학습자는 수업 시간 내에 해당 Chapter의 '기본 이론'을 통해 핵심 기능의 사용법을 익히고, '기본 프로젝트'와 '응용 프로젝트'를 통해 예제 프로젝트를 단계적으로 학습할 수 있다. 이후 '기본 실습문제'와 '응용 실습문제'를 직접 풀어봄으로써 학습한 내용을 다시 한번 점검해볼 수 있다.

교수자는 1주 3시간 중 2시간 이내에 본문에 수록된 실습 예제를 활용하여 실습을 진행한다. 나머지 1시간 이내에는 '기본 프로젝트', '응용 프로젝트' 중 1개 이상의 프로젝트를 통하여 해당 Chapter의 내용을 학습자가 모두 숙지하도록 진행한다. 그리고 학습자의 이해도에 따라 '기본 실습문제', '응용 실습문제' 중 일부 또는 단계별로 수업시간 내에 풀게 하거나 과제로 제출하게 한다.

주	Chapter	강의내용
1	1. 파워포인트2016 기본 익히기	프레젠테이션 작업과정 이해하기, 파워포인트의 새로운 기능 및 구성 알아보기
2	1. 파워포인트2016 기본 익히기	프레젠테이션 작성하기, 파일 저장 및 공유하기
3	2. 슬라이드 다루기	슬라이드 편집하기, 슬라이드에 텍스트, 특수문자, 한자, 워드아트, 수식, 메모 등 삽입하고 편집하기
4	3. 도형, 스마트 아트 및 이미지	도형 다루기
5	3. 도형, 스마트 아트 및 이미지	스마트 아트 삽입하고 편집하기
6	3. 도형, 스마트 아트 및 이미지 4. 테마 및 슬라이드 마스터	그림 삽입하고 편집하기 테마 적용하기
7	4. 테마 및 슬라이드 마스터	슬라이드 마스터 다루기
8	중간고사	
9	5. 표와 차트	표 삽입하고 편집하기
10	5. 표와 차트	차트 삽입하고 편집하기
11	6. 멀티미디어 삽입	오디오, 비디오, 하이퍼링크 삽입하고 편집하기
12	7. 애니메이션과 화면전환효과	개체에 애니메이션 효과 적용하고 편집하기 슬라이드에 화면 전환 효과 적용하고 편집하기
13	8. 슬라이드 쇼	슬라이드 쇼 실행하기, 슬라이드 쇼 재구성하기
14	9. 인쇄 및 다양한 슬라이드 저장 방법	인쇄 설정하기, 슬라이드를 다른 형식으로 저장하기
15	10. 종합실습	종합실습문제로 점검하기
16	기말고사	

강의 계획서(2시수 기준)

16주 수업의 2시간 시수를 기준으로 수업을 진행할 때에는 기본 주요내용에 충실히 학습하는 것을 목표로 한다. 본 교재는 다양한 실습 예제를 제공하여 학습자가 실무에서 자주 부딪히는 문제들을 미리 접해볼 수 있도록 하였다.

학습자는 수업 시간 내에 해당 Chapter의 '기본 이론'을 통해 핵심 기능의 사용법을 익히고, '기본 프로젝트'와 '응용 프로젝트'를 통해 예제 프로젝트를 단계적으로 학습할 수 있다. 이후 '기본 실습문제'와 '응용 실습문제'를 직접 풀어봄으로써 학습한 내용을 다시 한번 점검해볼 수 있다.

교수자는 1주 2시간 이내에 본문 예제를 활용하여 기본 기능을 중점으로 수업을 진행하고, '기본 프로젝트'를 통하여 해당 Chapter의 기본 내용을 학습자가 모두 숙지하도록 한다. 그 외에 학습자의 이해도에 따라 '응용 프로젝트', '기본 실습문제', '응용 실습문제' 중 일부 또는 단계별로 수업시간 내에 풀게 하거나 과제로 제출하게 하는 것을 권장한다.

주	Chapter	강의내용
1	1. 파워포인트2016 기본 익히기	프레젠테이션 작업과정 이해하기, 파워포인트의 새로운 기능 및 구성 알아보기
2	1. 파워포인트2016 기본 익히기	프레젠테이션 작성하기, 파일 저장 및 공유하기
3	2. 슬라이드 다루기	슬라이드 편집하기, 슬라이드에 텍스트, 특수문자, 한자, 워드 아트, 수식, 메모 등 삽입하고 편집하기
4	3. 도형, 스마트 아트 및 이미지	도형 다루기
5	3. 도형, 스마트 아트 및 이미지	스마트 아트 삽입하고 편집하기
6	3. 도형, 스마트 아트 및 이미지 4. 테마 및 슬라이드 마스터	그림 삽입하고 편집하기 테마 적용하기
7	4. 테마 및 슬라이드 마스터	슬라이드 마스터 다루기
8	**중간고사**	
9	5. 표와 차트	표 삽입하고 편집하기
10	5. 표와 차트	차트 삽입하고 편집하기
11	6. 멀티미디어 삽입	오디오, 비디오, 하이퍼링크 삽입하고 편집하기
12	7. 애니메이션과 화면전환효과	개체에 애니메이션 효과 적용하고 편집하기 슬라이드에 화면 전환 효과 적용하고 편집하기
13	8. 슬라이드 쇼	슬라이드 쇼 실행하기, 슬라이드 쇼 재구성하기
14	9. 인쇄 및 다양한 슬라이드 저장 방법	인쇄 설정하기, 슬라이드를 다른 형식으로 저장하기
15	10. 종합실습	종합실습문제로 점검하기
16	**기말고사**	

CHAPTER 3   **도형, 스마트아트 및 이미지**   133

CHAPTER 4   테마 및 슬라이드 마스터   245

CHAPTER 5 **표 및 차트**

CHAPTER 6 **멀티미디어 삽입**

CHAPTER 7 애니메이션과 화면 전환 효과 393

CHAPTER

1

파워포인트2016 기본 익히기

CHAPTER 1

학습목표

■ 프레젠테이션 작업 과정에 대해 알아보자.

■ 파워포인트의 새로운 기능에 대해 알아보자.

■ 파워포인트 화면 구성에 대해 알아보자.

■ 다양한 화면 보기에 대해 알아보자.

■ 리본 메뉴와 빠른 실행 도구 모음에 대해 알아보자.

■ 프레젠테이션 작성 및 저장하고 열기에 대해 알아보자.

■ 파일 공유에 대해 알아보자.

파워포인트는 프레젠테이션을 작성하고 편집하는 프로그램으로서 발표 자료를 쉽게 작성할 수 있도록 여러 디자인 서식을 제공하며 차트, 표, 도형, 멀티미디어 등 청중들의 시선을 사로 잡고 내용을 효과적으로 전달할 수 있는 다양한 기능을 제공하고 있다. 또한 프레젠테이션을 클라우드에 저장하여 다른 사람과 간편하게 공유하고 언제 어디서나 원하는 장치에서 액세스할 수 있어 공동 작업을 효율적으로 할 수 있게 한다. 청중들에게 발표 자료를 쉽게 배포할 수 있도록 유인물, 슬라이드, 발표자 노트 등을 파일이나 프린터로 출력할 수 있으며 컴퓨터 화면, 웹, 빔 프로젝터를 이용하여 직접 슬라이드 쇼 형태로 발표를 진행할 수 있다.

1.1 파워포인트를 이용한 프레젠테이션 작업 과정process

프레젠테이션(Presentation)은 어떤 생각, 아이디어, 경험 등을 종합적이고 체계적으로 정리하여 청중에게 전달하는 것이다. 프레젠테이션을 통해 정보를 단순히 전달할 수 있고 상대방을 설득하기 위한 의사결정의 도구로 사용할 수 있으며 메시지 전달을 통해 청중의 마음을 움직이게 할 수도 있다.

프레젠테이션을 성공적으로 하려면 발표자는 청중들이 집중할 수 있게 내용을 효과적으로 설득력 있게 전달해야 한다. 프레젠테이션은 기획, 제작, 발표라는 일련의 작업 과정을 거쳐 작성된다.

1.1.1 기획단계

기획단계에서는 발표 목적, 주제, 장소, 시간 등을 파악하고 대상 청중을 정한 후 자료 수집에 들어간다.

1 발표 목적 및 주제를 설정한다.

홍보가 목적인지 아니면 영업 보고가 목적인지와 같은 발표 목적 및 목표를 설정해야 한다. 다음으로는 설정된 목표를 가지고 주제를 정한다. 주제는 청중의 관심도와 흥미 유발을 위한 중요한 요소이므로 청중이 관심을 가질 만하고 청중이 원하는 주제를 선정한다. 보편적인 내용이라도 새로운 안목을 가지고 통찰력 있게 다룬다면 참신한 주제가 될 수 있을 것이다. 또한 주어진 시간 내에 다룰 수 있는 주제여야 할 것이다.

2 청중 분석

누구를 상대로 프레젠테이션을 할지 분석하는 것이다. 청중의 직업, 관심도, 전문 분야, 성별, 젊은 층인지 아니면 중 장년층인지, 문화 수준, 청중의 사회적 지위 등 청중의 특성을 분석한다. 또한 청중의 규모에 따라 프레젠테이션이나 현장 분위기가 달라질 수 있으므로 이에 대한 파악도 필요하다. 소수의 인원일 경우 토론형식으로 준비할 수 있을 것이다.

3 장소 및 시간

프레젠테이션을 실행할 장소와 시간에 대한 분석도 중요하다. 장소의 위치와 소요시간, 교통, 장소의 규모, 조명, 인터넷 사용 가능 여부, 오디오 상태, 빔 프로젝터 등 기기 상태도 고려해야 한다.

4 자료 수집 및 정리

발표할 주제와 관련된 자료를 찾았다면 저작권 침해 여부를 확인한 후, 이를 최대한 활용하여 프레젠테이션 제작 시간을 절약한다. 필요하면 프레젠테이션할 내용과 관련된 전문가나 경험자를 통해 자료를 수집한다. 전문 매체, 전문 서적, 신문, 잡지를 이용하거나 사이버 도서관, E-Book 등 방대한 정보가 있는 인터넷을 통해 자료를 수집한다.

수집된 자료는 클라우드나 컴퓨터에 전용 폴더를 만들어 관리하는 것이 좋다. 신문을 통해 얻은 자료와 인터넷에서 얻은 자료를 구분하여 하위 폴더를 따로 만들어도 될 것이다. 수집된 자료가 많으면 엑셀이나 워드 프로그램을 이용해 목록을 만들어 관리한다.

1.1.2 제작단계

제작단계에서는 작성된 원고를 스토리보드나 마인드맵을 이용하여 재구성한다. 파워포인트나 워드 프로그램을 이용하여 주제가 잘 표현되도록 작성하고 청중에게 효과적으로 전달하기 위해 시각적으로 디자인하고 제작한다.

1 스토리 구성

스토리 구성은 가장 일반적으로 서론-본론-결론으로 구성하며 프롤로그-서론-본론-결론-에필로그 등과 같이 구성하기도 한다.

서론에서는 프레젠테이션에 대한 배경, 목적, 전체적인 내용을 요약 설명하며 청중의 관심을 끌 수 있게 구성한다.

본론에서는 프레젠테이션의 핵심 내용이 전달될 수 있게 해야 한다. 청중에게 전달할 내용, 정보 등을 타당한 근거를 토대로 구성한다.

결론에서는 기억해야 할 내용을 청중들에게 다시 한번 설명하거나 이 주제와 관련된 내용이 청중에게 어떤 이익을 줄 수 있고 기대효과는 무엇인지를 명확하게 전달한다.

프롤로그나 에필로그를 추가할 경우 프롤로그에서는 핵심 테마와 관련 있는 내용으로 구성하고 에필로그를 통해 청중의 기억에 오래 남을 수 있는 이미지나 코멘트를 준비하면 좋다.

2 개요 작성

스토리가 구성되었으면 개요를 작성한다. 중복되거나 불필요한 내용, 빠진 내용이 없도록 확인하고 전체적인 균형이 유지되도록 내용을 구성한다. 프레젠테이션에서 다룰 세부 내용은 서론–본론–결론으로 나누어 나열되도록 한다.

3 초안 작성

개요가 작성되었으면 초안을 작성한다. 내용은 주제와 목표에서 벗어나지 않게 하고 짧은 문장으로 구성한다. 전문 용어는 가급적 자제하고 구체적인 수치나 근거를 충분히 제시하며 이해를 쉽게 할 수 있도록 비유나 예시를 사용한다.

4 최종 원고 작성

작성된 초안을 이용하여 최종 원고를 작성한다. 각 내용이 청중에게 효과적으로 전달될 수 있게 내용을 요약하고 압축한다. 중복되거나 누락된 내용이 없게 하고 핵심 내용과 불필요한 내용을 구분하여 단순하고 명확하게 구성되도록 다듬는다.

5 프레젠테이션 작성

최종 원고를 이용하여 프레지나 파워포인트 등 프레젠테이션을 작성할 프로그램을 선정한다. 파워포인트에서 슬라이드를 작성할 때는 내용을 효과적으로 전달하기 위해 글꼴의 특성을 고려하여 사용하고 글자 크기는 내용이 잘 보일 수 있게 적절한 크기를 사용한다. 지나치게 긴 문장은 읽기가 어렵고 내용 파악을 힘들게 하므로 간결하게 구성한다. 텍스트보다는 표, 차트, 도형, 그림 등을 이용하여 내용을 시각화하여 표현하는 것이 좋다.

1.1.3 발표단계

청중 앞에서 발표하기 전에 제작된 슬라이드에 미비점이 없는지 확인하고 발표 시간을 조정하는 등 현장에서 실수를 최대한 줄이기 위해 예행연습을 한다. 충분한 예행연습을 통해 수정 및 보완이 완료되면 실제 청중들 앞에서 발표를 한다.

1.2　파워포인트 2016의 새로운 기능

파워포인트 2016에 새로 추가된 기능 중에서 디자인 아이디어, 모핑화면전환, 그리기 메뉴와 같은 일부 기능들은 Office365 구독자만 사용할 수 있다. 새로운 기능을 알아보도록 하자.

1 빠른 작업 수행 및 스마트 조회

제목 표시줄의 입력 상자 `♀ 수행할 작업을 알려 주세요.` 는 Office에서 명령을 찾는 새로운 방법이다.

■ 빠른 작업 수행

제목 표시줄의 [수행할 작업을 알려주세요]를 클릭하여 문자를 입력하면 수행할 작업이나 기능이 목록에 표시되어 빠르게 원하는 기능을 실행할 수 있다.

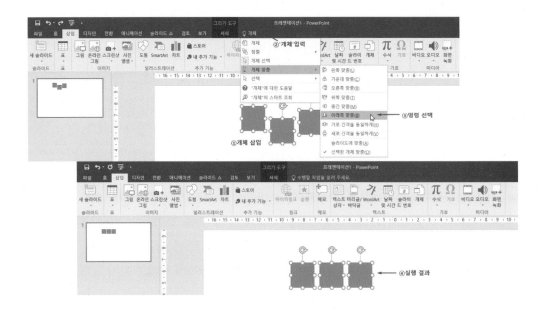

입력한 문자열에 대한 도움말을 검색하고 싶다면 명령과 함께 목록에 표시된 도움말을 선택하면 된다.

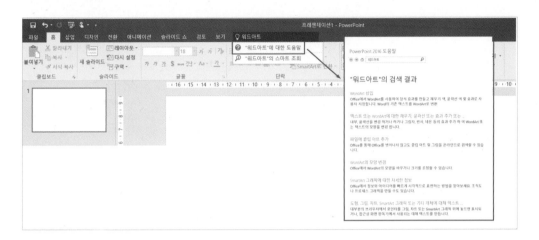

■ **스마트 조회**

프레젠테이션 작업을 하면서 바로 온라인 검색을 할 수 있는 기능이다. 제목 표시줄의 [수행할 작업을 알려주세요]를 클릭하여 문자(예 : 레이아웃)를 입력한 후 ['레이아웃'의 스마트조회]를 클릭한다. 또는 슬라이드의 텍스트 상자에 문자열을 입력하여 선택한 후 마우스 오른쪽 버튼을 클릭하여 [스마트 조회]를 클릭하면 오른쪽에 [정보 활용] 창이 나타나고 빙(Bing), 위키피디아, 또는 기타 웹 검색을 통해 검색한 결과가 표시된다.

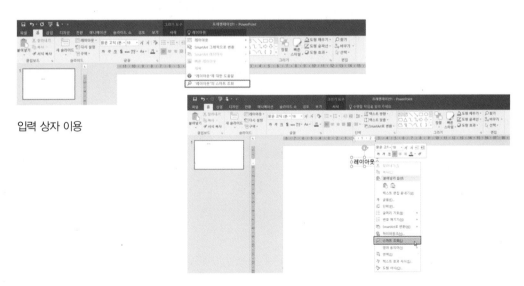

입력 상자 이용

텍스트 상자 이용

검색결과 표시

2 파일 공유

[OneDrive]에 저장된 프레젠테이션을 다른 사용자와 공유하여 공동으로 작업할 수 있다.

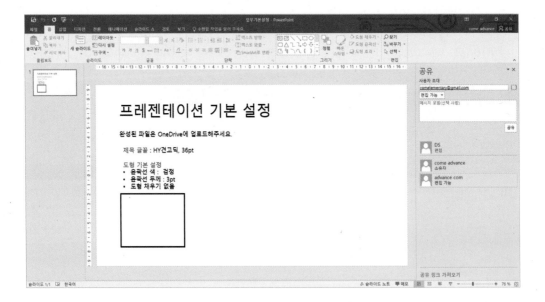

3 잉크 수식

복잡한 수식을 마우스, 펜 또는 손으로 직접 입력하면 자동으로 문자로 인식되어 슬라이드에 삽입된다.

4 투명 도형 스타일

파워포인트 2016에서는 투명 및 반투명 도형 스타일이 제공된다. [그리기 도구] → [서식] → [도형 스타일] 그룹에서 자세히(▼)를 클릭하면 [미리 설정] 구역에 투명과 반투명 도형 스타일 목록이 나타난다.

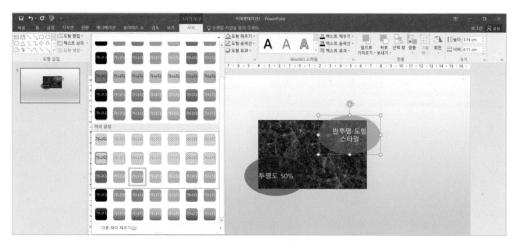

[반투명–주황, 강조2, 윤곽선 없음] 도형 스타일 적용

5 6가지 차트 추가

상자수염 차트, 트리맵, 선버스트, 히스토그램, 파레토, 폭포 차트가 추가되었다. 트리맵, 선버스트 차트는 데이터의 계층 구조를 시각적으로 보여준다. 트리맵은 데이터 값을 직사각형 영역으로 표시한다. 선버스트는 원형 고리 형태로 표시하는데 가장 안쪽의 원이 가장 높은 수준을 나타낸다. 트리맵은 상위 계층과 하위 계층 간의 상대적인 비율을 나타내고

선버스트는 안쪽과 바깥쪽 원 간의 관계를 보여준다.

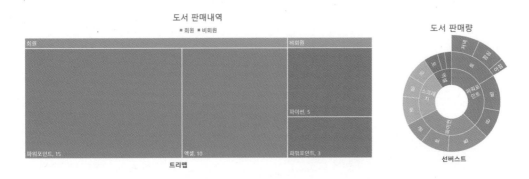

히스토그램, 파레토, 상자수염 차트는 통계 분석에서 사용된다. 히스토그램은 데이터 분포를 파악하기 위해 사용되는데 세로 막대 차트와 유사하나 모든 구간의 값이 포함되도록 막대 간에 간격이 없게 표시한다. 파레토는 히스토그램에 누적 백분율을 표시하는 선이 추가로 포함된 차트이다.

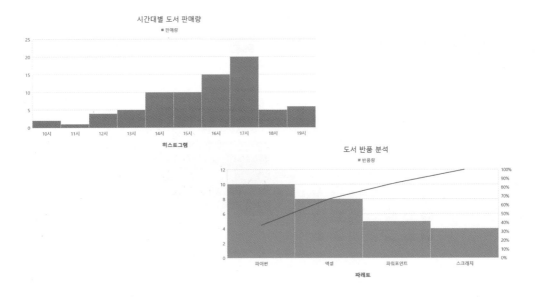

상자수염 차트는 데이터 비교에 자주 사용되는데 데이터 분포를 사분위로 나타내고 평균 및 이상값이 뚜렷하게 구분되어 표시되는 차트이다. 상자에는 사분위수의 위치와 사분위수 범위가 표시되고 수염은 최대값과 최소값을 나타낸다. 이상값은 데이터 군에서 떨어진 위치인 최대값의 위쪽과 최소값의 아래쪽에 보통 점이나 별표로 표시된다.

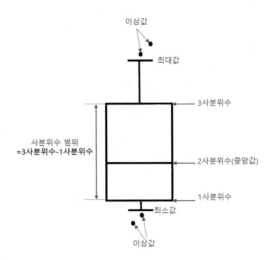

폭포차트는 이익(양수)과 손실(음수)을 막대의 색깔로 구분하고 증가 및 감소의 누계를 표시하므로 초기값이 각 요인에 의해 증가 또는 감소하면서 어떻게 영향을 받는지 확인할 수 있다. 각각의 이익과 손실을 강조해 보여 주기 때문에 소득과 비용 변화, 손익계산서 등 자금흐름을 한눈에 볼 수 있다.

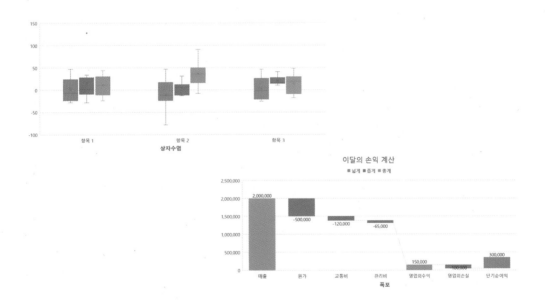

6 비디오를 고화질로 저장

[파일] → [내보내기] → [비디오 만들기] → [최대 파일 크기 및 고품질]로 선택하면 1920 ＊ 1080의 해상도로 비디오가 저장된다.

7 화면녹화 기능

[삽입] → [화면녹화]를 클릭하고 녹화할 영역을 선택한 후 [기록]을 클릭하면 선택한 영역이 녹화되기 시작한다. 윈도우 키(⊞) + [Shift] + [Q]를 누르면 기록이 중지되면서 영상이 슬라이드에 삽입된다.

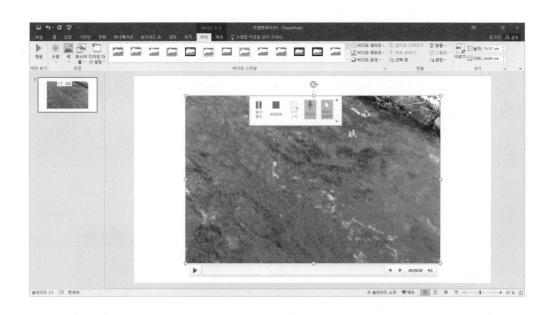

1.3 파워포인트 필수 용어

파워포인트 프로그램을 사용할 때 필수적으로 알아야 하는 용어는 다음과 같다.

■ 프레젠테이션

자신의 아이디어나 의견을 청중에게 발표하는 것을 말한다. 파워포인트에서는 작업의 단위 즉, 파일의 개념으로 표현된다.

■ 슬라이드

슬라이드 한 장은 책의 한 페이지와 같다고 보면 된다. 한 권의 책은 여러 페이지로 구성되며 각 페이지에는 저자가 전달하고자 하는 내용으로 가득 채워지듯이 파워포인트에서도 하나의 프레젠테이션은 여러 슬라이드로 구성되며 발표자는 발표하고자 하는 내용을 슬라이드에 채워 넣는다.

■ 개체

슬라이드를 구성하는 요소로서 슬라이드에 삽입되는 문자열, 도형, 그림, 표, 차트, 오디오, 비디오 등을 말한다.

1.4   파워포인트 실행 및 종료

1.4.1 파워포인트 실행

1 윈도우 시작메뉴에서 실행

윈도우10의 작업 표시줄에서 [시작(▦)] → [PowerPoint 2016]을 클릭한다.

2 작업 표시줄에서 실행

작업 표시줄에 파워포인트 아이콘을 등록해두면 빠르게 프로그램을 실행할 수 있다.

① [시작(▦)] → [PowerPoint 2016]에서 마우스 오른쪽 버튼을 클릭하여 [자세히] → [작업 표시줄에 고정]을 클릭하면 작업 표시줄에 파워포인트 아이콘이 등록된다.

❷ 작업 표시줄에 등록된 파워포인트 아이콘()을 클릭하면 파워포인트 프로그램이 실행된다.

참고 작업 표시줄에서 아이콘 삭제

작업 표시줄에서 삭제하고자 하는 아이콘에 마우스 포인터를 이동한 후 마우스 오른쪽 버튼을 클릭하여 [작업 표시줄에서 제거]를 클릭한다.

1.4.2 파워포인트 종료

1 하나의 프레젠테이션 창 닫기

- [파일]을 클릭하여 목록에서 [닫기]를 클릭한다.

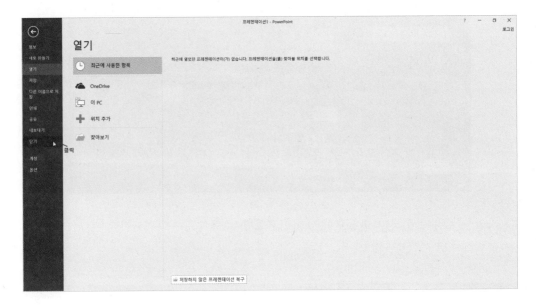

- 파워포인트 제목 표시줄 오른쪽 상단에서 닫기(×)를 클릭한다.
- 단축키 [Alt] + [F4]([Alt]를 누른 채 [F4]를 누름)를 누른다.

2 여러 프레젠테이션 창 닫기

파워포인트를 실행하면 작업 표시줄에 파워포인트 아이콘이 나타난다. 파워포인트 아이콘
에서 마우스 오른쪽 버튼을 클릭하여 [모든 창 닫기]를 클릭한다.

참고 바탕 화면에 파워포인트 아이콘 만들기

❶ [시작(⊞)] → [PowerPoint 2016]에서 마우스 오른쪽 버튼을 클릭하여 [자세히] → [파일 위치 열기]를 클릭하면 [파워포인트 2016] 아이콘이 있는 위치로 이동된다.

❷ [PowerPoint 2016]에서 마우스 오른쪽 버튼을 클릭하여 [보내기] → [바탕 화면에 바로 가기 만들기]를 클릭하면 바탕화면에 아이콘이 표시된다.

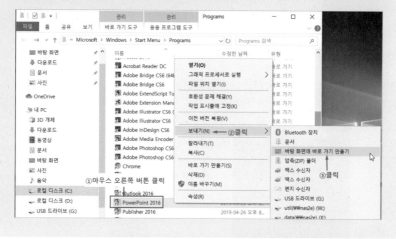

참고 다양한 파워포인트 실행 방법

(1) 웹 및 검색창에서 실행

작업 표시줄의 [웹 및 검색]을 클릭하여 검색 목록에 [PowerPoint 2016]이 나타날 때까지 차례대로 철자를 입력한다. 목록에 프로그램 이름이 나타나면 클릭한다.

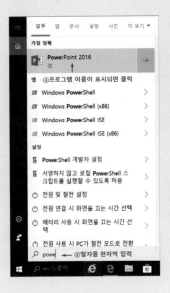

웹 및 검색창에서 실행

(2) 실행창에서 실행

[시작(⊞)]에서 마우스 오른쪽 버튼을 클릭하고 [실행]을 클릭한다. 또는 윈도우 키(⊞) + [R]키를 누른다. [실행]창에서 [powerpnt]를 입력하고 [확인]을 클릭한다.

1.5 파워포인트 화면 구성

파워포인트에서 제공되는 다양한 기능을 수행시키기 위해서 각 구성요소의 명칭과 기능을 살펴보자.

1.5.1 화면 구성

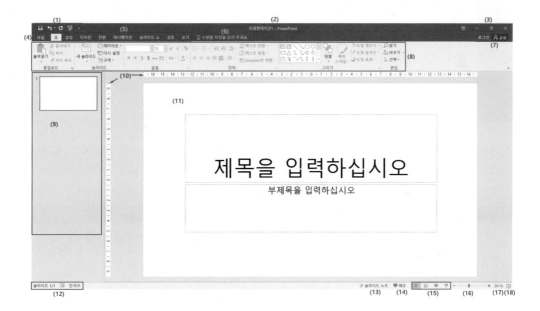

(1) 빠른 실행 도구 모음 : 자주 사용되는 명령들을 빠르게 실행하기 위해 도구 모음에 아이콘을 추가할 수 있다.

(2) 제목 표시줄 : 제목 표시줄에는 [프레젠테이션1-PowerPoint]과 같이 프레젠테이션과 프로그램 이름이 표시된다.

(3) 리본 메뉴 표시 옵션/최소화/최대화 또는 이전 크기로 복원/닫기

- 리본 메뉴 표시 옵션 : 리본 메뉴 자동 숨기기, 탭 표시, 탭 및 명령 표시가 목록에 표시된다.

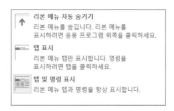

- 최소화/최대화 또는 이전 크기로 복원 : [최소화]는 창을 작업 표시줄에 아이콘 형태로 표시한다. [최대화]는 창을 바탕화면 크기로 키우며 [이전 크기로 복원]은 창을 원래 크기로 복원한다.
- 닫기 : 현재 작업 중인 창을 닫는다.

(4) 파일 탭 : 정보, 새로 만들기, 열기, 저장, 인쇄, 닫기와 같이 파일을 다루기 위한 기본적인 명령들과 공유, 내보내기, 계정, 옵션 등의 명령들로 구성된다.

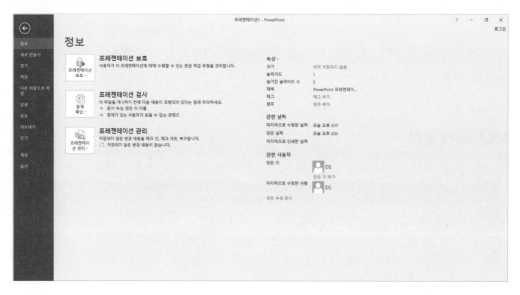

(5) 메뉴 탭 : 홈, 삽입, 디자인, 전환, 애니메이션, 슬라이드 쇼, 검토, 보기 탭으로 구성되어 있다. 슬라이드에 개체를 삽입하면 그리기 도구, 그림 도구, SmartArt 도구, 표 도구, 차트 도구, 비디오 도구 등 삽입한 개체에 속하는 도구 탭이 나타나며 관련 명령들이 표시된다. 개체 작업을 마치면 도구 탭도 사라진다.

(6) 입력 상자 : [수행할 작업을 알려주세요]를 클릭하여 문자를 입력하면 입력한 문자와 관련된 명령이 표시되어 바로 기능을 실행할 수 있다. 명령과 함께 도움말이나 스마트 조회가 목록에 표시되므로 도움말을 조회해볼 수 있고 스마트 조회를 선택할 경우 빙(Bing), 위키피디아, 기타 웹 검색을 통해 검색된 결과가 [정보 활용]창에 표시된다.

(7) 로그인/공유 : 마이크로소프트 계정에 로그인을 하여 OneDrive에 파일을 저장하고 이 파일을 다른 사용자와 공유하여 공동으로 작업을 할 수 있다.

(8) 리본 메뉴 : 메뉴 탭을 클릭하면 리본 메뉴가 펼쳐진다. 리본 메뉴의 명령들은 그룹 단위로 구성되어 있다. 그룹명 옆의 ⌐ 는 대화상자 표시 아이콘이다. 리본 메뉴를 숨기거나 다시 나타내려면 [Ctrl]+[F1]을 누르거나 메뉴 탭을 더블클릭한다.

(9) 슬라이드 탭 : 슬라이드 탭은 슬라이드를 축소판 모양으로 보여주므로 프레젠테이션의 디자인 변경 결과를 쉽게 확인할 수 있다. 슬라이드를 탐색, 추가, 복사, 이동, 삭제할 수 있다.

(10) 가로 눈금자/세로 눈금자 : [보기] → [표시] 그룹에서 [눈금자]에 체크를 표시하여 가로 눈금자/세로 눈금자를 표시하거나 체크를 제거하여 숨긴다.

(11) 슬라이드 창 : 현재 작업 중인 슬라이드가 표시된다. 슬라이드에 텍스트를 추가하거나 그림, 표, 차트, SmartArt 그래픽, 그리기 개체, 텍스트 상자, 동영상, 소리, 하이퍼링크, 애니메이션 등 각종 개체를 삽입하고 편집할 수 있는 영역이다.

(12) 상태표시줄 : 현재 슬라이드 번호와 언어, 맞춤법 오류 여부 등 현재의 프레젠테이션에 대한 정보를 나타낸다.

(13) 슬라이드 노트 : 한번 클릭하면 슬라이드 노트가 나타나고 한 번 더 클릭하면 슬라이드 노트가 사라진다. 슬라이드 노트에는 현재 편집 중인 슬라이드와 관련된 내용을 입력한다.

(14) 메모 : 슬라이드 창 오른쪽에 메모창이 나타나는데 메모 창을 사용하여 의견을 서로에게 제공할 수 있다.

(15) 화면 보기 도구 : 화면 보기 도구에는 기본, 여러 슬라이드, 읽기용 보기, 슬라이드 쇼 등이 있다.

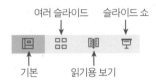

(16) 확대/축소 : 슬라이드 화면을 확대하거나 축소할 수 있다. ⊕⊖버튼을 클릭하면 10%씩 슬라이드를 확대하거나 축소할 수 있다.

(17) 확대/축소 비율 : [확대/축소] 창에서 슬라이드 화면의 확대 또는 축소 비율을 직접 지정할 수 있다.

(18) 현재 창 크기에 맞춤 : 확대 또는 축소된 슬라이드를 현재 창의 크기에 맞게 조절한다.

1.5.2 다양한 화면 보기

파워포인트에서는 프레젠테이션을 볼 수 있는 방식이 다양하게 있으므로 작업 형태에 따라 사용하면 된다.

1 기본 보기

한 화면에 슬라이드 탭, 슬라이드, 슬라이드 노트를 동시에 보여 주며 왼쪽 창에는 [슬라이드] 탭이 오른쪽 창에는 [슬라이드] 창이 나타난다. 슬라이드 탭에는 축소판 슬라이드 목록이 표시되는데 축소판 슬라이드 왼쪽에는 슬라이드 번호가 함께 표시된다. 축소판 슬라이드에는 그래픽 요소가 포함되어 있어 여러 슬라이드의 디자인이 변경된 결과를 비교하고 확인할 수 있다. 슬라이드 탭에서 축소판 형태의 슬라이드를 클릭하면 슬라이드 창에 슬라이드가 나타난다. 슬라이드 창에서는 개체를 입력하고 편집한다. 슬라이드 창 아래에는 [슬라이드 노트] 영역이 있다. 프레젠테이션을 [기본보기]로 보려면 [보기] → [프레젠테이션 보기] 그룹 → [기본]을 클릭하거나 화면 보기 도구의 [기본(回)]을 클릭한다.

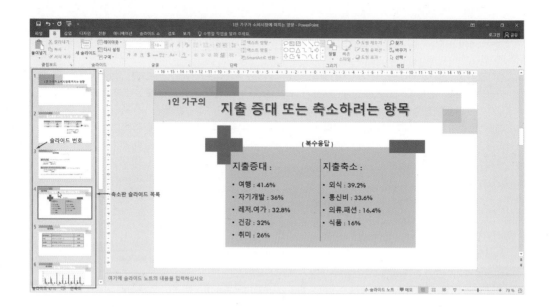

2 개요 보기

슬라이드의 텍스트 상자에 입력된 내용이 표시된다. 프레젠테이션의 전체적인 내용 흐름을 파악할 때 유용하다. [보기] → [프레젠테이션 보기] 그룹 → [개요 보기]를 클릭한다.

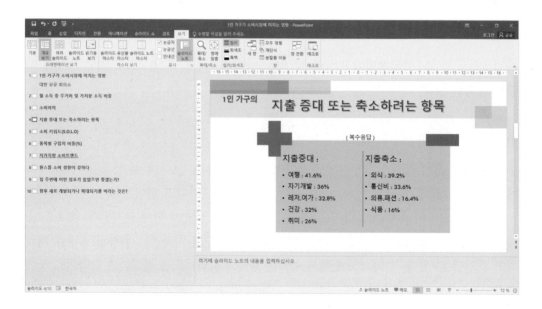

3 여러 슬라이드 보기

[여러 슬라이드]는 여러 슬라이드를 축소해서 한 화면에 보여 준다. 화면 전환 효과, 애니메이션, 슬라이드 쇼 등 각 슬라이드에서 설정했던 사항들을 확인할 수 있다. 또한, 전체

흐름을 파악하면서 슬라이드를 이동, 복사, 삭제할 때 유용하다.

[보기] → [프레젠테이션 보기] 그룹 → [여러 슬라이드]를 클릭하거나 화면 보기 도구에서 [여러 슬라이드(品)]를 클릭한다.

4 슬라이드 노트

슬라이드 노트는 슬라이드 축소판 그림과 메모할 수 있는 노트 영역으로 구성된다. [보기] → [프레젠테이션 보기] 그룹 → [슬라이드 노트]를 클릭하면 슬라이드 노트가 나타난다.

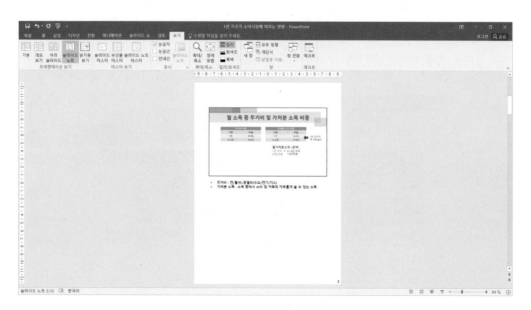

5　읽기용 보기

청중에게 프레젠테이션을 하는 것이 아닌 자기 컴퓨터에서 확인할 수 있는 기능이다. 간단한 컨트롤이 포함되어 있어 쇼를 진행하면서 애니메이션 동작이나 슬라이드 재생 여부를 검토해볼 수 있다. 언제든지 읽기용 보기에서 다른 보기로 전환할 수 있다.

[보기] → [프레젠테이션 보기] 그룹 → [읽기용 보기]를 클릭하거나 화면 보기 도구에서 [읽기용 보기(📖)]를 클릭한다.

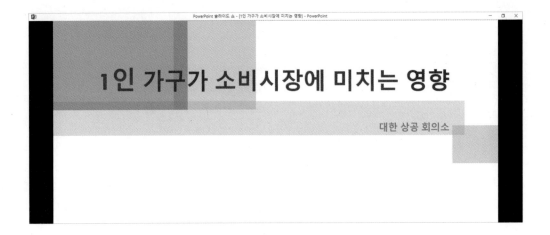

6　슬라이드 쇼

슬라이드에 삽입된 모든 개체에 적용된 효과를 실행할 수 있고 슬라이드를 전체 화면 크기로 한 번에 하나씩 보여준다. 예행연습이나 실제 프레젠테이션을 할 준비가 되었을 때 사용한다. 화면 보기 도구에서 [슬라이드 쇼(🖵)]를 클릭하여 슬라이드 쇼를 실행한다. 다음 슬라이드로 이동하려면 화면을 클릭하거나 [Enter]를 누르고 종료하려면 [ESC]를 누른다.

1인 가구의 소비 키워드(S.O.L.O)

Self-orientation	여행에 돈을 쓰고 싶다	41.6%
Online	의류는 주로 인터넷에서 구입	63.6%
Low price	할인할 때를 기다리는 편	51.2%
One-stop	요리는 주로 가공식품이나 간편식으로 하는 편	60.3%

1.5.3 리본 메뉴 및 빠른 실행 도구 모음

파워포인트 프로그램을 익숙하게 사용하려면 도구 모음과 화면 구성 요소들을 잘 조작할 수 있어야 한다. 파워포인트에서는 리본 메뉴 사용자 지정, 빠른 실행 도구 모음을 이용하여 사용자 편의에 맞게 메뉴를 편집하고 새롭게 구성할 수 있다.

1 리본 메뉴 구성

[파일] → [옵션] → [리본 사용자 지정]에서 리본 메뉴를 구성할 수 있다.

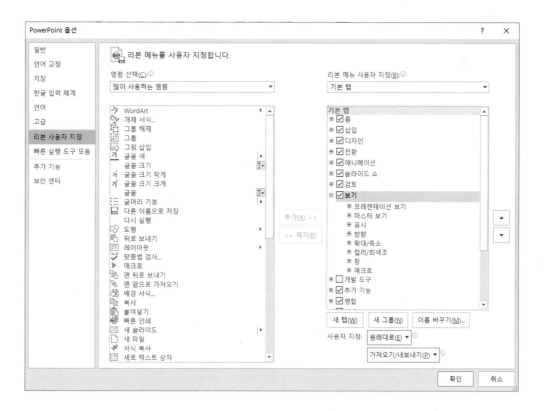

2 빠른 실행 도구 모음

[파일] → [옵션] → [빠른 실행 도구 모음]에서 자주 사용하는 명령을 등록하여 사용할 수 있다.

3 빠른 실행 도구 모음 사용자 지정

기본 화면의 [빠른 실행 도구 모음 사용자 지정(⏷)]을 이용하면 도구를 간편하고 쉽게 추가하고 제거할 수 있다. 체크가 표시된 명령은 [빠른 실행 도구 모음]에 아이콘이 표시된다. [빠른 실행 도구 모음]에서 아이콘을 없애려면 명령에 표시된 체크를 제거하면 된다.

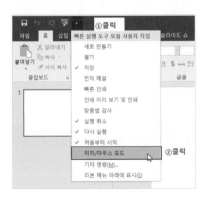

참고 **터치/마우스 모드**

[마우스 모드]로 선택되어 있으면 제목 텍스트 상자에 [제목을 입력하십시오]라고 표시된다. 만약 [터치]모드로 되어 있으면 제목 텍스트 상자에 [제목을 추가하려면 두 번 탭하세요] 라고 표시된다.

마우스 모드   터치 모드

[마우스 모드]를 [터치]모드로 변경해보고 다시 원래 상태로 되돌려 보자.

❶ 제목 표시줄에서 빠른 실행 도구 모음 사용자 지정(▾)을 클릭하고 목록에서 [터치/마우스 모드]를 클릭하여 [터치/마우스 모드]에 체크가 표시되게 한다.

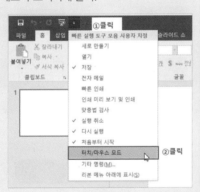

❷ 빠른 실행 도구 모음에 표시된 [터치/마우스 모드(🖐)] 아이콘을 클릭한다. 목록에서 [터치]를 클릭하면 제목 텍스트 상자에 [제목을 추가하려면 두 번 탭하세요]로 변경된다.

❸ 다시 원래 상태로 변경하려면 [터치/마우스 모드(🖐)] 아이콘을 클릭하여 목록에서 [마우스]를 클릭한다.

❹ [빠른 실행 도구 모음]에 등록된 [터치/마우스 모드(🖐)] 아이콘을 제거하려면 [빠른 실행 도구 모음 사용자 지정(▾)]을 클릭하고 목록에서 [터치/마우스 모드]에 표시된 체크를 제거하면 된다.

1.6 기본 프레젠테이션 작성

프레젠테이션은 파워포인트의 기본 서식인 [Office 테마]를 선택하거나 이미 디자인이 세트로 구성된 테마 또는 서식 파일을 이용하여 작성한다. 파워포인트의 기본 서식인 [Office 테마]를 이용하여 프레젠테이션을 만들고 저장해보자.

❶ 파워포인트 2016을 실행하면 다음 그림과 같이 시작화면이 나타난다. 목록에서 [새 프레젠테이션]을 클릭한다.

> **참고   작업 실행 취소/작업 다시 실행**
>
> 방금 작업한 내용을 취소하려면 [Ctrl]+[Z]를 누른다. 반대로 실행 취소한 작업을 다시 실행하려면 [Ctrl]+[Y]를 누른다.

❷ [Office 테마]가 적용된 프레젠테이션 창이 나타나며 제목 표시줄에는 [프레젠테이션1]
이라 표시되고 슬라이드 창에는 [제목 슬라이드]가 나타난다. [제목 슬라이드]는 제목
텍스트와 부제목 텍스트 상자 개체 틀로 구성된다.

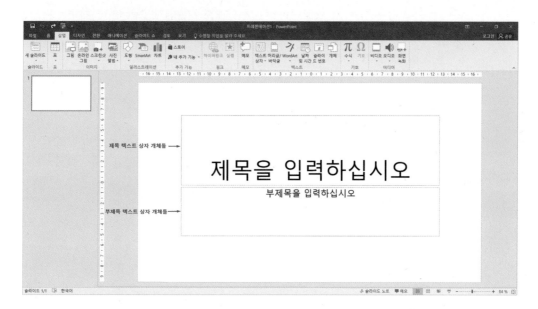

❸ 제목 텍스트 상자 개체 틀 내부를 클릭하면 [제목을 입력하십시오]가 사라지고 내부에
커서가 나타난다.

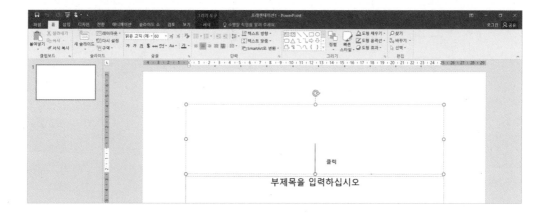

❹ 제목 텍스트 상자에 내용을 입력한다. 이어서 [부제목을 입력하십시오]를 클릭하여 부
제목 내용을 입력한다.

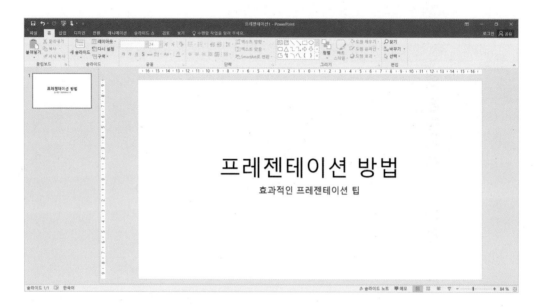

❺ 두 번째 슬라이드를 추가하려면 [홈] → [슬라이드] 그룹 → [새 슬라이드]를 선택한 후
목록에서 [제목 및 내용]을 선택한다.

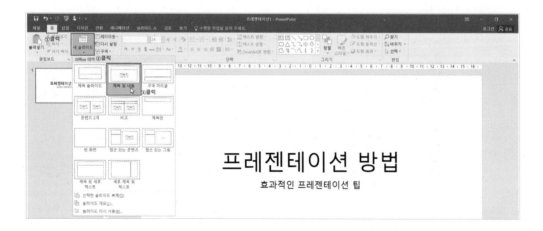

❻ [제목 및 내용] 슬라이드가 삽입되면 제목 텍스트 상자와 텍스트 상자 개체 틀에 내용
을 입력한다.

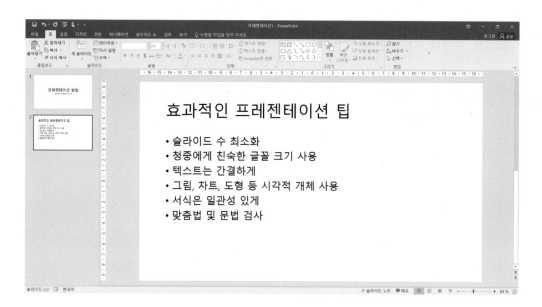

❼ [파일] → [저장] → [이 PC] → [문서] 폴더를 클릭한다. 또는 저장 위치를 바꾸려면 [찾아보기]를 클릭한다.

❽ [다른 이름으로 저장] 창이 나타나면 파일 이름을 입력하고 [저장]을 클릭한다.

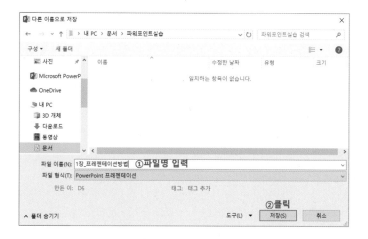

참고 **맞춤법 검사 실행 안 하기**

[파일] → [옵션]을 클릭하여 [PowerPoint옵션] 창에서 [언어교정]을 클릭하여 [PowerPoint에서 맞춤법 검사] 항목의 [입력할 때 자동으로 맞춤법 검사]의 체크 표시를 제거한다.

1.7   서식 프레젠테이션 작성

서식 파일은 비즈니스, 교육 등 용도에 맞는 컨텐츠 레이아웃과 글꼴, 색상, 배경 스타일 등의 테마가 함께 구성된 파일을 말한다.

❶ 파워포인트 시작화면에서 검색어를 '어린이'라 입력하고 [검색 시작(🔎)]을 클릭한다.

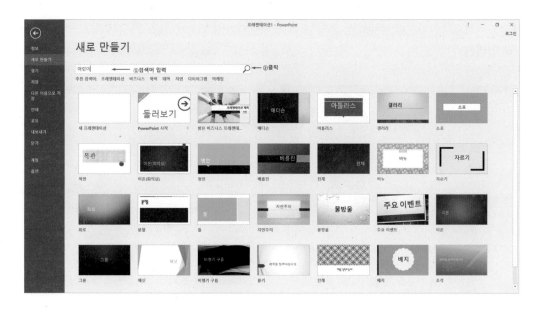

TIP 서식 파일 검색은 검색 상자 아래에 나온 추천 검색어의 범주(예: 비즈니스, 학력, 테마, 자연)를 이용해도 된다.

❷ 검색결과에서 첫 번째 파일을 클릭하여 다음 단계가 나타나면 [만들기]를 클릭한다.

❸ 선택한 컨텐츠의 레이아웃이 포함된 프레젠테이션이 만들어지면 텍스트 상자에 내용을 입력한다.

TIP PowerPoint 서식 파일과 테마의 차이점
테마는 색, 글꼴, 시각 효과 등 디자인을 미리 정의해 둔 파일이다. 서식 파일은 템플릿이라고도 말하는 데 테마 + 컨텐츠 레이아웃이라고 말할 수 있다. 컨텐츠 레이아웃은 비즈니스, 마케팅 등 사용 목적에 맞게 구성되어 있다.

참고　**파워포인트 시작화면 없애기**

시작화면은 파워포인트를 새로 실행하거나 이미 파워포인트가 실행 중이라면 [파일] → [새로 만들기]를 클릭하면 나타난다.

❶ [파일] → [옵션]을 선택하고 [PowerPoint 옵션] 창에서 [일반]을 선택한다.
❷ [시작 옵션]의 [이 응용프로그램을 시작할 때 시작 화면 표시]에서 체크 표시를 제거한다.

참고   파워포인트 창 색 변경

[Office 테마] 색상을 색상형, 어두운 회색, 흰색으로 변경할 수 있다. 기본값은 [색상형]이다.

❶ [파일] → [옵션]을 선택하고 [PowerPoint 옵션] 창에서 [일반]을 선택한다.
❷ [Office 테마]의 버튼을 눌러 색을 선택한다.

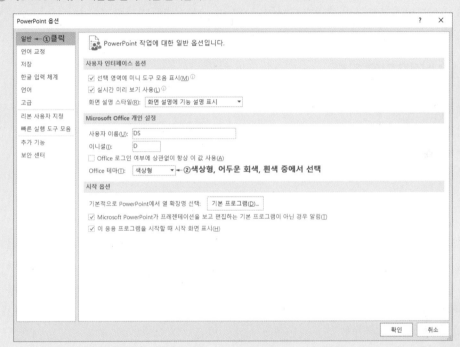

❸ 선택한 색상으로 파워포인트 창 색이 변경된다.

흰색   어두운 회색

1.8   프레젠테이션 저장

파워포인트에서는 프레젠테이션을 컴퓨터에 바로 저장할 수도 있고 인터넷이 연결되어 있으면 마이크로소프트사의 클라우드 서비스인 [OneDrive]에 저장할 수 있다.

1.8.1 내 컴퓨터에 저장

파워포인트 2016에서 파일을 저장하면 파일 형식이 [PowerPoint 프레젠테이션]으로 선택되며 확장명은 'pptx'이다. 저장 위치를 변경하려면 [찾아보기]를 클릭한다.

❶ [파일] → [저장]을 클릭한다.

❷ [다른 이름으로 저장]이 나타나면 [이 PC]를 선택한다.

❸ [찾아보기]를 클릭하여 새로 저장할 위치를 선택하고 파일명을 입력한 후 [저장]을 클릭한다.

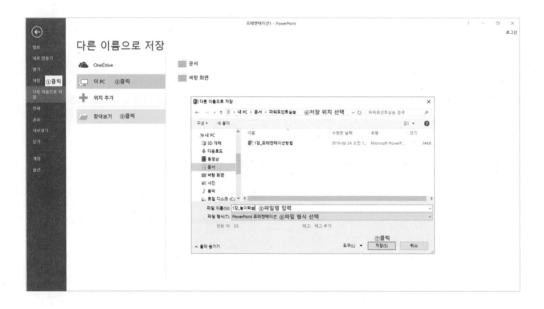

❹ 방금 저장했던 위치가 [현재 폴더]에 등록된다.

| 참고 | 파워포인트 확장명 | | |

파일 형식	확장명	설명
PowerPoint 프레젠테이션	.pptx	프레젠테이션 파일
PowerPoint 매크로 사용 프레젠테이션	.pptm	VBA 코드가 포함된 프레젠테이션
PowerPoint 97-2003 프레젠테이션	.ppt	PowerPoint 97, 2003에서 열 수 있는 프레젠테이션 형식
PDF 문서 형식	.pdf	전자 파일 형식
XPS 문서 형식	.xps	
PowerPoint 디자인 서식 파일	.potx	PowerPoint 서식 파일
PowerPoint 매크로 사용 서식 파일	.potm	매크로가 포함된 서식 파일
PowerPoint 97-2003 디자인 서식 파일	.pot	PowerPoint 97, 2003에서 열 수 있는 서식 파일
Office 테마	.thmx	색, 글꼴 및 효과 정의가 포함된 스타일 시트
PowerPoint 쇼	.ppsx	기본 보기에서 슬라이드 쇼가 실행됨
PowerPoint 매크로 사용 쇼	.ppsm	매크로가 포함된 슬라이드 쇼
MPEG-4 비디오	.mp4	프레젠테이션을 비디오로 저장
Windows Media 비디오	.wmv	
GIF	.gif	슬라이드를 그림 파일로 저장
JPEG	.jpg	
PNG	.png	
Windows 메타파일	.wmf	메타파일 형식
향상 된 Windows 메타 파일	.emf	

1.8.2 OneDrive에 저장

OneDrive에 문서를 저장하면 웹을 통해 언제든지 문서를 사용하거나 편집할 수 있고 다른 사용자와 파일을 공유할 수 있다. 마이크로소프트에 계정이 있다면 http://www.live.com에 접속하여 메일주소와 암호를 입력하고 로그인을 하면 OneDrive를 사용할 수 있다. 계정이 없다면 먼저 회원 가입을 해야 한다.

❶ [파일] → [다른 이름으로 저장]을 클릭한다.

❷ [다른 이름으로 저장]이 나타나면 [OneDrive] → [로그인]을 클릭한다.

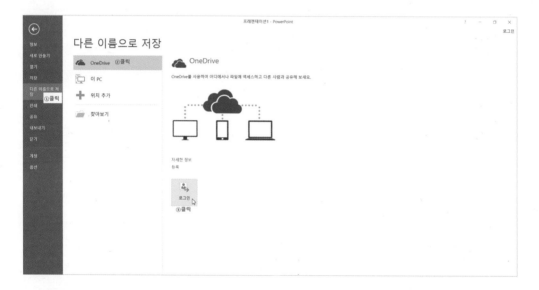

❸ 이메일 주소와 암호를 입력한다.

❹ 다시 [다른 이름으로 저장]이 나타나면 [OneDrive-개인]을 클릭한다. [다른 이름으로 저장]창이 나타나면 저장 위치를 선택하고 [저장]을 클릭한다.

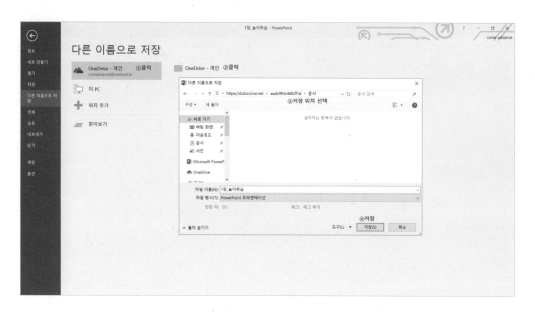

참고 **[Windows 보안]창 표시**

[Windows 보안]창이 나타나면 마이크로소프트 계정 이름과 암호를 입력하고 [확인]을 클릭한다.

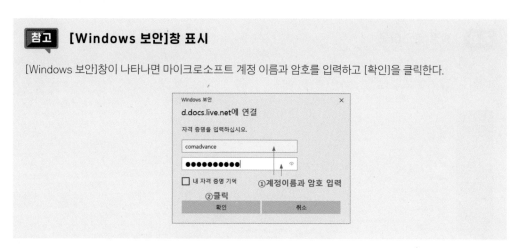

❺ 웹브라우저를 실행하고 마이크로소프트 계정의 OneDrive를 열어보면 파일이 저장된 것을 확인할 수 있다.

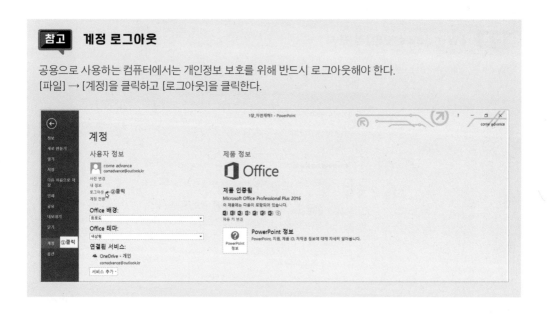

참고　**계정 로그아웃**

공용으로 사용하는 컴퓨터에서는 개인정보 보호를 위해 반드시 로그아웃해야 한다.
[파일] → [계정]을 클릭하고 [로그아웃]을 클릭한다.

참고 **최근에 사용한 프레젠테이션 목록 개수 지정**

❶ [파일] → [옵션] → [고급]의 [표시]에서 [표시할 최근 프레젠테이션 수]에 최근에 사용한 프레젠테이션 개수를 입력한다.

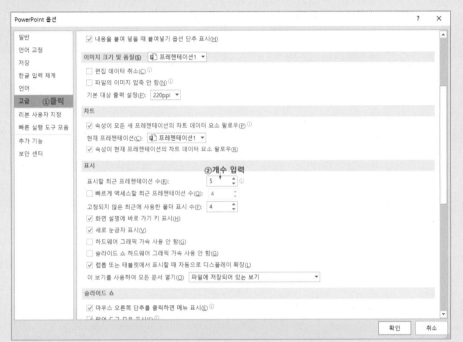

❷ 파워포인트를 실행하면 [최근 항목], [파일]을 클릭하면 [최근에 사용한 항목]에 지정한 개수의 파일 목록이 표시된다.

최근 항목   최근에 사용한 항목

참고 **최근에 사용한 폴더 목록 개수 지정**

① [파일] → [옵션] → [고급]의 [표시]에서 [고정되지 않은 최근에 사용한 폴더 표시 수]에 최근에 사용한 폴더 목록 개수를 입력한다.

② [파일] → [저장]이나 [다른 이름으로 저장]을 클릭하면 [이 PC]에 지정한 개수의 폴더 목록이 표시된다.

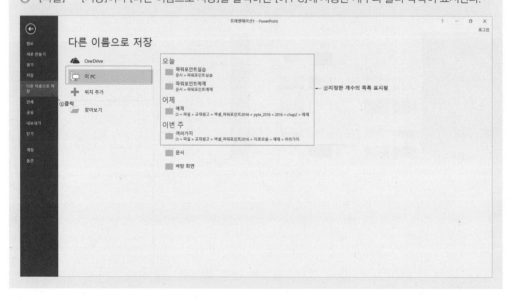

1.9 파일 열기

1.9.1 컴퓨터에 저장된 파일 열기

❶ [파일] → [열기]를 선택하거나 [Ctrl]+[O]를 누른다.

❷ [찾아보기]를 클릭하여 [열기] 창이 나타나면 파일을 선택하고 [열기]를 클릭한다.

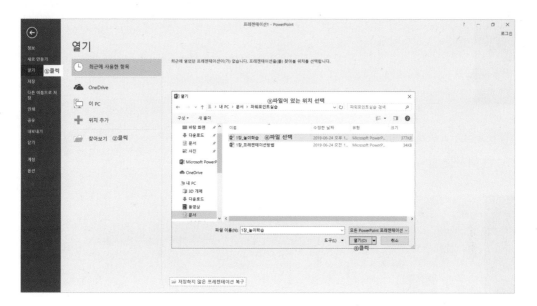

1.9.2 OneDrive 파일 열기

OneDrive에 저장된 파일을 열어보자.

❶ [파일] → [열기] 메뉴를 선택하거나 키보드로 [Ctrl]+[O]를 누른다.

❷ [OneDrive] → [로그인]을 클릭하여 마이크로소프트 계정에 로그인한다.

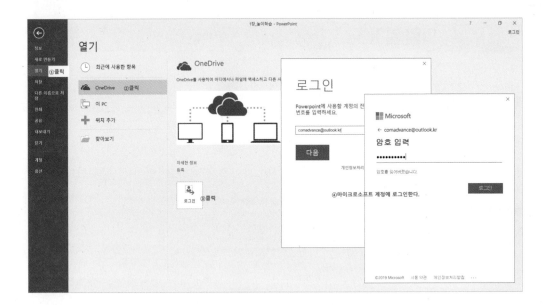

❸ [OneDrive-개인]을 클릭하면 오른쪽에 [OneDrive]의 폴더가 나타난다. 파일이 저장된 위치를 클릭하면 [OneDrive]에 저장했던 파일이 나타난다.

1.10 파일 공유

OneDrive에 저장했던 '1장_놀이학습.pptx'를 다른 사용자와 공유해보자.

❶ 파워포인트 프로그램의 오른쪽 상단에서 [공유]를 클릭한다.

❷ 슬라이드 창의 오른쪽에 [공유]창이 나타나면 공유할 사용자의 이메일 주소를 입력한다. 파일에 대한 권한은 [편집 가능]과 [보기 가능] 두 가지가 있다. 파일을 읽고 수정까지 할 수 있게 하려면 [편집 가능]을, 읽기만 허용하려면 [보기 가능]을 선택한 후 [공유]를 클릭한다.

❸ 파일에 대한 권한과 함께 공유된 이메일 주소가 표시된다.

④ http://www.live.com에 접속하여 OneDrive의 [공유됨]을 열어보면 공유자 이름과 함께 공유 파일이 있는 것을 확인할 수 있다.

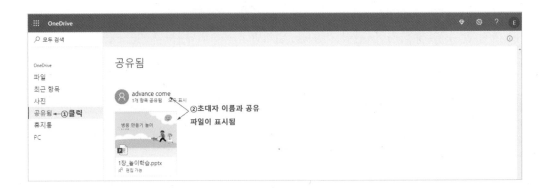

참고   공유 링크 가져오기

[공유 링크 가져오기]는 더 많은 사용자와 파일을 공유하고자 할 때 사용한다.

❶ 파워포인트 프로그램의 오른쪽 상단에서 [공유]를 클릭한 후 [공유]창이 나타나면 [공유 링크 가져오기]를 클릭한다.

❷ [공유 링크 가져오기]창에 [편집 링크 만들기], [보기 전용 링크 만들기]가 나타나면 부여하고 싶은 권한을 클릭한다.

❸ [편집 링크] 아래에 주소가 표시되고 오른쪽에 [복사] 버튼이 생기면 [복사] 버튼을 클릭하여 공유하고 싶은 사용자에게 이메일을 보내면 링크가 공유된다.

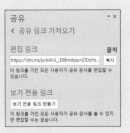

참고 **공유 링크 해제**

① 파워포인트 프로그램의 오른쪽 상단에서 [공유]를 클릭하여 [공유] 창이 나타나면 공유자 목록이 표시된다.

② 공유를 해제할 사용자를 선택하고 마우스 오른쪽 버튼을 클릭하여 [이 링크 사용 안 함]을 클릭하면 공유가 해제되고 공유 목록에서 사라진다.

기본 프로젝트 테마로 슬라이드를 만들어 [OneDrive]에 저장하고
다른 사용자와 공유하기

배경이 있는 프레젠테이션을 만들어 [OneDrive]에 저장하고 다른 사용자와 공유해보자.

STEP 1 테마 슬라이드 만들기

❶ 파워포인트 프로그램을 새로 시작하거나 파워포인트 프로그램 창에서 [파일] → [새로
만들기]를 클릭한다. 검색어 입력란에 '테마'를 입력하고 [검색] 버튼을 클릭한다. 테마
목록에서 [아틀라스]를 클릭한다.

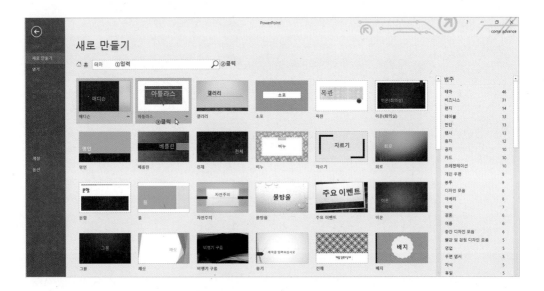

❷ 색 변형 목록이 나타나고 4개의 색 구성이 표시된다. 원하는 색 구성을 선택하고 [만들
기]를 클릭하면 선택한 테마가 적용된 프레젠테이션 창이 나타나고 프레젠테이션 창에
[제목 슬라이드]가 표시된다.

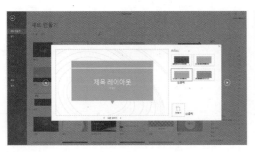

TIP 선택한 테마의 여러 슬라이드 레이아웃을 미리 확인하려면 ◀ 또는 ▶을 누르면 된다.

❸ [제목 슬라이드]의 제목 텍스트 상자와 부제목 텍스트 상자에 내용을 입력한다.

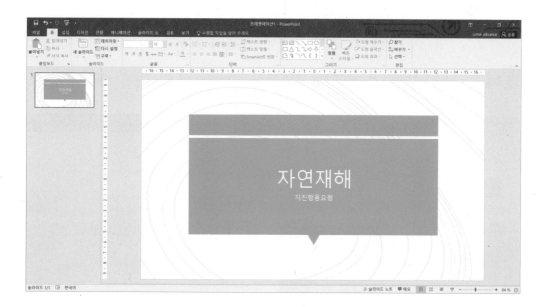

❹ 슬라이드를 추가하려면 [홈] → [슬라이드] 그룹 → [새 슬라이드] → [제목 및 내용]을
클릭한다.

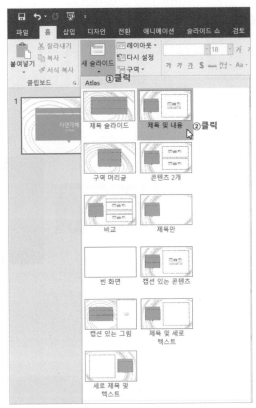

❺ [제목 및 내용] 슬라이드가 삽입되면 제목 텍스트 상자와 텍스트 상자에 내용을 입력한다.

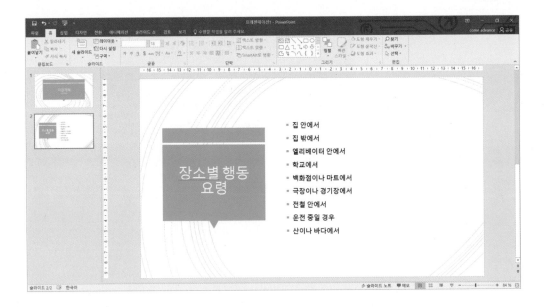

STEP 2 **[OneDrive]에 저장하기**

❶ [파일] → [저장] → [OneDrive]를 클릭하여 오른쪽에 [OneDrive]가 나타나면 [로그인] 을 클릭한다. [로그인] 창이 나타나면 이메일 주소와 암호를 입력하고 [로그인]을 클릭한다.

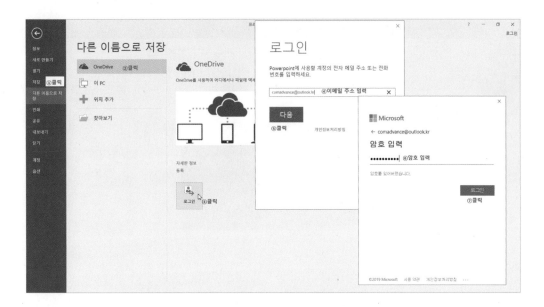

❷ [OneDrive-개인]이 나타나면 오른쪽에서 파일을 저장할 위치를 클릭한다. [다른 이름 으로 저장]창에서 저장 위치를 지정하고 파일 이름을 입력한 다음 [저장]을 클릭한다.

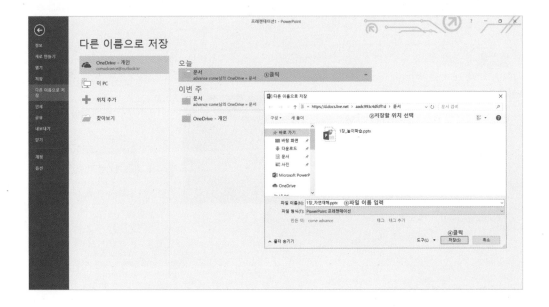

STEP 3 다른 사용자와 파일 공유하기

❶ 메뉴 표시줄 오른쪽 끝에 있는 [공유]를 클릭한다. [공유]창에서 [사용자 초대]에 이메일 주소를 입력하고 파일 권한을 [편집 가능], [보기 가능] 중에서 선택한다. [공유]를 클릭한다.

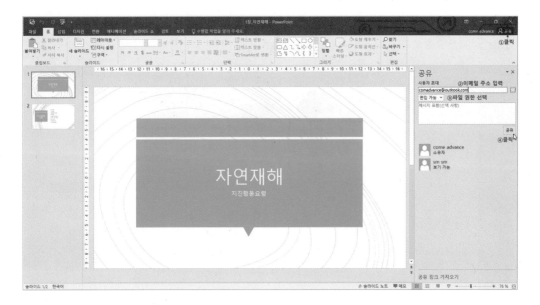

❷ 공유를 허락한 사용자 목록이 나타나고 사용자 계정에 파일 권한이 표시된다.

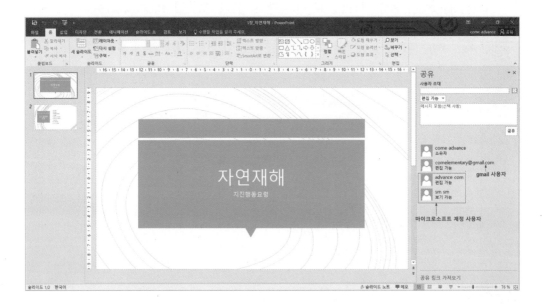

❸ 공유 메일 목록에 등록된 메일 주소로 파일이 공유되었음을 알려주는 메일이 전송된다. 받은 편지함에서 메일을 클릭하면 공유 파일이 표시된다.

gmail 사용자 메일함

마이크로소프트 사용자 메일함

❹ 공유 파일명을 클릭하면 허용된 권한에 따라 파일을 읽거나 편집할 수 있다.

gmail 사용자 메일함

마이크로소프트 사용자 메일함

TIP 공용 컴퓨터에서는 개인정보 보호를 위해 [파일] → [계정] → [로그아웃]을 클릭하여 계정을 닫는 것이 좋다.

참고 **다른 사용자와 공유한 프레젠테이션에서 실시간 작업 중일 때**

다른 사용자가 편집 중인 슬라이드는 슬라이드 탭의 축소판 슬라이드에 📑 아이콘이 표시되고 마이크로소프트 계정 사용자일 경우 사용자 이름도 같이 표시된다. 마이크로소프트 계정 사용자가 아닐 경우는 '손님'으로 표시된다.

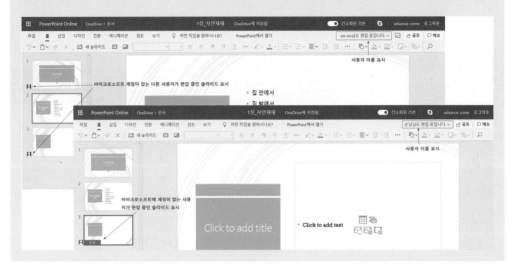

리본 메뉴와 빠른 실행 도구 모음 사용자 등록하기

STEP 1 리본 메뉴에 '내메뉴' 추가하기

다음과 같이 '내메뉴' 탭을 만들고 하위에 '슬라이드관리' 그룹을 추가한 후 '슬라이드 마스터', '슬라이드 크기' 명령을 등록해보자.

❶ [파일] → [옵션]을 선택하고 [PowerPoint 옵션]창에서 [리본 사용자 지정]을 선택한다.

❷ [새 탭]을 클릭하면 [새 탭(사용자 지정)] 탭이 생성되고 하위에 [새 그룹(사용자 지정)]이 생성된다.

❸ [새 탭(사용자 지정)]을 클릭하고 [이름 바꾸기]를 클릭한 다음 [이름 바꾸기]창에서 '내메뉴'라 입력한다.

❹ [새 그룹(사용자 지정)]을 선택하고 [이름 바꾸기]를 클릭한 후 [이름 바꾸기]창에서 '슬라이드관리'라 입력한다.

❺ [슬라이드관리] 그룹을 선택하고 [명령 선택]에서 [모든 명령]을 선택한다. [슬라이드 크기]를 선택하고 [추가]를 클릭한다. 같은 방법으로 [슬라이드 마스터] 명령을 추가하면 오른쪽의 [리본 메뉴 사용자 지정]에 두 개의 명령이 추가된다. [확인]을 클릭한다.

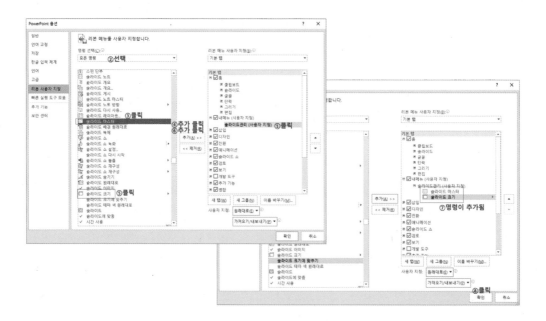

TIP 등록된 '내메뉴'를 제거하려면 [PowerPoint 옵션]창의 [리본 사용자 지정]에서 '내메뉴 (사용자 지정)'을 선택하고 마우스 오른쪽 버튼을 클릭하여 [제거]를 클릭한다.

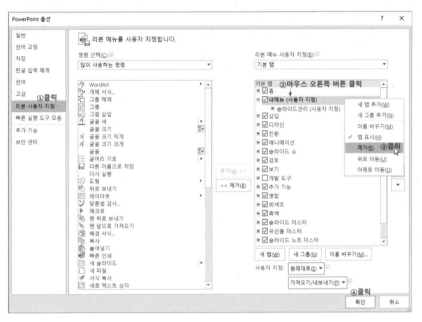

STEP 2 **빠른 실행 도구 모음에 [맨 뒤로 보내기] 명령 추가하기**

❶ [파일] → [옵션]을 선택하고 [PowerPoint 옵션]창에서 [빠른 실행 도구 모음]을 선택한다.

❷ [PowerPoint 옵션]창에서 [리본 메뉴에 없는 명령]을 선택한다. 명령 목록에서 [기본 도형 설정]을 선택하고 [추가]를 클릭하면 [빠른 실행 도구 모음 사용자 지정]에 명령이 추가된다. [확인]을 클릭한다.

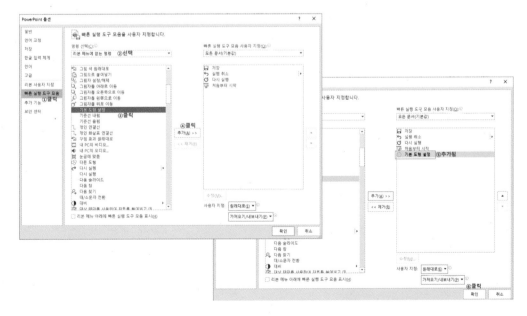

TIP   빠른 실행 도구 모음에서 아이콘 제거
[기본 도형 설정] 아이콘에서 마우스 오른쪽 버튼을 클릭하고 [빠른 실행 도구 모음에서 제거]를 클릭한다.

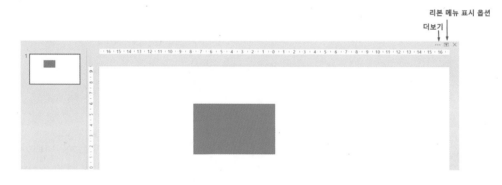

TIP

리본 메뉴 자동 숨기기가 설정되면 다음과 같이 리본 메뉴가 숨겨져서 보이지 않는다. 더 보기(...) 버튼을 클릭하거나 [리본 메뉴 표시 옵션]을 클릭하면 리본 메뉴가 표시된다.

(1) 프레젠테이션(Presentation)

- 어떤 생각, 아이디어, 경험 등을 종합적이고 체계적으로 정리하여 청중에게 전달하는 것이다.

(2) 프레젠테이션 작업과정

- 프레젠테이션은 기획, 제작, 발표라는 일련의 작업 과정을 거쳐 작성한다.

(3) 파워포인트 새로운 기능

- 입력 상자에서 명령을 입력하여 실행하는 빠른 실행 기능과 스마트 조회 기능, 다른 사용자와의 파일 공유 기능, 마우스(또는 펜 또는 손)로 입력한 수식이 자동으로 변환되어 파워포인트에 삽입되는 잉크 수식 작성, 투명 도형 스타일 기능 등 사용자 편의 기능과 6개의 차트(상자수염 그림, 트리맵, 선버스트, 히스토그램, 파레토, 폭포)와 비디오를 고화질로 저장하고 화면 녹화를 할 수 있는 기능이 추가되었다.

(4) 파워포인트 필수 용어

- **프레젠테이션**은 여러 장의 **슬라이드**로 구성되며 슬라이드는 여러 **개체**로 채워진다.

(5) 파워포인트 실행

- 윈도우10의 작업 표시줄에서 [시작(⊞)] → [PowerPoint 2016]을 클릭한다.
- 작업 표시줄에 파워포인트 아이콘을 등록한 후 실행한다.

(6) 파워포인트 종료

- 하나의 프레젠테이션 창 닫기 : [파일]을 클릭하여 목록에서 [닫기]를 클릭한다.
- 여러 프레젠테이션 창 닫기 : 작업 표시줄의 파워포인트 아이콘에서 마우스 오른쪽 버튼을 클릭하여 [모든 창 닫기]를 클릭한다.

(7) 파워포인트 화면 구성

- 빠른 실행 도구 모음, 제목 표시줄, 파일 탭, 메뉴 탭, 리본 메뉴, 슬라이드 탭, 슬라이드 창, 상태 표시줄, 화면 보기 도구, 확대/축소, 현재 창 크기에 맞춤 등으로 구성된다.

(8) 다양한 화면 보기

- 기본, 개요 보기, 여러 슬라이드, 슬라이드 노트, 읽기용 보기, 슬라이드 쇼 등이 있다.

(9) 리본 메뉴 및 빠른 실행 도구 모음 등록

- 리본 메뉴 : [파일] → [옵션] → [리본 사용자 지정]에서 구성한다.
- 빠른 실행 도구 모음 : [파일] → [옵션] → [빠른 실행 도구 모음]에서 자주 사용하는 명령을 등록한다.

(10) 기본 프레젠테이션 작성하기

- [파일] → [새로 만들기]를 클릭하여 [새 프레젠테이션]을 클릭한다.

(11) 서식 프레젠테이션 작성

- [파일] → [새로 만들기]를 클릭하여 시작화면에서 검색어를 입력하여 목록에서 선택하여 작성한다.

(12) 프레젠테이션 저장

- 기본 확장명은 'pptx'이며 컴퓨터에 저장하거나 OneDrive에 저장할 수 있다. OneDrive에 저장하려면 마이크로소프트 계정과 암호를 입력하여 로그인을 해야 한다.

(13) 파일 열기

- 컴퓨터나 OneDrive에 저장된 파일을 열려면 [파일] → [열기]를 선택하거나 [Ctrl] + [O]를 누른다.
- OneDrive의 파일을 열려면 마이크로소프트 계정과 암호를 입력하여 로그인을 해야 한다.

(14) 파일 공유

- 파워포인트 프로그램의 오른쪽 상단에서 [공유]를 클릭하여 사용자의 이메일 주소를 입력한 후 [공유]를 클릭한다.

1. 파워포인트 프로그램 창을 여러 개 띄운 후 한 번에 종료해보자.

2. 빠른 실행 도구 모음에 [WordArt 삽입] 아이콘을 등록해보자.

3. 슬라이드 창을 110% 확대한 후 현재 창 크기에 맞게 되돌려 보자.

4. 리본 메뉴를 사라지게 한 후 다시 표시해보자.

5. 다음과 같은 서식 파일을 다운로드 하여 '1장_실습.pptx'로 저장해보자.(검색어 : '교육')

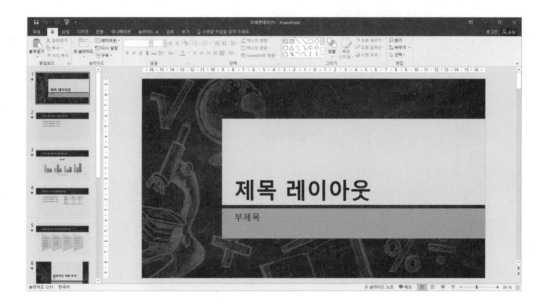

6. 위에서 저장한 '1장_실습.pptx'를 자신의 마이크로소프트 계정의 OneDrive에 저장해보자.

1. 다음과 같이 프레젠테이션을 기획해보자.

    (1) 발표 주제 : Yolo 여행 – 단양

    (2) 발표 목적 : 여행을 계획 중인 청중들에게 정보 전달

    (3) 대상 : 일반인 10명

    (4) 교통 : 대중 교통 편리

    (5) 장소 : 스터디룸 대여

    (6) 기자재 : 빔 프로젝터, 마이크, 노트북

    (7) 배포 자료 : 유인물

    (8) 기타 환경 : 좌석 배치, 조명, 출입구 위치

2. 다음과 같이 여행을 주제로 하여 마인드맵을 작성해보자.

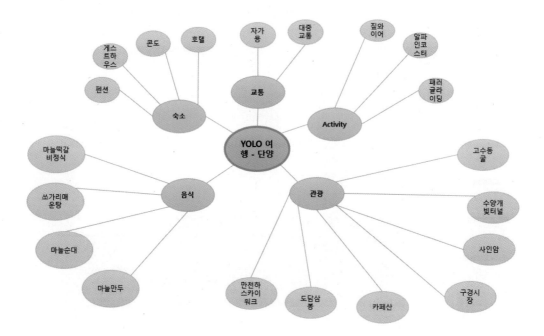

2

슬라이드 다루기

CHAPTER 2

학습목표

- 슬라이드 레이아웃에 대해 알아보자.

- 슬라이드 편집 방법에 대해 알아보자

- 슬라이드에 텍스트를 입력하는 방법에 대해 알아보자.

- 특수 문자 및 한자 입력 방법에 대해 알아보자.

- 글꼴 및 단락 편집에 대해 알아보자.

- 워드아트 및 수식, 메모 입력에 대해 알아보자.

2.1 슬라이드 레이아웃

'레이아웃'이란 슬라이드에서 텍스트 상자, 표, 차트 등 슬라이드를 구성하는 요소들을 배치해 놓은 것을 말한다. 아래 그림은 [Office 테마]와 [슬라이스] 테마의 [제목 및 내용] 슬라이드 레이아웃을 보여 주고 있다. 그림을 보면 슬라이드에서 요소들의 위치 및 모양은 테마에 따라 다르다는 것을 알 수 있다.

Office테마   슬라이스 테마

2.1.1 슬라이드 레이아웃 종류

슬라이드 레이아웃의 종류는 테마에 따라 다르다. [Office 테마]의 슬라이드 레이아웃은 제목 슬라이드, 제목 및 내용, 구역 머리글, 콘텐츠 2개, 비교, 제목만, 빈 화면, 캡션 있는 콘텐츠, 캡션 있는 그림, 제목 및 세로 텍스트, 세로 제목 및 텍스트 11가지로 구성된다.

Office 테마

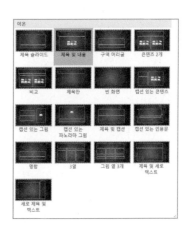

이온 테마

> **참고** **구역**
>
> 파워포인트 2010부터 지원이 되고 있다. 파일을 폴더에 저장하여 관리하듯이 슬라이드를 그룹으로 묶어 관리
> 할 수 있다. 공동으로 작업 시 담당 영역을 나누기가 쉽고 프레젠테이션의 전체적인 흐름을 파악하는데 도움이
> 된다.

2.1.2 슬라이드 레이아웃 변경

'박물관탐방.pptx' 파일의 슬라이드2를 [제목 및 내용] 슬라이드에서 [세로 제목 및 텍스
트] 슬라이드로 바꿔보자.

❶ 슬라이드2를 선택하고 [홈] → [슬라이드] 그룹 → [레이아웃]을 클릭한다.

❷ 목록에서 [세로 제목 및 텍스트] 레이아웃을 클릭한다.

2.2   슬라이드 편집

'박물관탐방.pptx' 파일을 이용하여 슬라이드를 추가, 복사, 이동, 삭제하고 복제하는 방법
을 알아보자.

2.2.1 슬라이드 추가

슬라이드2 뒤에 [콘텐츠 2개] 슬라이드를 추가해보자.

❶ 슬라이드2를 선택하고 [홈] → [슬라이드] 그룹 → [새 슬라이드]를 클릭한다.

❷ 목록에서 [콘텐츠 2개] 슬라이드를 클릭한다.

> **참고** **슬라이드를 추가하는 몇 가지 방법**
>
> • [Ctrl] + [M]을 누른다.
> • 슬라이드 탭에서 축소판 슬라이드를 선택한 후 [Enter]를 누른다.
> • [슬라이드] 탭에서 축소판 슬라이드를 선택하고 마우스 오른쪽 버튼을 클릭하여 [새 슬라이드]를 클릭한다.

2.2.2 슬라이드 복사

슬라이드1을 슬라이드3 뒤로 복사해보자.

❶ 슬라이드1을 선택하고 [Ctrl] + [C]를 누르거나 마우스 오른쪽 버튼을 클릭하고 메뉴에
서 [복사]를 클릭한다.

❷ 슬라이드3을 선택하고 [Ctrl] + [V]를 누르거나 마우스 오른쪽 버튼을 클릭하여 메뉴에
서 [붙여넣기 옵션] → [대상 테마 사용]을 클릭한다.

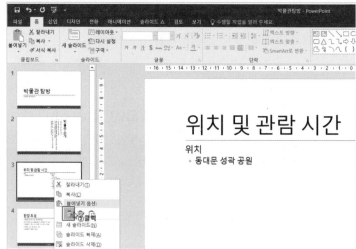

1번 슬라이드 복사   3번 슬라이드 선택 후 붙여넣기

참고   **붙여넣기 옵션**

- 대상 테마 사용 : 원본 서식은 무시되고 삽입될 슬라이드의 서식으로 변경된다.
- 원본 서식 유지 : 삽입될 슬라이드의 서식을 무시하고 원본 서식을 그대로 유지한다.
- 그림 : 슬라이드가 그림 형식으로 복사된다.

2.2.3 슬라이드 복제

슬라이드4를 복제해보자.

❶ 슬라이드4를 선택하고 마우스 오른쪽 버튼을 클릭하여 [슬라이드 복제]를 클릭한다.

❷ 슬라이드4 바로 다음인 슬라이드5 위치에 복제된다.

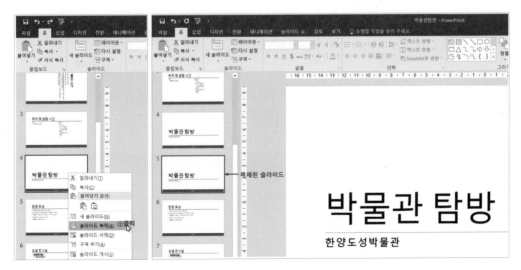

4번 슬라이드 복제

2.2.4 슬라이드 이동

슬라이드3을 슬라이드5 뒤로 이동해보자.

❶ 슬라이드3을 선택하고 슬라이드5 뒤로 드래그 한다. 또는 슬라이드3을 선택하고 마우스 오른쪽 버튼을 클릭하여 [잘라내기]를 클릭한다.

❷ 슬라이드5를 선택하고 마우스 오른쪽 버튼을 클릭하여 [붙여넣기 옵션] → [대상 테마 사용]을 클릭한다.

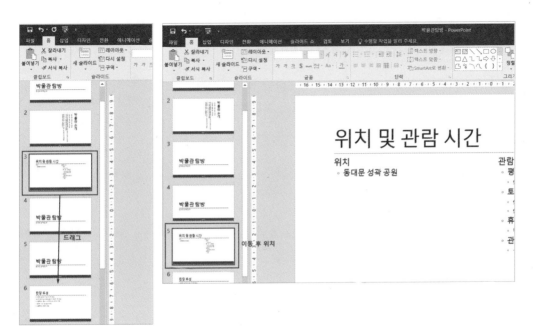

2.2.5 슬라이드 삭제

슬라이드3, 슬라이드4를 삭제해보자.

[Ctrl]을 누른 채 슬라이드3, 4를 선택하고 [Delete]를 누른다. 또는 마우스 오른쪽 버튼을
클릭하여 메뉴에서 [슬라이드 삭제]를 클릭한다.

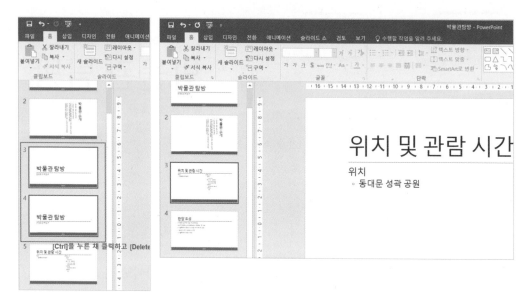

3번, 4번 슬라이드 삭제

> **TIP**   [Shift]나 [Ctrl]을 누른 채 슬라이드를 클릭하면 여러 슬라이드를 선택할 수 있다.

2.2.6 여러 슬라이드 보기에서 슬라이드 편집

여러 슬라이드 보기에서 슬라이드를 편집하면 프레젠테이션의 흐름을 파악하면서 슬라이
드를 이동, 복사, 삭제 및 복제할 수 있어서 편리하다.

1 슬라이드 복사 및 이동

■ 슬라이드 복사

❶ 화면 보기 도구에서 [여러 슬라이드]를 클릭한다. [Ctrl]을 누른 채 슬라이드1과 슬라이
드5를 클릭하고 마우스 오른쪽 버튼을 클릭하여 [복사]를 클릭한다.

❷ 슬라이드3을 클릭하고 마우스 오른쪽 버튼을 클릭하여 [붙여넣기 옵션]의 [대상 테마
사용]을 클릭한다.

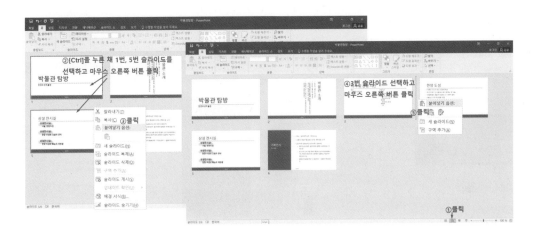

■ **슬라이드 이동**

이동하고 싶은 슬라이드를 원하는 위치로 드래그하면 된다. 슬라이드4를 슬라이드5 뒤로
드래그하면 두 슬라이드 위치가 바뀐다.

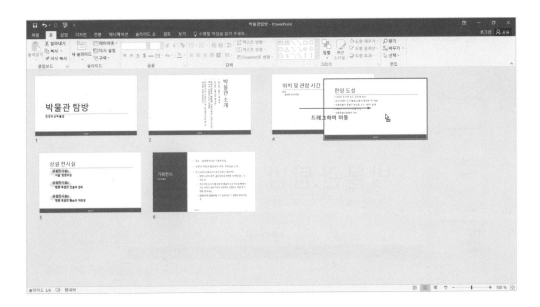

2 특정 슬라이드 편집상태로 전환

[여러 슬라이드] 보기에서 특정 슬라이드를 편집하려면 해당 슬라이드를 더블클릭한다. 슬라이드6을 더블클릭하면 기본보기 상태로 바뀌고 슬라이드 창에 슬라이드6이 나타난다.

참고   **맞춤법 검사**

❶ [검토] → [언어 교정] 그룹 → [맞춤법 검사]를 클릭하면 슬라이드에는 맞춤법을 검사할 단어가 범위 지정되며 오른쪽에는 [맞춤법 검사]창이 나타난다.

❷ [맞춤법 검사]창에 교정할 단어가 표시되면 추천 단어 목록에서 단어를 선택하고 [변경]을 클릭한다.

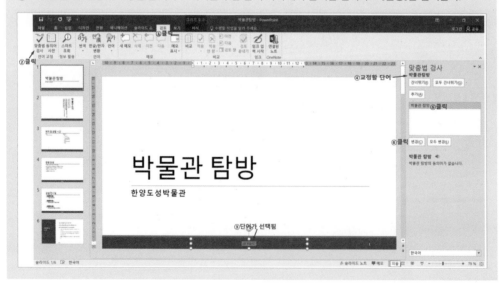

2.3   슬라이드에 텍스트 입력

슬라이드에 텍스트를 입력하려면 텍스트 개체 틀, 텍스트 상자 또는 도형이 있어야 한다. '땅콩.pptx' 파일을 열고 슬라이드에 텍스트를 입력해보자.

2.3.1 텍스트 개체 틀에 텍스트 입력

슬라이드1에서 부제목 텍스트 상자 개체틀을 클릭하고 내용을 입력한다.

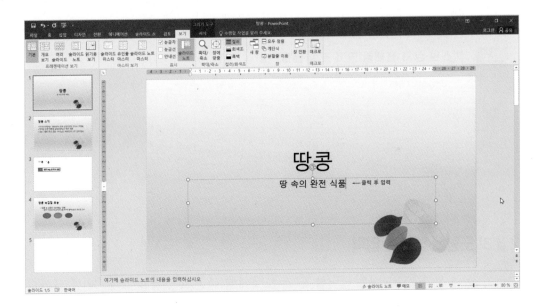

2.3.2 텍스트 상자에 텍스트 입력

❶ 슬라이드3을 선택하고 [삽입] → [텍스트] 그룹 → [텍스트 상자]를 클릭하여 [가로 텍스트 상자] 또는 [세로 텍스트 상자]를 클릭한다.

❷ 슬라이드를 클릭한 후 텍스트 상자가 삽입되면 내용을 입력한다.

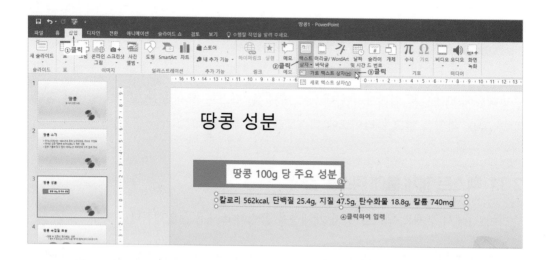

참고 **텍스트 상자 개체틀 크기 조절 핸들**

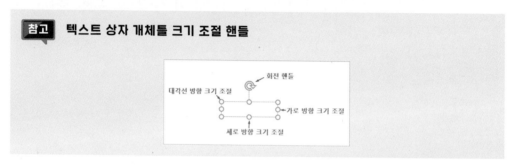

2.3.3 도형에 텍스트 입력

슬라이드4를 선택하고 도형을 클릭한 후 각 도형에 '염증 완화', '항암 효과', '비만 완화'라 입력한다.

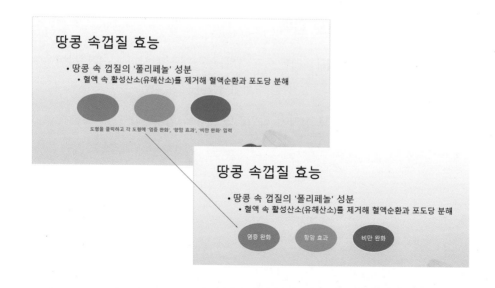

2.3.4 개요 창에서 입력

개요 보기 창은 슬라이드의 텍스트 상자 개체틀에 입력된 내용을 보여 준다.

❶ [보기] → [프레젠테이션 보기] 그룹 → [개요 보기]를 클릭한다.

❷ [슬라이드] 탭에서 슬라이드5를 클릭하고 내용을 입력하면 오른쪽 슬라이드 창의 제목 텍스트 상자에 입력한 내용이 바로 나타난다.

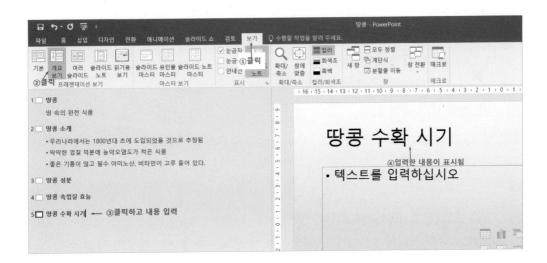

❸ 슬라이드 탭의 '땅콩 수확 시기' 바로 뒤에서 [Ctrl]+[Enter]를 누르면 새로운 줄이 생기는데 이곳에 내용을 입력하면 오른쪽 슬라이드 창의 텍스트 상자에 바로 표시된다.

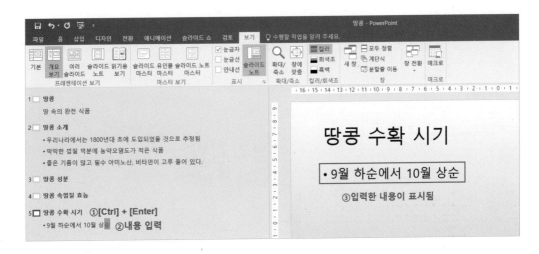

❹ [기본보기]로 바꾸려면 [보기] → [프레젠테이션 보기] 그룹 → [기본]을 클릭하거나 화면 보기 도구에서 기본(▣)을 클릭한다.

2.4 특수문자 및 한자 입력

'삼각김밥.pptx' 파일을 열고 특수문자와 한자를 입력해보자.

2.4.1 특수문자 입력

특수문자는 [기호] 창을 이용하거나 자음(ㄱ,ㄴ,ㄷ....)과 [한
자]키를 이용하여 입력한다. 슬라이드1의 제목 텍스트 상자에
다음과 같이 특수문자를 입력해보자.

1 기호 창을 이용하여 입력

제목 및 내용 슬라이드의 텍스트 상자 개체 틀에 특수문자를 입력해보자.

❶ 특수문자를 삽입할 위치로 커서를 이동한 후 [삽입] → [기호] 그룹 → [기호]를 클릭한다.

❷ [기호] 창의 [글꼴]에서 목록 버튼을 클릭하여 글꼴(예 : Wingdings 3)을 선택하고 갤러
  리에서 문자를 선택하면 [기호] 창 아래쪽에 선택한 문자에 대한 정보가 표시된다.
  • 유니코드 이름 : [Wingdings 3], 문자 코드 : 117, 기준 : [기호 (10진수)]

❸ [삽입]을 클릭한다.

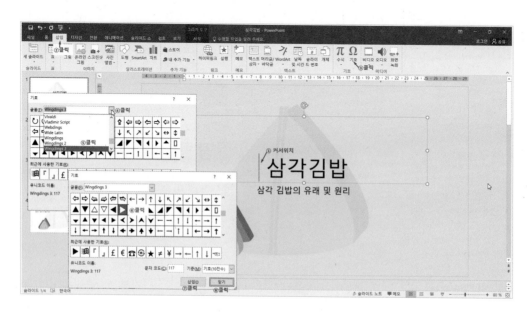

❹ [닫기]를 클릭하여 창을 닫는다.

2 자음을 이용하여 입력

❶ 특수문자를 삽입할 위치로 커서를 이동한다. 자음을 입력하고 [한자] 키를 누르면 특수문자 목록이 나타난다.

❷ 전체 목록을 보려면 보기 변경 버튼(》)을 클릭하거나 [Tab]을 누른다. 목록에서 문자를 선택한다.

> **TIP** 공백없이 한글 문자 바로 뒤에 자음을 입력하고 [한자] 키를 눌렀을 때 한자 변환 모드로 변경되거나 특수문자표 목록이 나타나지 않을 때는 한글 문자와 자음 사이에 공백을 삽입하고 나서 다시 시도한다.

2.4.2 한자 입력

한자를 입력하려면 한글 음을 먼저 입력한 후 한자로 바꾸면 된다. 다음과 같이 한자를 입력해보자.

삼각김밥의 소개

• 주먹밥에 여러 가지 材料를 넣고 김으로 包裝
• 삼각형 모양의 즉석 김밥

• 유통 기한 : 약 1일
• 칼로리 : 약 140 ~ 200kcal
• 편의점의 대표상품

---

1 [한자]키 이용

'재료'를 '材料'로 바꿔보자. '재료' 뒤로 커서를 이동한 후 키보드에서 [한자]를 누른다. 한자어 목록에서 '材料'를 선택한다.

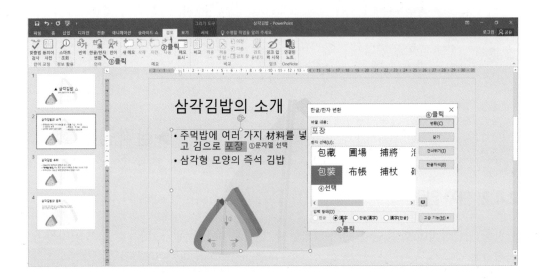

2 메뉴 이용

'포장'을 '包裝'으로 바꿔보자. '포장' 뒤로 커서를 이동하거나 범위를 지정한 후 [검토] →
[언어] 그룹 → [한글/한자 변환]을 클릭하면 [한글/한자 변환] 창이 나타난다. [한자 선택]
목록에서 '包裝'을 선택하고 [입력형태]에서 [漢字]를 선택한 후 [변환]을 클릭한다.

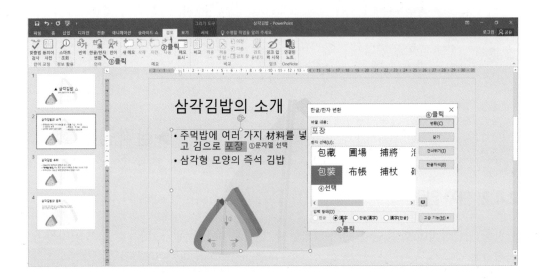

> **참고 한자를 한글로 변환**
>
> 한자 뒤로 커서를 이동한 후 [한자]키를 누르거나 [검토] → [언어] 그룹 → [한글/한자 변환]을 클릭하여 한자
> 음에 해당하는 한글이 목록에 표시되면 클릭한다.

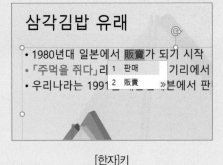

[한자]키

[검토] → [언어] 그룹 → [한글/한자 변환]

2.4.3 텍스트 찾기와 바꾸기

여러 슬라이드에서 특정 문자열을 찾아 다른 문자열로 바꿔보자.

1 텍스트 찾기

❶ 슬라이드1에서 [홈] → [편집] 그룹 → [찾기]를 클릭한다. [찾기]창에서 [찾을 내용]에
검색어를 입력하고 [다음 찾기]를 클릭하면 단어가 반전되어 표시된다. 계속해서 찾으
려면 [다음 찾기]를 클릭한다.

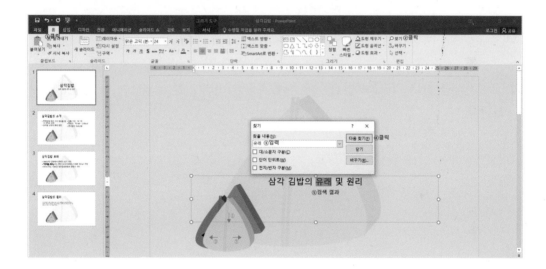

❷ 더 이상 찾을 단어가 없으면 [검색 기준에 일치하는 마지막 결과입니다]라는 메시지 창
이 나타난다.

2 텍스트 바꾸기

'오니기리'를 【오니기리】로 바꿔보자.

❶ 슬라이드1에서 [홈] → [편집] 그룹 → [바꾸기] → [바꾸기]를 클릭한다. [바꾸기]창에
서 [찾을 내용]과 [바꿀 내용]에 단어를 입력하고 [모두 바꾸기]를 클릭한다.

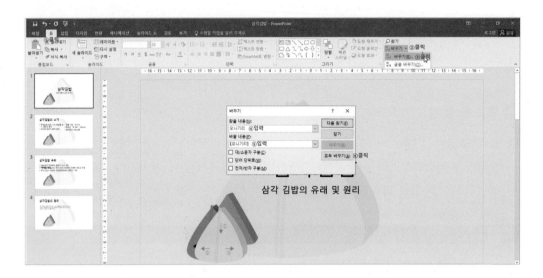

❷ '오니기리'를 【오니기리】로 변경한 후 다음과 같이 바꾸기를 끝냈다는 메시지 창이 나
타난다.

<table>
<tr><td>2.5</td><td>텍스트 편집</td></tr>
</table>

'위조지폐.pptx' 파일을 이용하여 문자열을 선택하는 방법, 글꼴과 단락 및 서식복사 기능
에 대해 알아보자.

2.5.1 텍스트 서식 편집 도구

텍스트의 서식을 편집할 수 있는 도구는 다음과 같다.

글꼴 및 단락 편집 도구

⑴ 글꼴 : 글꼴의 종류를 변경한다.

⑵ 글꼴 크기 : 글꼴의 크기를 변경한다.

⑶ 글꼴 크기 크게(가)/글꼴 크기 작게(가) : 글꼴의 크기를 상대적으로 크게 또는 작게 한다.

⑷ 모든 서식 지우기 : 텍스트에 적용된 굵게, 밑줄, 기울임꼴, 글꼴 색 등 모든 서식을 한꺼번에 지워서 기본 서식 스타일로 되돌리는 기능이다.

⑸ 굵게/기울임꼴/밑줄/텍스트 그림자/취소선 : 내용을 두드러지게 표현하기 위해 사용한다.

⑹ 문자 간격 : 문자 사이의 간격을 조정한다. 리본 메뉴에서 미리 설정된 값을 선택하거나 세밀하게 조정하고 싶을 때는 [기타 간격]을 선택한다.

매우 좁게 →	문자간격은글자간의간격을조정한다
좁게 →	문자 간격은 글자간의 간격을 조정한다.
표준으로 →	문자 간격은 글자간의 간격을 조정한다.
넓게 →	문자 간격은 글자간의 간격을 조정한다.
매우 넓게 →	문자 간격은 글자간의 간격을 조정한다.

⑺ 대소문자 바꾸기 : 영문자를 대문자나 소문자로 바꿀 수 있는 기능이다.

⑻ 글꼴 색 : 글꼴의 색을 변경한다.

⑼ 글머리 기호 : 글머리 기호를 표시 또는 제거하거나 변경한다.

⑽ 번호 매기기 : 번호 매기기를 표시 또는 제거하거나 변경한다.

⑾ 목록 수준 줄임(🔼) : 목록 수준을 한 수준 줄여서 텍스트를 내어 쓰기 한다. [Shift] + [Tab]을 눌러도 된다.

⑿ 목록 수준 늘림(🔽) : 목록 수준을 한 수준 늘려서 텍스트를 들여쓰기한다. [Tab]을 눌러도 된다.

⒀ 줄 간격 : 프레젠테이션의 단락 및 텍스트 줄 사이의 간격을 변경한다. 미리 설정된 값을 선택하거나 세밀하게 조정하고 싶을 때는 [줄 간격 옵션]을 선택한다.

⒁ 텍스트 방향 : 도형이나 텍스트 상자에서 텍스트를 가로나 세로 방향 또는 지정된 방향으로 회전한다. 더 다양한 방법으로 조절하려면 [기타 옵션]을 선택한다.

⒂ 텍스트 맞춤 : 텍스트 상자의 위쪽, 중간, 아래쪽 방향으로 정렬한다. 더 다양한 방법으로 조절하려면 [기타 옵션]을 선택한다.

⒃ 왼쪽 맞춤/가운데 맞춤/오른쪽 맞춤/양쪽 맞춤/균등분할 : 단락에 왼쪽 맞춤/가운데 맞춤/오른쪽 맞춤/양쪽 맞춤/균등분할을 적용한다.

오른쪽 맞춤 적용 → 텍스트 배치를 변경 하려면 왼쪽, 가운데, 오른쪽, 양쪽 맞춤 또는 균등 분할을 선택한다.

양쪽 맞춤 적용 → 양쪽 맞춤 : 단락의 마지막 줄을 제외하고 줄의 왼쪽 및 오른쪽 끝을 맞춘다. 글자 수가 부족하여 왼쪽 및 오른쪽 끝을 맞추기 어려우면 자간을 조정하여 맞춘다.

균등 분할 적용 → 균등 분할 : 양쪽 맞춤과 유사 하지만 마지막 줄도 왼쪽 및 오른쪽 끝을 맞춘다. 글자 수가 부족하면 문자 사이에 공백을 추가하여 맞춘다.

⒄ 열 추가 또는 제거 : 텍스트를 둘 이상의 열로 나눈다. 미리 설정된 형식인 [2단], [3단] 중에서 선택하거나 [기타 단]에서 열의 개수와 열 사이의 간격을 지정할 수 있다.

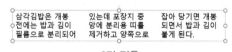

삼각김밥은 개봉 전에는 밥과 김이 필름으로 분리되어 있는데 포장지 중앙에 분리용 띠를 제거하고 양쪽으로 잡아 당기면 개봉 되면서 밥과 김이 붙게 된다.

3단 적용

⒅ SmartArt로 변환 : 텍스트를 다이어그램이나 순서도 같은 그래픽으로 변환한다.

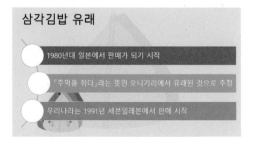

2.5.2 문자열 선택

문자열의 일부나 전체 또는 떨어져 있는 문자열을 선택하는 방법에 대해 알아보자.

1 일부 또는 전체 문자열 선택

➊ 문자열의 일부분을 선택하려면 원하는 문자열을 마우스로 드래그 한다. 또는 범위 시작 위치를 클릭한 후 [Shift]를 누른 채 마지막 위치를 클릭한다.

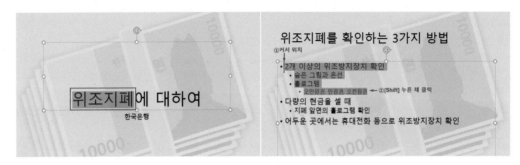

마우스로 범위 지정   [Shift] 이용

➋ 텍스트 개체 안의 모든 문자를 선택하려면 텍스트 개체 틀을 클릭한다. 여러 개체 틀을 선택하려면 [Shift]를 누른 채 개체틀을 클릭한다.

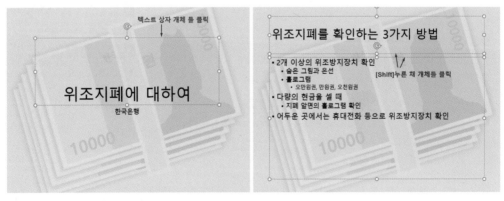

하나의 개체틀 선택   여러 개체 틀 선택

TIP 슬라이드의 전체 개체를 선택하려면 [Ctrl] + [A]를 누른다.

2 **떨어져 있는 문자열 선택**

[Ctrl]을 누른 채 문자열을 범위 지정한다.

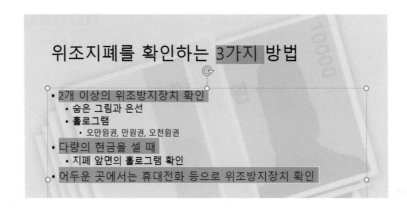

2.5.3 텍스트 서식 지정

글꼴이나 글꼴 크기 등 텍스트 서식은 [홈] → [글꼴] 그룹이나 미니 도구 모음을 이용한다. 다음과 같이 글꼴 서식을 적용해보자.

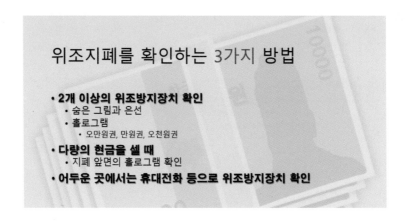

1 **미니 도구 모음에서 지정**

미니 도구 모음은 텍스트를 마우스로 범위를 지정하거나 범위 지정한 후 마우스 오른쪽 버튼을 클릭하면 나타난다. 색상을 [빨강]으로 선택한다.

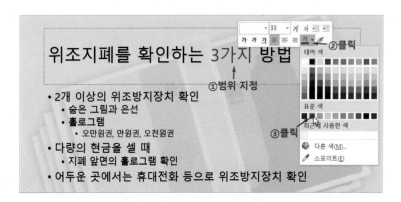

미니 도구 모음 숨기기

[파일] → [옵션] → [일반]의 [사용자 인터페이스 옵션]에서 [선택 영역에 미니 도구 모음 표시]의 체크를 제거한다.

2 리본 메뉴에서 지정

글꼴 서식을 적용할 문자열을 선택하고 [홈] → [글꼴] 그룹에서 글꼴을 [HY견고딕], [텍스트 그림자]를 선택한다.

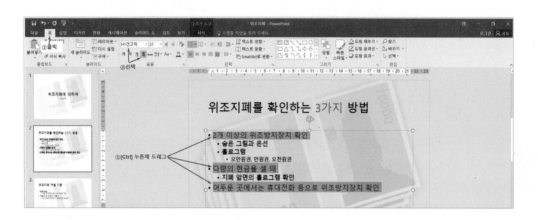

모든 슬라이드 글꼴 한 번에 변경하기

현재 작업 중인 슬라이드를 포함하여 모든 슬라이드의 글꼴을 한 번에 바꿀 수 있다.
① [홈] → [편집] 그룹 → [바꾸기] → [글꼴 바꾸기]를 클릭한다.
② [글꼴 바꾸기] 창의 [현재 글꼴]에서 바꾸고 싶은 글꼴을 선택하고 [새 글꼴]에서 원하는 글꼴을 선택한 후 [바꾸기]를 클릭한다.

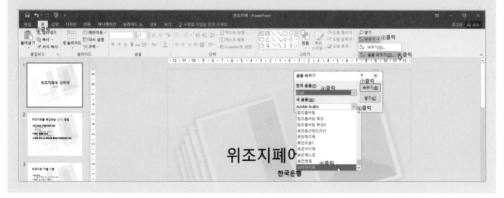

2.5.4 서식 복사

다음과 같이 문자열에 적용된 서식을 복사하여 서식을 지정해보자.

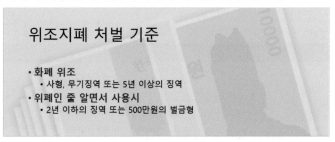

❶ 슬라이드3의 소스 문자열('화폐 위조')로 커서를 이동하고 [홈] → [클립보드] 그룹 → [서식 복사]를 클릭한다.

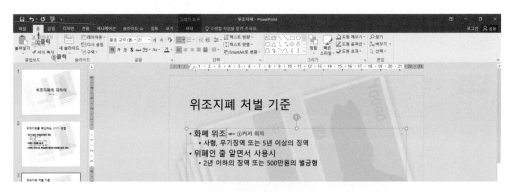

소스 문자열로 커서 이동

❷ 마우스 포인터가 ▲로 바뀌면 타겟 문자열('위폐인 줄 알면서 사용시')을 마우스로 드 래그한다.

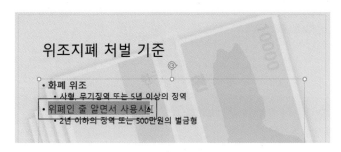

타겟 문자열 드래그

2.5.5 서식 지우기

'위조지폐.pptx' 파일의 슬라이드4에서 서식을 지울 문자열('화폐 도안')을 선택하고 [홈] → [글꼴] 그룹 → [모든 서식 지우기(✧)]를 클릭한다.

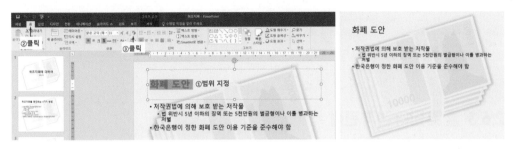

서식 지우기 적용 전　　　　　　　　서식 지우기 적용 후

2.6　단락 편집

'장미축제.pptx' 파일을 이용하여 단락을 편집해보자.

2.6.1 줄 바꾸기

단락 내의 줄을 바꾸고자 하는 위치에서 [Shift]+[Enter]를 누른다.

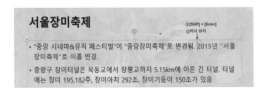

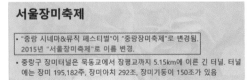

2.6.2 단락 나누기

단락을 나누고자 하는 위치로 커서를 이동한 후 [Enter]를 누른다.

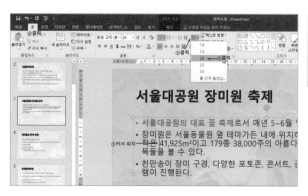

2.6.3 줄 및 단락 간격 편집

단락 및 텍스트 줄 사이의 간격을 적절하게 조절하면 프레젠테이션을 읽기 쉽고 더 보기 좋게 하는 데 도움이 될 수 있다. 줄 간격이나 단락 간격은 리본 메뉴의 [줄 간격]을 선택하여 미리 설정된 값을 선택하거나 [단락] 대화상자에서 지정할 수 있다. [단락] 대화상자에서는 줄 간격이나 단락 간격을 훨씬 더 세밀하게 조정할 수 있다. 여러 단락의 줄 간격을 변경하려면 단락을 범위로 지정해야 한다.

1 줄 간격 지정

■ 리본 메뉴에서 지정

슬라이드3의 두 번째 단락에 줄 간격을 지정해보자. 커서를 두 번째 단락으로 이동한 후 [홈] → [단락] 그룹 → [줄 간격]을 클릭하여 미리 설정된 값 목록에서 선택한다.

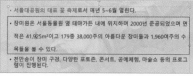

줄 간격 '2.0' 지정

■ [단락] 창에서 지정

여러 단락의 줄 간격을 변경해보자.

❶ 슬라이드4에서 줄 간격을 변경할 단락을 선택하고 [홈] → [단락] 그룹 → [줄 간격] → [줄 간격 옵션]을 클릭하거나 [단락] 그룹의 [단락] 대화상자 아이콘(⬚)을 클릭한다.

❷ [단락] 창에서 [줄 간격]을 [배수]로 선택하고 [값]을 '1.2'로 입력한다.

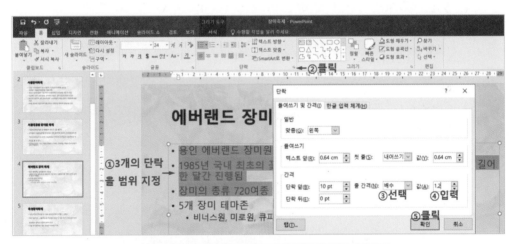

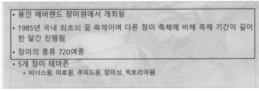

TIP 줄 간격 단위

- 줄 간격을 [배수]로 지정하면 줄 간격을 소수값으로 지정할 수 있다. 지정 값이 1보다 작으면 줄 간격이 줄어들고 1보다 크면 늘어난다.
- 줄 간격을 [고정]으로 지정하면 1pt, 1.2pt 등 고정된 값으로 줄 간격을 지정할 수 있다.

2 단락 간격 지정

커서가 있는 위치나 범위 지정된 단락의 앞 또는 뒤 단락에 간격을 지정한다. 슬라이드5에서 4번째 단락의 앞 단락을 '30pt'로 지정해보자.

❶ 커서를 4번째 단락으로 이동하고 [홈] → [단락] 그룹 → [줄 간격] → [줄 간격 옵션]을 클릭하거나 [단락] 그룹의 [단락] 대화상자 아이콘(⌐)을 클릭한다.

❷ [단락]창에서 [간격] → [단락 앞]에 '30pt'를 입력한다.

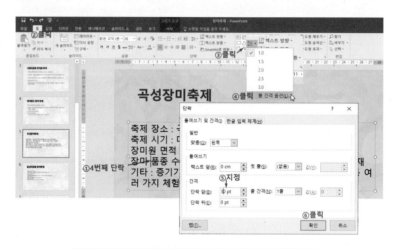

2.6.4 내어 쓰기 및 들여 쓰기 지정

1 들여쓰기

슬라이드6을 선택한다. 떨어져 있는 단락을 선택하기 위해 [Ctrl]을 누른 채 단락을 하나씩 클릭하여 선택하고 [홈] → [단락] 그룹 → [목록 수준 늘림]을 클릭하거나 [Tab]키를 누른다.

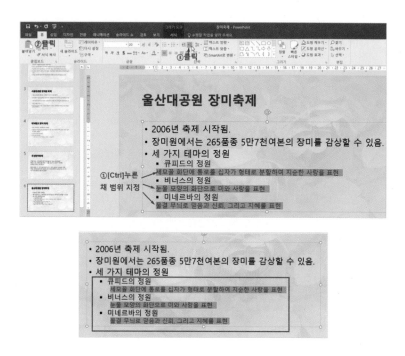

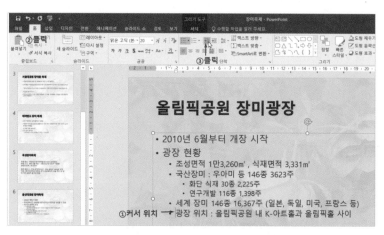

2 내어쓰기

슬라이드7에서 내어쓰기할 단락을 선택하고 [홈] → [단락] 그룹 → [목록 수준 줄임]을 클릭하거나 [Shift] + [Tab]키를 누른다.

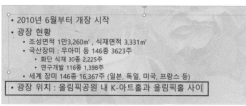

> **참고** **눈금자에서 들여쓰기/내어쓰기 적용**
>
> 눈금자를 나타내려면 [보기] → [표시] 그룹 → [눈금자]를 선택한다. 눈금자에는 다음과 같이 세 개의 표식이 있다. 단락의 첫째 칸에 커서를 이동한 후 표식을 드래그 하면 된다.
>
>
>
> (1) 첫 줄 들여쓰기 : 단락의 첫 줄에 들여쓰기 또는 내어 쓰기를 지정한다. 글머리 기호나 번호의 위치를 변경한다.
> (2) 내어 쓰기 : 단락의 첫 줄을 제외한 둘째 줄부터 텍스트 위치를 지정한다. 글머리기호 또는 번호와 문자열 간의 간격을 조정한다.
> (3) 왼쪽 들여쓰기 : 왼쪽 여백을 지정한다. 글머리 기호 또는 번호와 왼쪽 텍스트 내어쓰기 (또는 들여쓰기) 간격은 그대로 유지된다.
>
>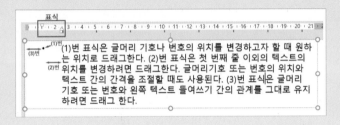

2.7 글머리 기호 및 번호 매기기

단락의 첫 번째 칸의 글머리 기호나 번호 모양을 다양한 모양으로 표시할 수 있다.

'세계의새해풍습.pptx'를 이용하여 글머리기호 또는 번호를 삽입하고 편집해보자.

2.7.1 리본 메뉴 이용

1 글머리 기호 변경

[Ctrl]을 누른 채 떨어져 있는 단락을 선택하고 [홈] → [단락] 그룹 → [글머리 기호]의 미리 설정된 값 목록에서 [별표 글머리기호]를 클릭한다.

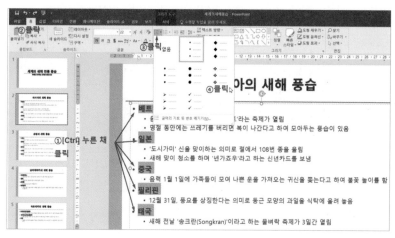

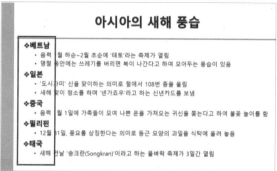

2 번호 매기기

[Ctrl]을 누른 채 떨어져 있는 단락을 선택하고 [홈] → [단락] 그룹 → [번호 매기기]의 미리 설정된 값 목록에서 [A,B,C]를 클릭한다.

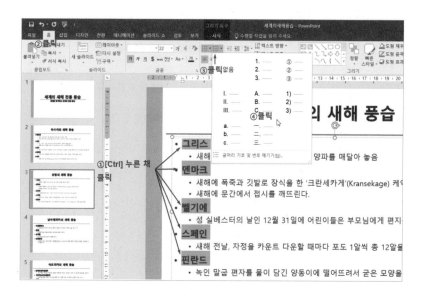

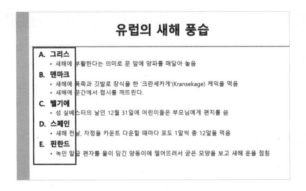

2.7.2 사용자 지정 이용

[사용자 지정]에서는 다양한 글머리 기호나 번호 매기기를 선택할 수 있을 뿐만 아니라 색,
텍스트 크기도 지정할 수 있다.

❶ [Ctrl]을 누른 채 떨어져 있는 단락을 선택하고 [홈] → [단락] 그룹 → [글머리 기호] →
[글머리 기호 및 번호 매기기]를 클릭한다.

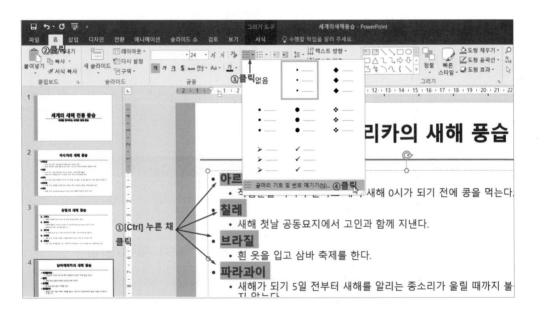

❷ [글머리 기호 및 번호 매기기]창에서 [사용자 지정]을 클릭한다.

❸ [기호]창이 나타나면 [글꼴]의 종류를 [Segoe UI Symbol]로 선택하고 오른쪽의 [하위 집합]에서 [도형 기호]를 선택한다. [기호]창의 갤러리에서 글머리 기호를 선택하여 [확인]을 클릭한다.

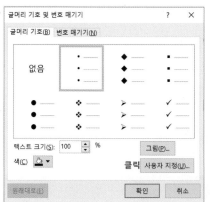

❹ [글머리 기호 및 번호 매기기]창이 다시 나타나면 [텍스트 크기]를 80%, [색]은 [주황, 강조2]로 선택한다.

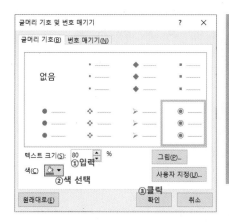
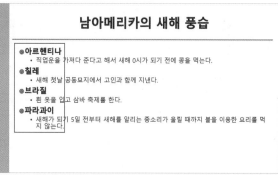

TIP   글머리 기호의 크기는 [텍스트 크기]가 100%보다 작으면 텍스트 크기보다 작고 100%이면 텍스트 크기와 같으며 100%보다 크면 텍스트 크기보다 크다.

2.8   워드아트 삽입 및 편집

'노후관리.pptx'를 이용하여 워트아트를 삽입하고 편집해보자.

2.8.1 워드아트 삽입

슬라이드에 바로 워드아트를 삽입하거나 이미 입력된 문자열을 워드아트로 바꿀 수 있다.

❶ [삽입] → [텍스트] 그룹 → [WordArt 삽입]을 선택하여 목록에서 스타일을 선택한다.

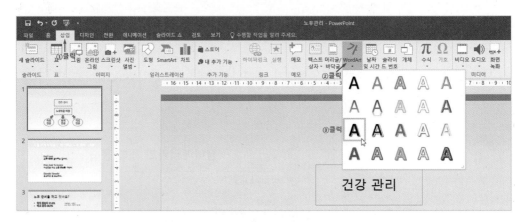

[채우기–검정, 텍스트1, 윤곽선–배경1, 진한 그림자–배경1] 스타일

❷ '필요한 내용을 적으십시오.'를 지우고 내용을 입력한다.

2.8.2 워드아트 꾸미기

텍스트 채우기, 텍스트 윤곽선, 여러 텍스트 효과를 이용하여 워드아트를 화려하게 꾸며 보자.

■ 텍스트 채우기 및 윤곽선

❶ 문자열을 선택하고 [그리기 도구] → [서식] → [WordArt스타일] 그룹 → [텍스트 채우기] → [주황, 강조2]로 선택한다.

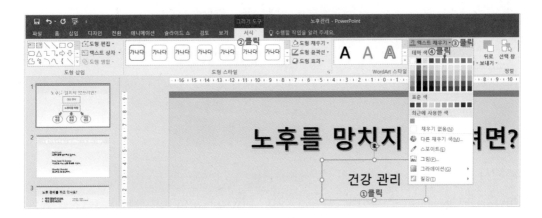

❷ [그리기 도구] → [서식] → [WordArt스타일] 그룹 → [텍스트 윤곽선]에서 선 색은 [진한 빨강]을 선택한다.

❸ [그리기 도구] → [서식] → [WordArt스타일] 그룹 → [텍스트 윤곽선]에서 [두께]는 [2 1/4pt]을 선택한다.

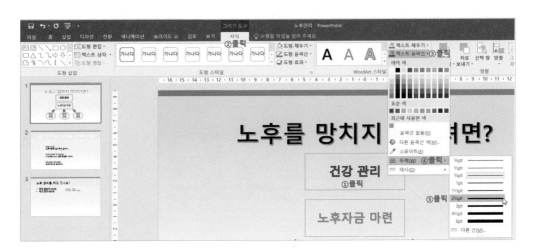

■ 그림자 효과

워드아트를 선택하고 [그리기 도구] → [서식] → [WordArt스타일] 그룹 → [텍스트 효과] → [그림자] → [오프셋 대각선 오른쪽 아래]를 클릭한다.

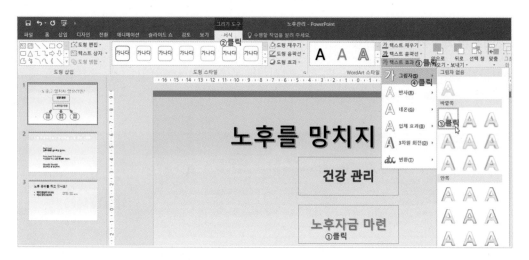

■ 반사 효과

워드아트를 선택하고 [그리기 도구] → [서식] → [WordArt스타일] 그룹 → [텍스트 효과] → [반사] → [전체 반사, 터치]을 클릭한다.

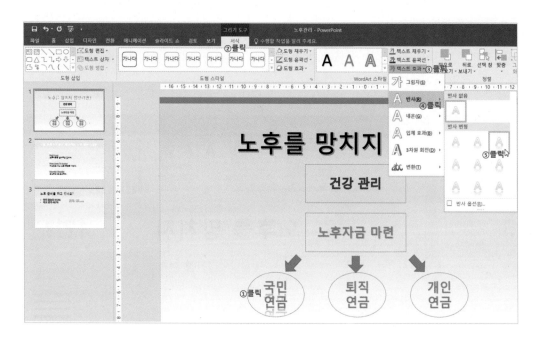

■ 네온 효과

워드아트를 선택하고 [그리기 도구] → [서식] → [WordArt스타일] 그룹 → [텍스트 효과]
→ [네온] → [주황, 5pt 네온, 강조색 2]를 선택한다.

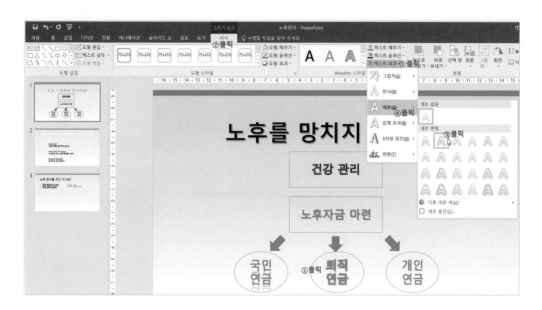

■ 입체 효과

워드아트를 선택하고 [그리기 도구] → [서식] → [WordArt스타일] 그룹 → [텍스트 효과]
→ [입체 효과] → [둥글게]를 선택한다.

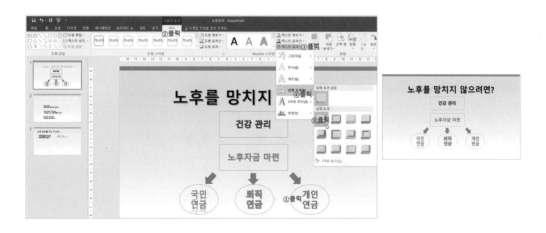

■ 3차원 효과

워드아트를 선택하고 [그리기 도구] → [서식] → [WordArt스타일] 그룹 → [텍스트 효과] → [3차원 회전] → [원근감(낮은 경사)]를 선택한다.

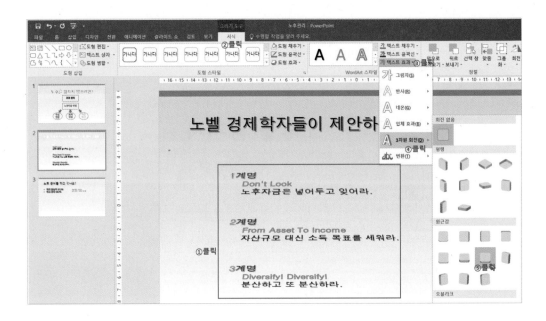

■ 텍스트 변환 효과

워드아트에 호, 물결, 둥글게 등의 효과를 적용하여 모양을 변경할 수 있다.

워드아트를 선택하고 [그리기 도구] → [서식] → [WordArt스타일] 그룹 → [텍스트 효과] → [변환] → [삼각형]을 선택한다.

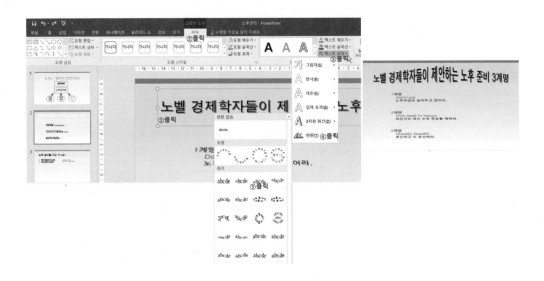

2.8.3 텍스트를 워드아트로 변환

❶ 텍스트의 범위를 지정하거나 텍스트 상자를 선택한다.

❷ [그리기 도구] → [서식] → [WordArt스타일] 그룹에서 자세히(▾)를 클릭한다. 워드아트 스타일 목록에서 [채우기–검정, 텍스트1, 윤곽선–배경1, 진한 그림자–배경1]을 선택한다.

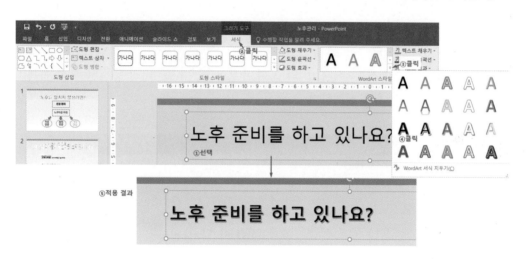

2.8.4 워드아트 지우기

서식을 지울 워드아트를 선택하고 [그리기 도구] → [서식] → [WordArt스타일] 그룹에서 자세히(▾)를 클릭하여 목록에서 [WordArt서식 지우기]를 선택한다.

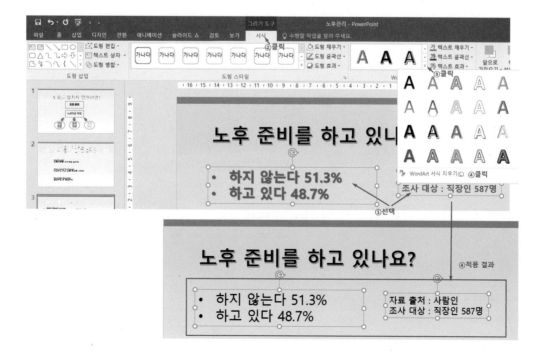

2.9 수식 삽입

파워포인트에서는 등록된 수식을 사용하거나 수식 도구들을 이용하여 수식을 직접 입력할
수 있다.

1 기본 제공 수식 사용

[삽입] → [기호] 그룹에서 [수식 삽입]의 목록 버튼을 클릭하면 미리 등록된 수식 목록이
나타난다. 목록에서 수식을 선택한다.

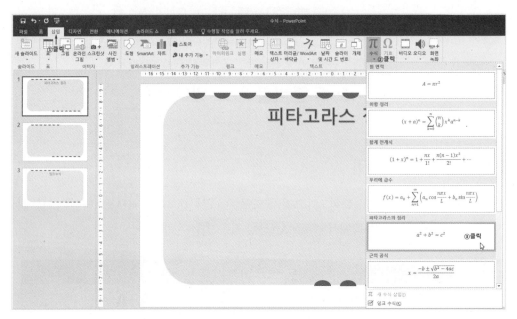

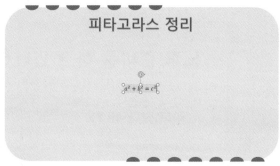

2 새 수식 입력

❶ 수식을 삽입할 텍스트 상자를 삽입하고 [삽입] → [기호] 그룹 → [수식 삽입]을 클릭하여 수식 목록에서 [새 수식 삽입]을 선택한다.

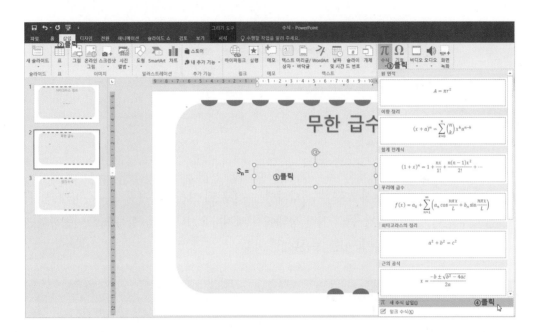

❷ [여기에 수식을 입력하십시오.]가 나타나면 [수식 도구] → [디자인] → [구조] 그룹 → [대형 연산자] → [총합]을 클릭한다.

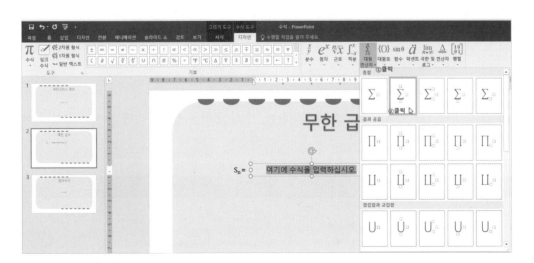

❸ 점선 상자의 개체 틀을 클릭한 후 수식을 입력한다.

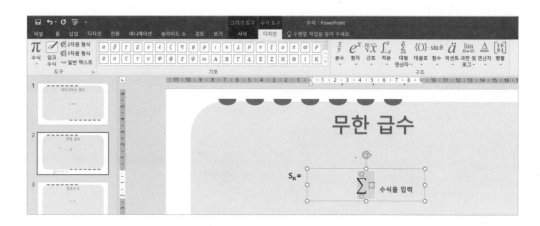

❹ 첨자를 입력하려면 [수식 도구] → [디자인] → [구조] 그룹에서-[첨자] → [아래 첨자]
를 클릭한다. 근호, 첨자 등의 입력 상태에서 빠져나오거나 다음 항목으로 이동하려면
[Tab]이나 오른쪽 방향키(→)를 누른다.

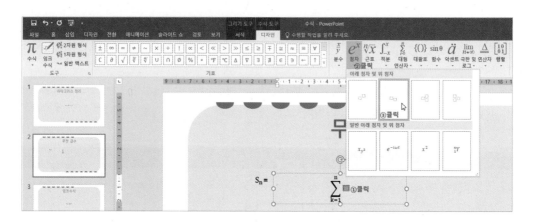

❺ 같은 방법으로 계속해서 수식을 입력한다. 수식 입력을 종료하려면 수식이 입력된 상
자 바깥쪽을 클릭한다.

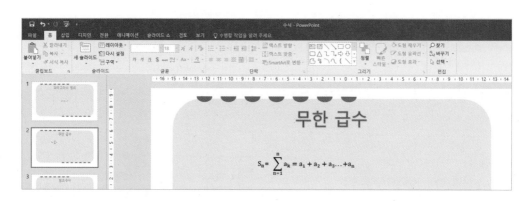

3 잉크 수식

터치 및 펜 사용 장치에서도 스타일러스 또는 손가락을 사용하여 수식을 작성할 수 있는
기능이다.

❶ [삽입] → [기호] 그룹 → [수식 삽입]의 목록 버튼을 클릭하여 미리 등록된 수식 목록이
나타나면 [잉크 수식]을 클릭한다. 마우스 또는 펜으로 수식을 입력한다.

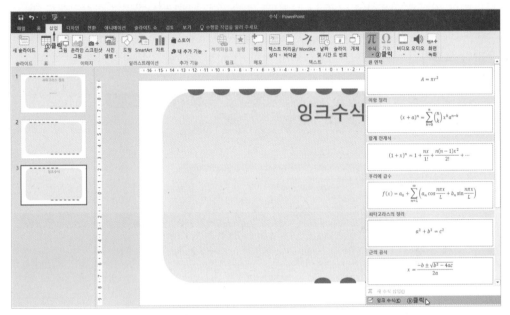

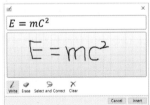

❷ [Insert]를 클릭하면 수식으로 자동 변환되어 슬라이드에 삽입된다.

2.10 메모 삽입

특정 텍스트나 개체에 메모를 추가하여 다른 사용자와 공유할 수 있다.

1 메모 삽입

'모티켓'에 커서를 이동하고 [검토] → [메모] 그룹 → [새 메모]를 클릭하면 슬라이드 창 오른쪽에 [메모] 작업창이 나타난다. 사용자 이름 아래쪽에 입력란이 나타나면 메모 내용을 '온라인 오프라인 네트워크를 사용하면서 서로 간에 지켜야 할 기본예절'이라 입력한다.

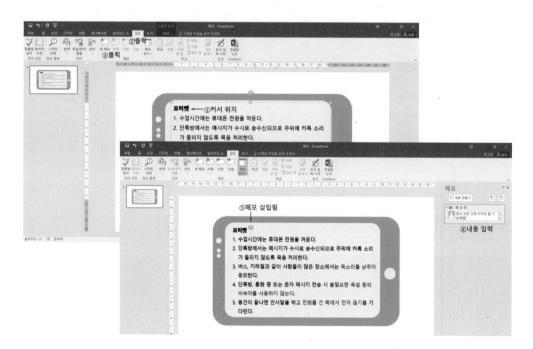

2 메모 삭제

① 지우고 싶은 메모를 선택하고 [검토] → [메모] 그룹 → [삭제] → [삭제]를 클릭한다.

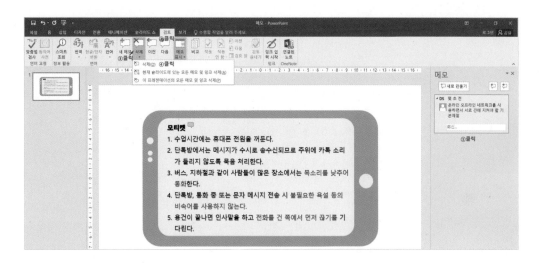

② 다음과 같이 메모가 삭제된다.

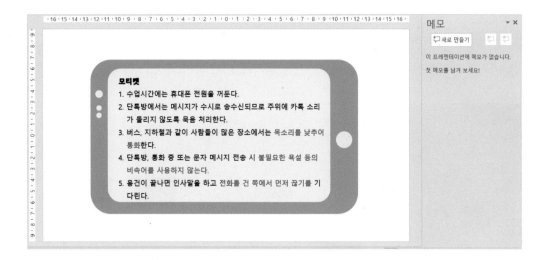

TIP 세 개의 삭제 명령 중에서 [삭제]는 메모 아이콘을 클릭해야 사용할 수 있는 명령이며 선택한 메모만 삭제한다.

기본 프로젝트

다음 슬라이드를 작성해보자.

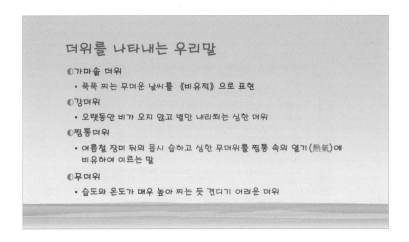

STEP 1 새 프레젠테이션 작성하기

❶ 파워포인트를 실행하고 처음 화면에서 검색어를 '바다'라 입력하고 검색을 클릭한다.

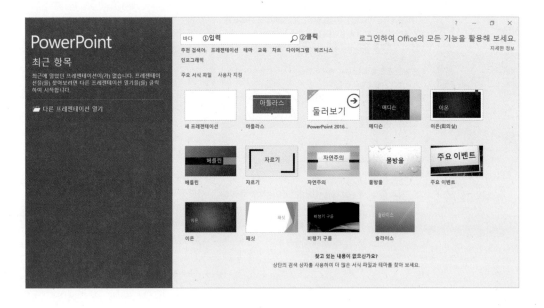

❷ 검색 결과에서 [바다 그림 프레젠테이션]을 클릭한다.

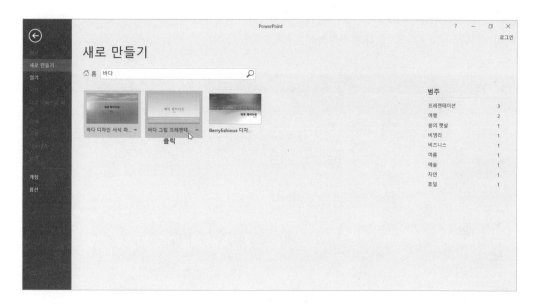

❸ [만들기]를 클릭한다.

STEP 2 슬라이드 레이아웃 변경하기

[제목 슬라이드]를 다른 슬라이드로 바꾸려면 [홈] → [슬라이드] 그룹 → [레이아웃]을 클릭하여 목록에서 [제목 및 내용] 슬라이드를 클릭한다.

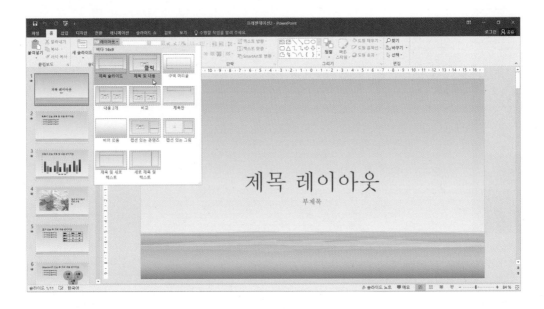

STEP 3 슬라이드 삭제하기

[Shift]를 누른 채 슬라이드2~슬라이드11을 선택하고 마우스 오른쪽 버튼을 클릭한다. [슬라이드 삭제]를 클릭한다.

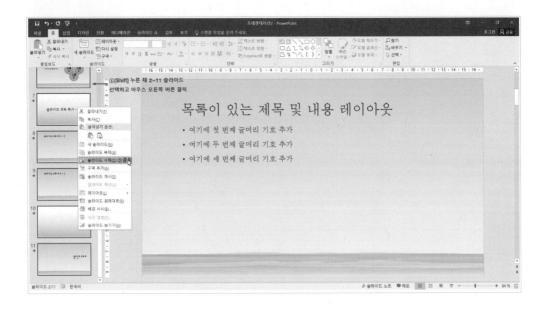

STEP 4 슬라이드에 텍스트 입력하기

제목 텍스트 개체틀과 텍스트 개체틀에 내용을 입력한다.

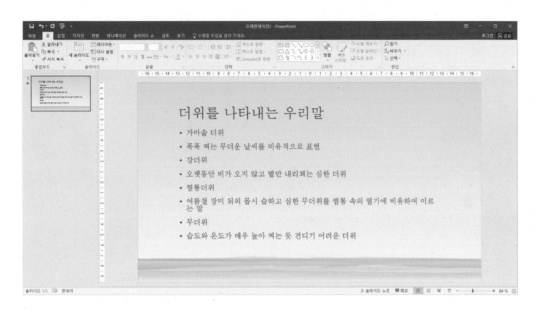

STEP 5 텍스트 서식 지정하기

❶ [Shift]를 누른 채 제목 텍스트와 텍스트 개체 틀을 클릭하면 두 개체 틀이 선택된다. [홈] → [글꼴] 그룹에서 [HY엽서M]을 클릭한다.

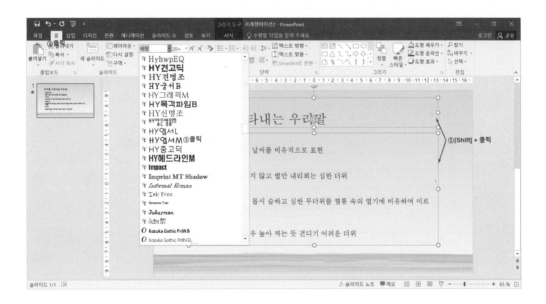

❷ 제목 텍스트 개체 틀을 선택하고 [그리기 도구] → [서식] → [WordArt 스타일] 그룹에 서 자세히(ㆍ)를 클릭하여 목록에서 [채우기-진한 녹색, 강조 4, 부드러운 입체]를 선택 한다.

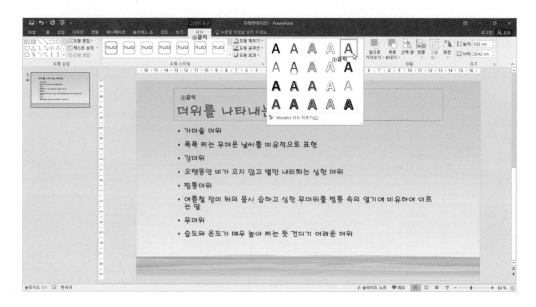

❸ [그리기 도구] → [서식] → [WordArt 스타일] 그룹에서 [텍스트 효과] → [그림자]를 선 택하고 목록에서 [오프셋 가운데]를 선택한다.

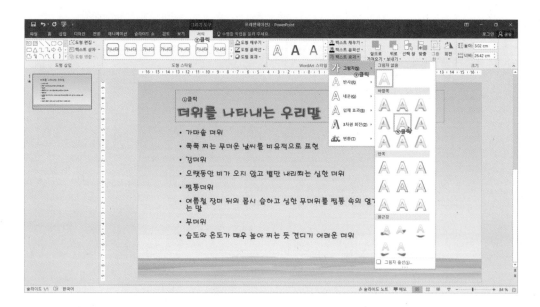

❹ 텍스트 개체틀을 선택하고 [홈] → [글꼴] 그룹에서 텍스트 상자의 글자 크기를 [글꼴 크기 크게(가)]를 클릭한다.

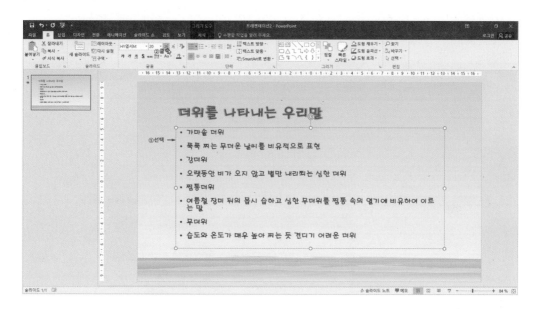

❺ [Ctrl]을 누른 채 '푹푹 찌는 무더운 날씨', '별만 내리쬐는 심한 더위', '몹시 습하고 심한 무더위', '찌는 듯 견디기 어려운 더위'를 범위 지정하고 [홈] → [글꼴] 그룹 → [글꼴색] 에서 [빨강]을 선택한다.

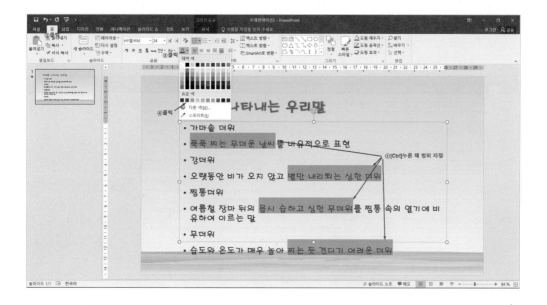

STEP 6   들여쓰기 지정하기

❶ [Ctrl]을 누른 채 떨어져 있는 단락을 범위 지정한다.

❷ [홈] → [단락] 그룹 → [목록수준 늘림(▤)]을 클릭하거나 [Tab]을 누른다.

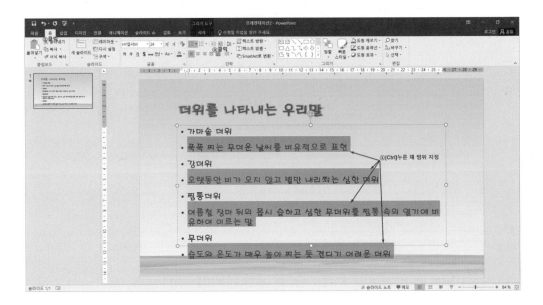

STEP 7   글머리기호 지정하기

❶ [Ctrl]을 누른 채 적용할 단락을 선택한다. [홈] → [단락] 그룹에서 [글머리 기호]의 목록 버튼을 클릭하여 [글머리 기호 및 번호 매기기]를 선택한다.

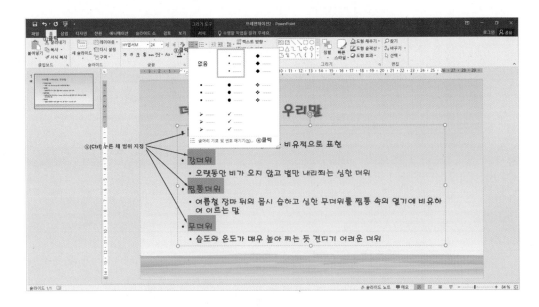

❷ [사용자 지정]을 클릭한다. [기호]창에서 [글꼴]은 [Segoe UI Symbol], [하위 집합]을 [도형 기호]로 선택한다. 갤러리에서 '◖'를 선택한다. [확인]을 클릭한다.

 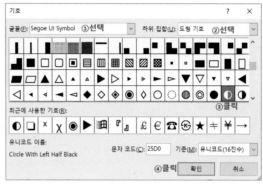

> **TIP**   [기호] 창에서 [기준]을 [유니코드(16진수)]로 선택하고 [문자 코드]에 '25D0'라 입력하면 '◖'가 바로 검색된다.

❸ [글머리 기호 및 번호 매기기] 창이 나타나면 [텍스트 크기]에 '95%'를 입력하고 [색]은 [바다색, 강조 2]로 선택한다. [확인]을 클릭한다.

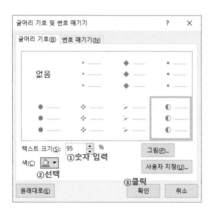

STEP 8 단락 간격 지정하기

❶ 텍스트 상자의 모든 단락을 선택하고 [홈] → [단락] 그룹에서 [단락] 대화상자 아이콘
을 클릭한다.

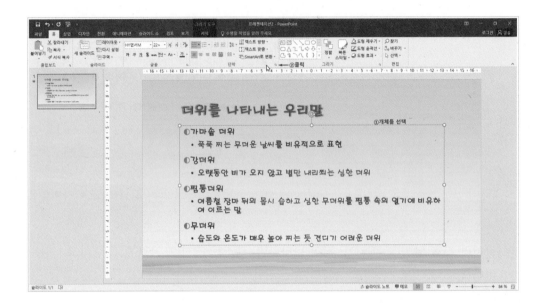

❷ [단락] 창에서 [단락 앞]을 '14pt'로 입력한다.

STEP 9 줄 간격 지정하기

여섯 번째 단락인 '여름철 장마 뒤의~'에 커서를 이동한 후 [홈] → [단락] 그룹에서 [단락] 대화 상자 아이콘을 클릭한다. [단락] 창에서 [줄 간격]의 [값]을 '1.1'로 입력한다.

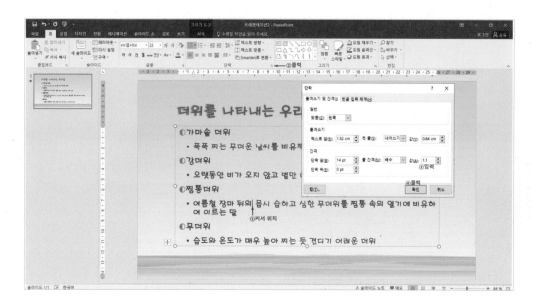

STEP 10 특수문자 입력하기

'비유적으로'에 특수문자를 삽입하여 '《비유적으로》'로 변경해보자.

❶ '비유적으로' 앞으로 커서를 이동한 후 한글 자음 'ㄴ'을 입력하고 [한자]키를 누른다.

❷ 목록에서 보기 변경 버튼을 클릭하거나 [Tab]을 누르면 전체 특수문자 목록이 나타난다. 목록에서 '《'을 선택한다. 같은 방법으로 '비유적으로' 뒤에 '》'를 입력한다.

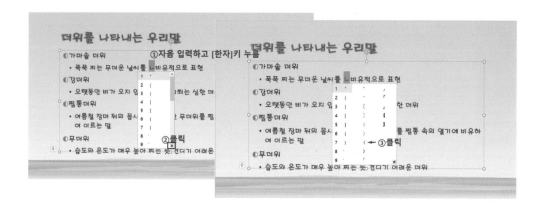

STEP 11   한자 변환하기

'열기'를 '열기(熱氣)'로 변환해보자.

❶ '열기' 뒤로 커서를 이동하거나 범위 지정하고 [검토] → [언어] 그룹에서 [한글/한자 변환]을 클릭한다.

❷ [한글/한자 변환] 창의 한자어 목록에서 '熱氣'를 선택하고 [입력형태]는 '한글(漢字)'로 선택한다.

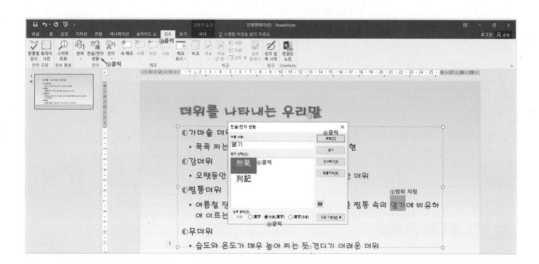

STEP 12   저장하기

❶ [파일] → [저장] → [이 PC]로 선택한 다음 [찾아보기]를 클릭한다.

❷ [다른 이름으로 저장]창이 나타나면 [파일 이름]에 '더위를 나타내는 우리말'이라 입력하고 [파일 형식]은 [PowerPoint프레젠테이션]을 선택한 후 [저장]을 클릭한다.

참고 **슬라이드에 텍스트 상자 맞춤**

슬라이드의 가로 방향으로 가운데 맞춤을 적용하려면 [그리기 도구] → [서식] → [정렬] 그룹 → [맞춤]에서 [가운데 맞춤]을 선택하고, 세로 방향으로 중간에 맞추려면 [중간 맞춤]을 선택한다. 정렬할 개체를 하나만 선택할 경우 자동으로 [슬라이드에 맞춤]이 선택된다.

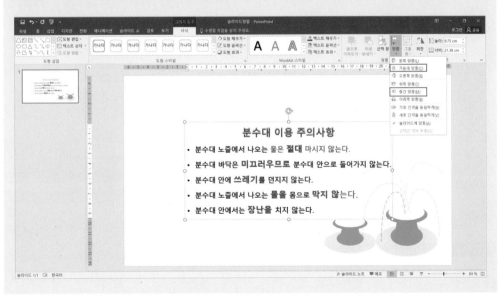

응용 프로젝트 **슬라이드 구역 사용하기**

구역은 슬라이드를 그룹으로 나누어 관리하는 기능이다. 공동으로 작업 시 팀이나 개인별로 작업 영역을 나눌 때 구역을 이용하면 업무 관리를 편리하게 할 수 있고 전체의 흐름을 파악하기가 쉽다.

'생활 속 화학물질.pptx'을 열고 8개의 슬라이드를 다음과 같이 기본(슬라이드1), 화학물질 소개(슬라이드2, 3), 가구(슬라이드4~6), 마무리(슬라이드7,8) 등 4개의 구역으로 나누어 보자.

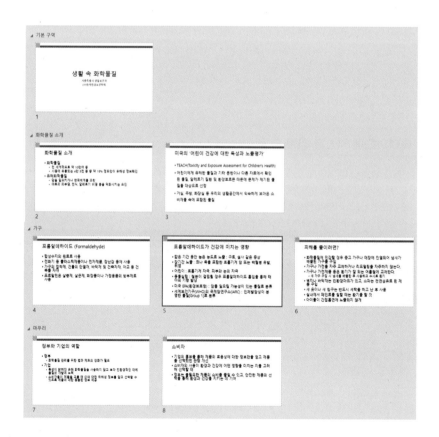

STEP 1   '화학물질 소개' 구역 만들기

❶ 슬라이드 탭에서 슬라이드2를 선택하고 마우스 오른쪽 버튼을 클릭한다. [구역 추가]를 클릭하면 프레젠테이션이 슬라이드2를 기준으로 두 개의 구역으로 나누어지는데 슬라이드1은 [기본 구역], 슬라이드2부터는 [제목 없는 구역]이 된다.

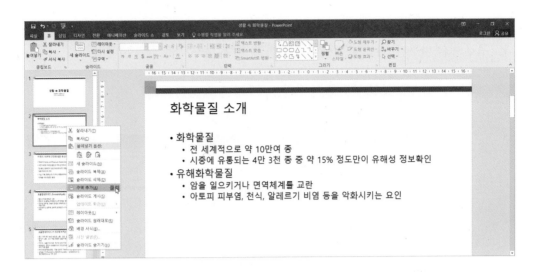

TIP [홈] → [슬라이드] 그룹 → [구역] → [구역 추가]를 클릭해도 된다.

❷ 슬라이드2의 [제목 없는 구역]을 선택하고 마우스 오른쪽 버튼을 클릭하여 [구역 이름 바꾸기]를 클릭한다. [구역 이름 바꾸기] 창에서 '화학물질 소개'를 입력하고 [이름 바꾸기]를 클릭한다.

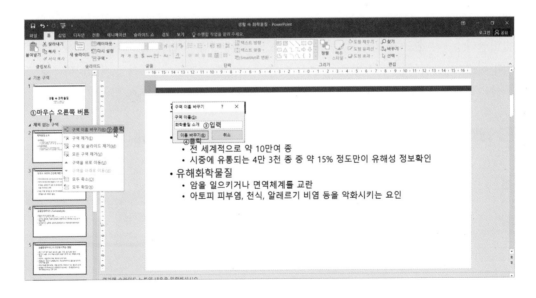

STEP 2 '가구' 구역 만들기

'화학물질 소개' 구역을 다시 두 개의 구역으로 나누기 위해 슬라이드 탭에서 슬라이드4를 선택하고 마우스 오른쪽 버튼을 클릭하여 [구역 추가]를 클릭한다. 슬라이드4 앞에 있는 슬라이드는 '화학물질 소개' 구역, 슬라이드4 부터 [제목 없는 구역]으로 나누어진다. 슬라이드4의 [제목 없는 구역]을 마우스 오른쪽 버튼을 클릭하여 [구역 이름 바꾸기]를 클릭한다. [구역 이름 바꾸기] 창에서 '가구'를 입력하고 [이름 바꾸기]를 클릭한다.

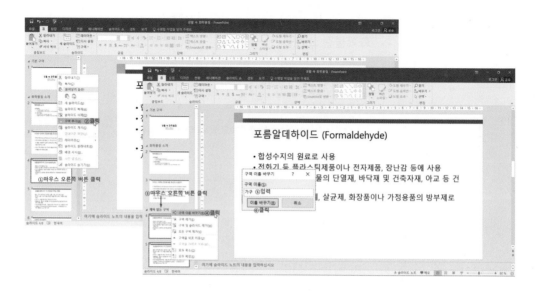

STEP 3 '마무리' 구역 만들기

마지막으로 슬라이드 탭의 슬라이드7에서 마우스 오른쪽 버튼을 클릭하고 [구역 추가]를 클릭한다. 슬라이드6까지는 '가구', 슬라이드7 부터는 [제목 없는 구역]으로 나누어진다. 슬라이드7의 [제목 없는 구역]을 마우스 오른쪽 버튼을 클릭하여 [구역 이름 바꾸기]를 클릭한다. [구역 이름 바꾸기] 창에서 '마무리'를 입력하고 [이름 바꾸기]를 클릭한다.

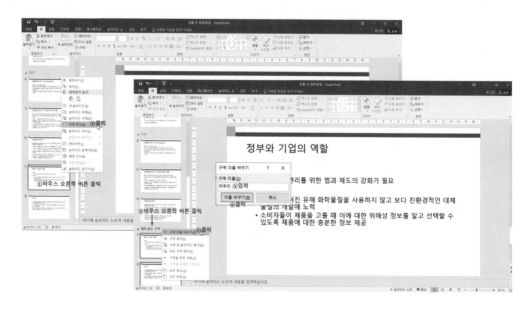

STEP 4 **구역 확장 및 축소하기**

❶ 슬라이드 탭의 구역 이름에서 마우스 오른쪽 버튼을 클릭하고 [모두 축소]를 클릭한다.

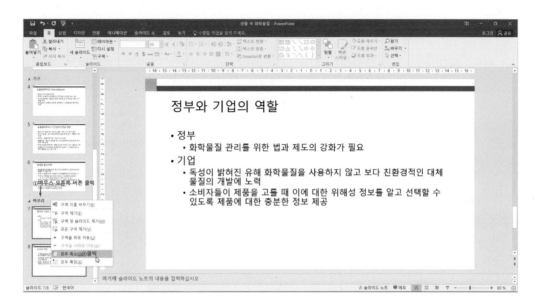

❷ 슬라이드 탭의 축소판 슬라이드가 사라지고 구역 이름이 목록으로 표시된다.

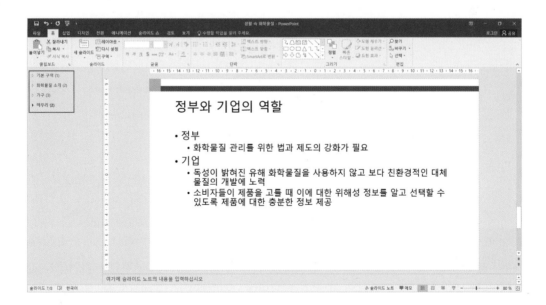

❸ '가구' 구역 왼쪽의 버튼을 클릭하면 '가구' 구역의 슬라이드만 표시된다.

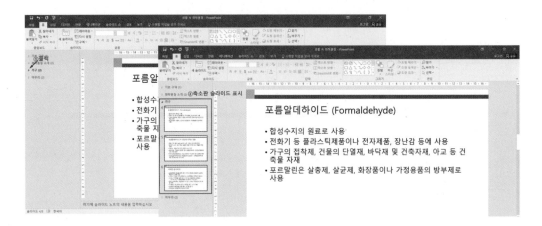

❹ 구역 이름에서 마우스 오른쪽 버튼을 클릭하고 [모두 확장]을 클릭하면 다시 슬라이드 목록이 나타난다.

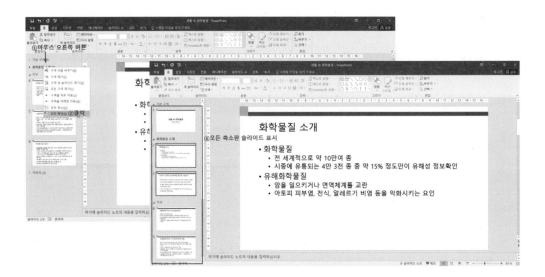

STEP 5 **구역 이동 및 삭제하기**

[여러 슬라이드] 보기 상태에서도 구역의 이름이나 위치를 변경하고 구역의 슬라이드를 숨기거나 표시할 수 있으며 구역을 삭제할 수도 있다. 화면 보기 도구에서 [여러 슬라이드]를 클릭한 후 구역을 이동하고 삭제해보자.

❶ '가구' 구역과 '화학물질 소개' 구역의 위치를 바꿔보자. '가구' 구역을 선택하고 마우스 오른쪽 버튼을 클릭하여 [구역을 위로 이동]을 선택한다. '가구' 구역이 '화학물질 소개' 구역 위쪽으로 이동된다.

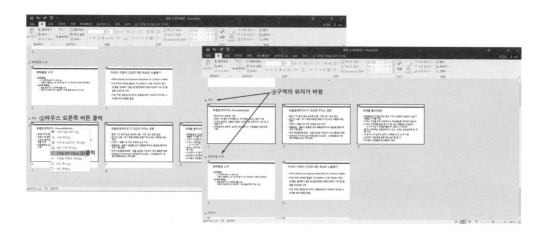

❷ '화학물질 소개' 구역을 삭제해보자. '화학물질 소개' 구역에서 마우스 오른쪽 버튼을 클릭하고 [구역 제거]를 클릭하면 '화학물질 소개' 구역이 삭제되고 이 구역의 슬라이드는 바로 앞쪽 구역인 '가구' 구역으로 이동된 것을 확인할 수 있다.

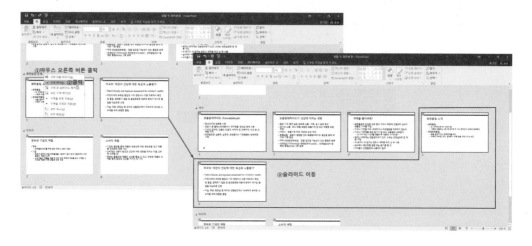

TIP [구역 및 슬라이드 제거]는 구역과 구역에 해당되는 모든 슬라이드를 한꺼번에 삭제한다. [모든 구역 제거]는 프레젠테이션의 모든 구역을 완전히 삭제한다.

참고 글꼴 다루기

글꼴은 가능하면 컴퓨터에 기본적으로 설치되어있는 글꼴을 사용하는 것이 좋다. 독특하고 세련된 글꼴을 사용할 때는 프레젠테이션을 실행할 컴퓨터에 설치되어있지 않은 글꼴일 수 있다는 생각을 하고 미리 대비해야 한다. 부득이하게 특수한 글꼴을 사용해야 한다면 글꼴을 아예 프레젠테이션에 포함시키는 방법도 있다.

(1) 글꼴 설치하기

글꼴은 개인이나 비영리 목적으로 사용할 때만 무료일 수도 있고 상업적 용도로 사용할 수 있는 완전 무료인 글꼴도 있으므로 글꼴을 설치하기 전에 저작권 허용 범위를 반드시 확인해야 한다. 네이버에서 무료로 배포하고 있는 나눔 글꼴을 설치해보자. 글꼴을 설치하기 전에 프로그램을 모두 종료한다.

① 웹브라우저를 실행하고 주소 표시줄에 'https://hangeul.naver.com'이라 입력한다.
② 오른쪽에서 '목차'를 클릭하면 메뉴가 표시되는데 '나눔글꼴'을 클릭한다.

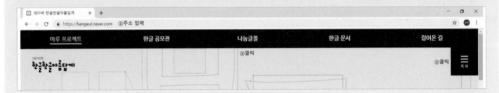

③ '나눔글꼴 모음 설치하기'를 클릭하여 목록에서 '원도우용'을 클릭한다.

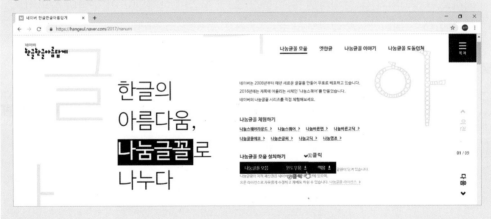

❹ [실행]을 클릭하면 '나눔 글꼴 설치' 창이 나타난다. '다음'을 클릭한다. 다음 단계의 창이 나타나면 설치하고 싶은 글꼴을 선택하고 '설치'를 클릭한다.

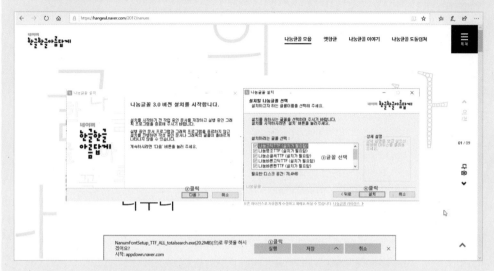

TIP   크롬 브라우저일 경우 [내 PC] → [다운로드]에 저장된다. [다운로드] 폴더에서 'NanumFontSetup_TTF_ALL_totalsearch.exe'를 더블클릭하면 된다.

(2) 글꼴 포함시켜 저장하기

❶ [파일] → [옵션] → [저장]을 클릭하거나 [파일] → [다른 이름으로 저장]을 클릭하여 [다른 이름으로 저장]에서 [도구] → [저장 옵션]을 선택한다.

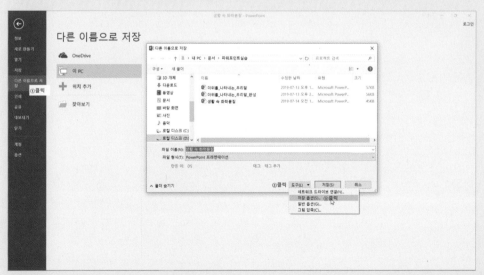

❷ [이 프레젠테이션 공유 시 화질 보존]에서 [파일의 글꼴 포함]에 체크를 표시한다.

PowerPoint 옵션	? ✕

💾 문서 저장 방법을 사용자가 지정합니다.

일반
언어 교정
저장 ①클릭
한글 입력 체계
언어
고급
리본 사용자 지정
빠른 실행 도구 모음
추가 기능
보안 센터

프레젠테이션 저장

다음 형식으로 파일 저장(F): PowerPoint 프레젠테이션 ▼

☑ 자동 복구 정보 저장 간격(A): 10 ⬍ 분(M)

  ☑ 저장하지 않고 닫은 경우 마지막으로 자동 저장된 버전 유지

자동 복구 파일 위치(R): C:\Users\DS\AppData\Roaming\Microsoft\PowerPoint\

☐ 파일을 열거나 저장할 때 Backstage 표시 안 함(S)

☑ 로그인이 필요하더라도 추가 저장 위치 표시(S)

☐ 기본적으로 컴퓨터에 저장(C)

기본 로컬 파일 위치(I): C:\Users\DS\Documents\

기본 개인 서식 파일 위치(T):

문서 관리 서버 파일에 대한 오프라인 편집 옵션

체크 아웃 파일 저장 위치:ⓘ
  ○ 이 컴퓨터의 서버 임시 보관함(L)
  ● Office 문서 캐시(O)

서버 임시 보관함 위치(V): C:\Users\DS\Documents\SharePoint 임시 보관함\   찾아보기(B)...

이 프레젠테이션 공유 시 화질 보존(D): 📄생활 속 화학물질 ▼

②체크 표시 ➡ ☑ 파일의 글꼴 포함(F)ⓘ
    ● 프레젠테이션에 사용되는 문자만 포함(파일 크기를 줄여줌)(O)
    ○ 모든 문자 포함(다른 사람이 편집할 경우 선택)(C)

확인   취소

TIP [프레젠테이션에 사용되는 문자만 포함(파일 크기를 줄여줌)]을 선택하면 슬라이드 편집이 불가능할 수 있다.

(1) 슬라이드 레이아웃 변경 : [홈] → [슬라이드] 그룹 → [레이아웃]에서 선택한다.

(2) 슬라이드 추가 : [홈] → [슬라이드] 그룹 → [새 슬라이드]를 클릭하여 선택한다.

(3) 슬라이드 이동 : [슬라이드] 탭에서 슬라이드를 원하는 위치로 드래그 한다.

(4) 슬라이드 복사 : [슬라이드] 탭에서 슬라이드를 선택하고 마우스 오른쪽 버튼을 클릭하여 [슬라이드 복사]를 선택한다. 새 위치를 선택하고 마우스 오른쪽 버튼을 클릭하여 [붙여 넣기]를 선택한다.

(5) 슬라이드 삭제 : [슬라이드] 탭에서 삭제할 슬라이드를 마우스 오른쪽 버튼을 클릭하여 [슬라이드 삭제]를 선택한다.

(6) 슬라이드 복제 : 복제할 슬라이드를 선택하고 마우스 오른쪽 버튼을 클릭하여 목록에서 [슬라이드 복제]를 선택한다.

(7) 여러 슬라이드 보기 상태에서는 프레젠테이션의 흐름을 보면서 슬라이드를 이동, 복사, 삭제 등을 할 수 있다.

(8) 슬라이드에 텍스트 입력 : 텍스트 개체틀, 텍스트 상자, 도형에 입력한다. 텍스트 상자를 삽입하려면 [삽입] → [텍스트] 그룹 → [텍스트 상자]를 클릭한다.

(9) 특수 문자 입력 : [삽입] → [기호] 그룹 → [기호]를 클릭하거나 한글 자음을 입력하고 [한자] 키를 누른다.

(10) 한자 입력 : 한글 음을 입력한 다음 [한자]키를 누르거나 [검토] → [언어] 그룹 → [한글/한자 변환]을 선택한다.

(11) 텍스트 서식 : [홈] → [글꼴] 그룹에서 글꼴, 글꼴 크기, 글꼴 색, 가운데 맞춤 등을 지정한다.

(12) 문자열 선택 : 마우스로 문자열 일부분을 드래그하거나, 개체틀을 클릭하여 선택할 수 있다. 떨어져 있는 문자열은 [Ctrl]을 이용하여 선택하고 여러 줄이나 단락을 연속해서 선택할 때는 [Shift]를 이용한다.

(13) 줄 간격 및 단락 : 줄을 바꾸려면 [Shift]+[Enter], 단락을 나누려면 [Enter]를 누른다. 줄 간격이나 단락 간격은 리본 메뉴의 [줄 간격]을 선택하여 미리 설정된 값을 선택하거나 [단락] 대화상자에서 지정할 수 있다.

(14) 글머리 기호/번호 매기기 : [홈] → [단락] 그룹에서 [글머리 기호] 또는 [번호 매기기]를 클릭한다.

(15) 들여쓰기/내어쓰기 : 들여쓰기는 [홈] → [단락] 그룹 → [목록 수준 늘림]을 클릭하거나 [Tab]키를 누른다. 내어쓰기는 [홈] → [단락] 그룹 → [목록 수준 줄임]을 클릭하거나 [Shift] + [Tab]키를 누른다.

(16) 워드아트 삽입 : [삽입] → [텍스트] 그룹 → [WordArt 삽입]을 클릭한다.

(17) 수식 삽입 : [삽입] → [기호] 그룹 → [수식 삽입]을 클릭하여 작성한다.

(18) 메모 삽입 및 삭제 : 메모 삽입은 [검토] → [메모] 그룹 → [새 메모]를 클릭한다. 메모 삭제는 [검토] → [메모] 그룹 → [삭제]를 클릭한다.

※ 다음 슬라이드를 작성하여 '가동연한.pptx'로 저장한다.

작성 조건

1. [제목 및 내용] 슬라이드에서 작성한다.
2. 슬라이드의 모든 글꼴은 [돋움]으로 지정한다.
3. 제목 텍스트는 다음과 같이 지정한다.
   (1) 굵게, 글꼴 크기는 40pt이다.
   (2) 텍스트 채우기와 텍스트 윤곽선은 [연한 파랑]이다.
   (3) 텍스트 효과는 [근접 반사, 터치], [둥글게] 입체효과를 적용한다.
4. 텍스트의 첫 번째 수준에 다음과 같이 지정한다.
   (1) 글머리 기호는 ○(Wingdings, 문자 코드 : 00A6, 유니코드 16진수), 텍스트 크기는 105%, 색은 [연한 파랑]
   (2) 글자 크기는 24pt, 글자색은 [연한 파랑], [굵게], [텍스트 그림자]
   (3) 텍스트의 줄 간격은 '1.5'로 지정한다.
5. 텍스트의 두 번째 수준에 다음과 같이 지정한다.
   (1) 글머리 기호는 별표 글머리기호, 텍스트 크기는 95%, 색은 [연한 파랑]
   (2) 글자 크기는 20pt, 텍스트의 줄 간격은 '1.2'로 지정한다.
   (3) '최종 연령'에 특수 문자를 적용한다.
   (4) 문자열 '더는 일을 할 수 없다고 인정되는 시점', 『최종 연령』의 글꼴 색은 [진한 빨강], 텍스트 효과는 네온의 [주황, 8pt 네온, 강조색 2], [글꼴 크기 크게]를 한번 클릭한다.
   (5) '더는 일을 할 수 없다고 인정되는 시점', 『최종 연령』에 밑줄을 적용한다.

※ 다음과 같은 내용의 슬라이드를 텍스트 상자, 워드아트, 텍스트 효과만을 이용하여 자유롭게 작성한 후 '시간빈곤층.pptx'로 저장한다.

> # 시간 빈곤층이란?
>
> - 먹고, 자고, 씻는 등 생존에 반드시 필요한 시간을 희생해야 하는 계층
> - 가용 시간이 71시간 이상인 계층
> - 가용 시간(71시간)
>   - 일주일 전체 시간(168시간)-생존에 필요한 시간(97시간)

※ 텍스트 상자, 워드아트, 텍스트 효과를 이용하여 작성한 예제는 다음과 같다.

[슬라이드1]

[슬라이드2]

작성 조건

슬라이드1과 슬라이드2는 [빈 화면] 레이아웃을 사용한다.

1. 슬라이드1에 다음과 같이 작성한다. 슬라이드의 모든 글꼴은 [돋움]으로 지정한다.
   (1) '시간 빈곤층이란?'에 다음과 같이 적용한다.
   - [채우기-검정, 텍스트 1, 그림자] WordArt스타일, 글꼴(돋움, 54pt), 진하게
   - 텍스트 채우기 : [녹색, 강조 6]
   - 텍스트 효과 : 반사-[전체 반사, 터치], 네온-[녹색, 강조 6, 80% 더 밝게], 변환-[아래로 기울기]

   TIP [그리기 도구] → [서식] → [WordArt 스타일] 그룹 → [텍스트 효과] → [네온] → [다른 네온 색] → [녹색, 강조 6, 80% 더 밝게]

(2) '생존에 반드시 필요한 시간을 희생하는 계층'에 다음과 같이 지정한다.
- 글꼴 색 : [진한 빨강], 글꼴 크기 : 28pt
- 텍스트 효과 : 네온-[주황, 강조 2, 60% 더 밝게], 변환-[위로 기울기]

2. 슬라이드2에 다음과 같이 작성한다. 슬라이드의 모든 글꼴은 [휴먼둥근헤드라인]을 적용한다.
   (1) 두 개의 텍스트 상자에 '시간 빈곤층?', '주당 가용 시간 이상 노동하는 계층'을 각각 입력하고 다음과 같이 적용한다.
   - 글꼴 크기 : '시간 빈곤층?'은 40pt, 굵게, '주당 가용 시간 이상~'은 28pt
   - 글꼴 색 : [파랑], 줄 간격 : 1.5, '시간 빈곤층?'-[가운데 맞춤]
   - 텍스트 채우기 : 그라데이션-[오른쪽 아래 모서리에서], 텍스트 윤곽선 : [연한 파랑]
   - 텍스트 효과 : 반사-[근접 반사, 터치], 3차원 회전-[오른쪽 아래 오블리크]
   (3) 텍스트 상자를 삽입하고 세 개의 단락을 입력한다.
   - '가용 시간(71시간)' : 글꼴 색([파랑]), 글꼴 크기(32pt)
   - '=일주일 전체 시간(168시간)' : 글꼴 색([자주]), 글꼴 크기(24pt), 줄 간격(1.5)
   - '-생존에 필요한 시간(97시간)' : 글꼴 색([빨강]), 글꼴 크기(24pt), 줄 간격(1.5)
   (4) 텍스트 상자를 삽입하고 '먹고, 자고, 씻는 시간'을 입력한다.
   - 글꼴 색 : [파랑], 글꼴 크기 : 20pt

3

도형, 스마트아트 및 이미지

CHAPTER 3

학습목표

■ 도형에 대해 알아보자.

■ 스마트아트 사용법에 대해 알아보자

■ 그림을 삽입하고 편집하는 방법에 대해 알아보자.

3.1	도형 다루기

도형은 파워포인트에서 가장 많이 사용되는 개체 중 하나이다. 발표할 내용을 여러 줄의 텍스트로 명확히 기술하는 것보다 도형을 사용하면 텍스트를 최소로 사용하면서도 훨씬 더 효과적으로 내용을 전달할 수 있다.

3.1.1 도형 메뉴

[삽입] → [일러스트레이션] 그룹 → [도형]을 선택하면 도형 목록이 나타난다.

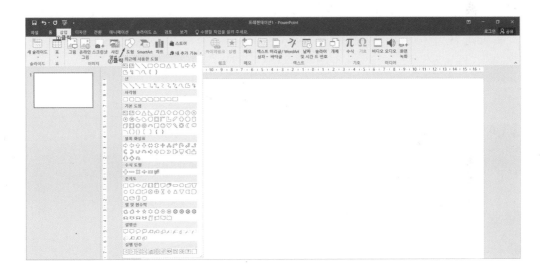

3.1.2 도형 서식 도구

도형을 삽입하거나 삽입된 도형을 더블클릭하면 [그리기 도구] → [서식] 메뉴 탭이 표시되며 도형 삽입, 도형 스타일, WordArt 스타일, 도형 정렬, 도형 크기 등을 지정할 수 있다.

빠른 스타일은 서식을 다양하게 조합해둔 것으로 도형 스타일이나 WordArt 스타일 등 스타일 갤러리에 축소판 그림으로 표시된다. 빠른 스타일 축소판 그림 위에 포인터를 놓으면 빠른 스타일이 도형에 적용된 모양을 미리 볼 수 있다.

3.1.3 도형 서식 창

도형을 선택하고 마우스 오른쪽 버튼을 클릭하여 [도형 서식]을 클릭하거나 [그리기 도구] → [서식] 탭에서 [도형 서식] 대화상자 아이콘(◧)을 클릭하면 슬라이드 창 오른쪽에 표시 된다.

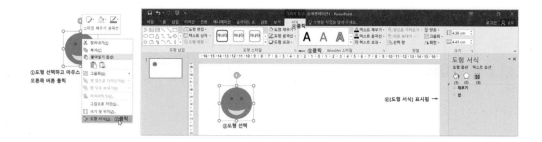

(1) 채우기 및 선 : 도형의 채우기와 선에 대해 설정한다.
(2) 효과 : 그림자, 반사, 네온, 3차원 서식, 3차원 회전 효과를 지정한다.
(3) 크기 및 속성 : 도형 크기, 위치, 텍스트 상자의 설정을 지정한다.

3.1.4 눈금선과 안내선

슬라이드에 눈금선이나 안내선을 표시하면 도형을 편집할 때 도움이 된다.

1 눈금선 또는 안내선 표시

❶ [보기] → [표시] 그룹에서 [눈금선] 또는 [안내선]을 체크한다.

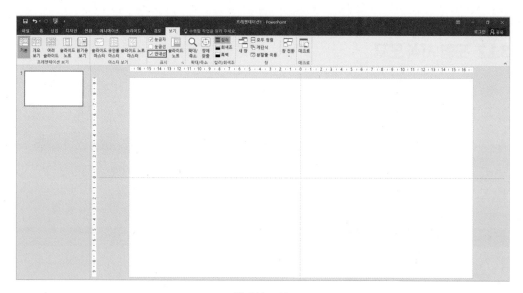

안내선 표시

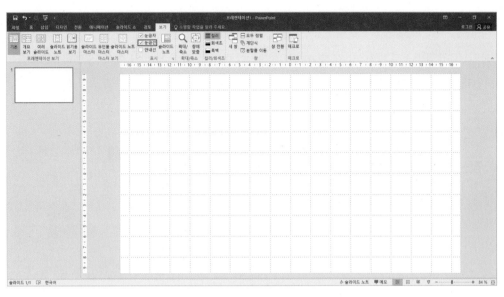

눈금선 표시

❷ [눈금선 및 안내선]의 간격을 설정하려면 [눈금 설정] 아이콘을 클릭하여 [눈금선 및 안
내선]창에서 지정한다.

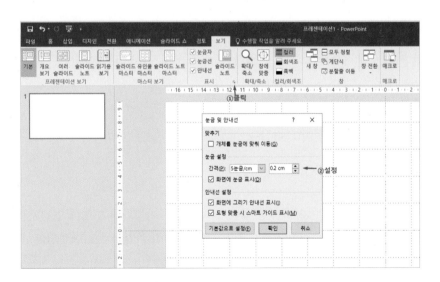

② 눈금선 또는 안내선 제거

[보기] → [표시] 그룹에서 [눈금선] 또는 [안내선]에서 체크를 제거하면 슬라이드에서 눈금
선 또는 안내선이 사라진다.

3.1.5 도형 그리기

[삽입] → [일러스트레이션] 그룹 → [도형]을 클릭하고 목록에서 도형을 선택하여 마우스 포인터가 '+' 모양으로 바뀌면 대각선 방향으로 드래그한다.

① 선 그리기

■ 직선 그리기

선을 선택하고 [Shift]를 누른 채 마우스를 드래그 하면 수평선, 수직선, 45° 기울기의 선을 그릴 수 있다.

■ 곡선

방향을 바꾸고자 하는 지점에서 마우스를 클릭하면 클릭한 지점이 곡선 모양으로 바뀐다. 그리기를 마치려면 더블클릭한다.

■ 자유형

마우스를 드래그 한 대로 선을 그리거나 방향을 바꾸고자 하는 지점에서 마우스를 클릭하면 클릭한 지점까지 직선으로 그릴 수 있다. 그리기를 마치려면 더블클릭한다.

■ 자유곡선

마우스를 드래그 한 대로 선이 그려진다. 마우스에서 손을 떼면 그리기가 종료된다.

② 연결선 그리기

연결선을 선택하고 연결하고자 하는 도형으로 마우스를 가져가면 도형에 연결지점이 나타난다. 연결지점을 클릭한 후 마우스에서 손을 떼면 도형이 연결선으로 연결된다.

③ 여러 가지 도형 그리기

도형을 선택하고 마우스 왼쪽 버튼을 클릭하면 너비와 높이가 2.54cm인 도형이 그려진다. 정사각형(또는 정원)을 그리려면 사각형(또는 타원)을 선택하고 [Shift]를 누른 채 마우스를 드래그한다. [Ctrl]을 누른 채 마우스를 드래그하면 도형 중심부터 그려진다.

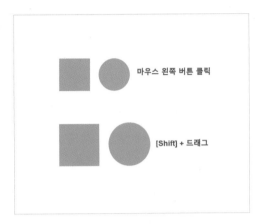

정원/정사각형 그리기

도형 중심부터 그리기

3.1.6 도형에 문자 입력

도형을 선택하고 바로 문자열을 입력하거나 마우스 오른쪽 버튼을 클릭하여 메뉴에서 [텍스트 편집]을 클릭하고 문자열을 입력한다.

도형을 클릭하고 입력

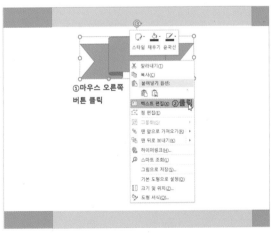

3.1.7 도형 선택 및 크기 변경

여러 도형을 선택하는 방법과 도형의 크기를 변경하는 방법을 알아보자.

1 도형 선택 및 선택 취소

■ 떨어져 있는 도형 선택

[Shift]를 누른 채 원하는 도형을 클릭한다.

■ 마우스 드래그하여 선택

마우스 왼쪽 버튼을 누른 채 선택하고자 하는 도형이 사각형 안에 포함되도록 마우스를
드래그하여 선택한다.

■ 슬라이드의 모든 개체 선택

[Ctrl]+[A]를 누르면 슬라이드에 있는 모든 개체가 선택된다.

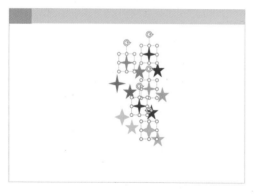
[Shift] 이용

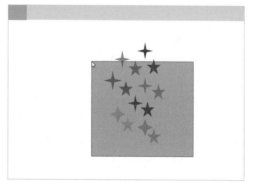
마우스 드래그

■ 도형 선택 취소

도형 전체 선택을 취소하려면 슬라이드의 빈 영역을 클릭하거나 [Esc]를 누른다. 복수 개
의 선택된 도형 중 일부 도형의 선택을 취소하려면 [Shift]를 누른 채 도형을 클릭하면 클릭
한 도형이 선택 해제된다.

2 도형 크기 변경

도형의 크기는 도형의 크기 조절 핸들이나 메뉴에서 값을 직접 입력하여 변경한다.

■ **크기 조절 핸들 이용**

도형을 선택하여 크기 조절 핸들을 드래그한다.

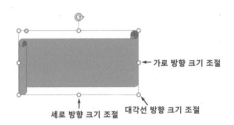

■ **메뉴에서 직접 입력**

[그리기 도구] → [서식] → [크기] 그룹에서 [너비]와 [높이]에 직접 값을 입력한다.

3.1.8 도형 편집

도형을 수평 또는 수직 방향으로 드래그하면 빨간색 점선의 스마트 가이드가 표시되어 수평 또는 수직 방향으로 쉽게 복사 또는 이동할 수 있으며 도형을 균등한 간격으로 배치하는데 도움을 준다. 도형을 이동하거나 복사할 때 [Shift]를 같이 눌러 주면 수평이나 수직을 유지하면서 도형이 이동되거나 복사된다.

1 도형 이동

도형을 이동하려면 도형을 마우스로 드래그한다. 수직이나 수평 방향을 유지하려면 [Shift]를 누른 채 드래그한다.

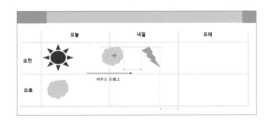

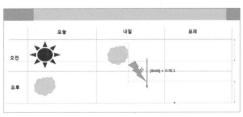

마우스 드래그   [Shift]+마우스 드래그

> **TIP** 도형을 선택하고 방향키(←, →, ↑, ↓)를 눌러서 도형을 이동할 수 있다. 도형을 약간씩 이동하려면 [Ctrl]을 누른 채 방향키(←, →, ↑, ↓)를 누른다. [Alt]를 누른 채 도형을 드래그하면 드래그한 만큼 미세하게 이동을 할 수 있다.

2 도형 복사

도형을 복사하려면 [Ctrl]을 누른 채 드래그한다. [Ctrl]과 [Shift]를 한꺼번에 누른 채 드래그하면 도형을 수평 또는 수직 방향으로 복사를 할 수 있다.

[Ctrl] 이용

[Ctrl]과 [Shift] 이용

참고 **다른 슬라이드로 도형 복사 및 이동**

도형을 선택하고 마우스 오른쪽 버튼을 클릭하여 [잘라내기]나 [복사]를 클릭한다. 새로운 위치의 슬라이드를 선택하고 마우스 오른쪽 버튼을 클릭하여 [붙여넣기 옵션]에서 [대상 테마 사용]을 클릭한다.

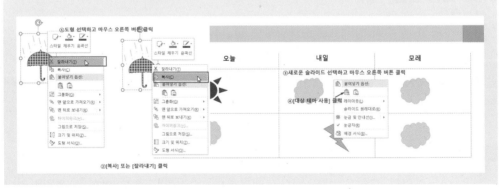

3 도형 복제

도형 복제는 도형과 위치가 같이 복사된다.

❶ 도형을 선택하고 [Ctrl]+[D]를 누르면 도형이 복제된다. 복제된 도형을 원하는 위치로 드래그한다.

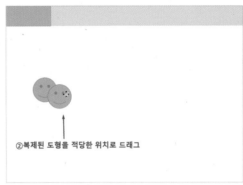

❷ 위치가 이동된 복제된 도형을 선택하고 [Ctrl]+[D]를 다시 누르면 일정한 거리만큼 떨어진 위치에 도형이 복제된다.

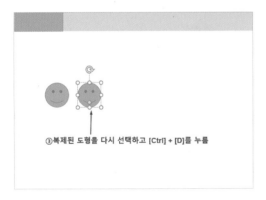
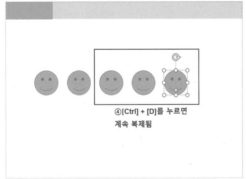

4 도형 삭제

삭제하려는 도형을 선택하고 [Delete]를 누른다.

⑤ 도형 서식 복사

❶ 소스(하트) 도형을 클릭하고 [홈] → [클립보드] 그룹 → [서식복사]를 클릭하여 마우스
포인터 모양이 ⬦▵로 바뀌면 타겟(정오각형) 도형을 클릭한다.

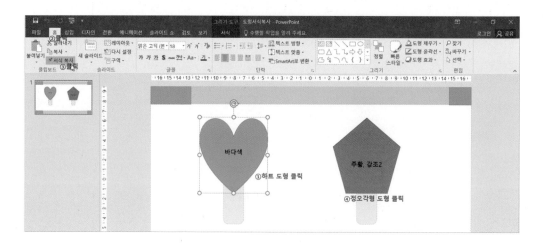

❷ [하트] 도형의 서식이 [정오각형] 도형에 복사된다.

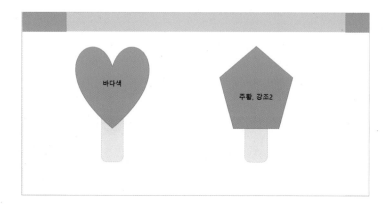

3.1.9 도형 모양 변경

도형에 입력된 문자나 색상은 그대로 두고 도형만 바꾸는 기능이다.

① 메뉴 이용

모양을 바꾸려는 도형을 선택하고 [그리기 도구] → [서식] → [도형 삽입] 그룹 → [도형
편집] → [도형 모양 변경]을 클릭하여 목록에서 도형을 선택한다.

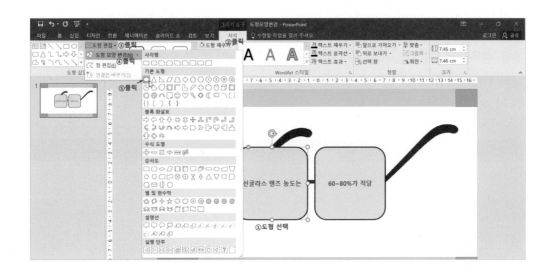

2 모양 조절 핸들 이용

도형 모양 조절 핸들을 드래그하여 도형 모양을 추가로 바꿀 수 있다. [모서리가 둥근 직사각형]의 모양 조절 핸들을 도형 안쪽으로 드래그 한다.

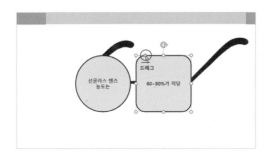

3.1.10 도형 윤곽선

도형 윤곽선은 도형 스타일의 빠른 스타일에서 선택하거나 [그리기 도구] → [서식] → [도형 스타일] 그룹의 [도형 윤곽선]에서 윤곽선 색, 두께, 대시, 화살표 스타일 등을 직접 지정한다. 오른쪽과 같이 선 스타일을 작성해보자.

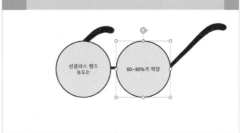

1 빠른 스타일 이용

선을 선택하고 [그리기 도구] → [서식] → [도형 스타일] 그룹에서 자세히(⊡)를 클릭하면 선의 색, 선 스타일, 두께가 미리 정의된 [테마 스타일]과 [미리 설정] 목록이 나타난다. [강한 선, 강조5] 스타일을 클릭한다.

2 도형 윤곽선 이용

■ 선 색, 대시 및 화살표 스타일 지정

❶ 선을 선택하고 [그리기 도구] → [서식] → [도형 스타일] 그룹 → [도형 윤곽선]의 [테마 색]에서 [주황, 강조 2, 50% 더 어둡게]를 클릭한다.

❷ 같은 방법으로 [두께]는 [1pt], [대시]는 [파선], [화살표]는 [화살표 스타일 5]로 지정한다.

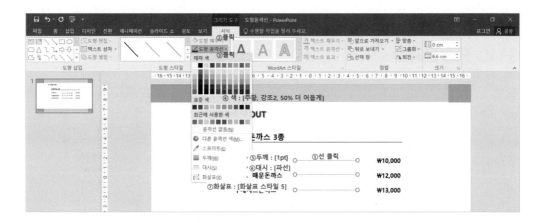

■ **스포이트로 색 지정**

① 선을 선택하고 [그리기 도구] → [서식] → [도형 스타일] 그룹 → [도형 윤곽선] → [스포이트]를 클릭한다.

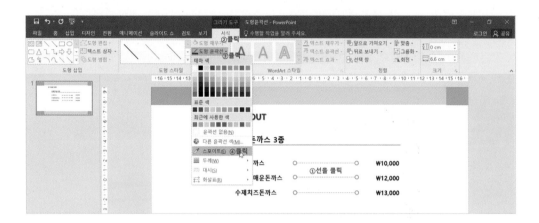

② 추출하고 싶은 색을 클릭하고 스포이트 도구에 클릭한 지점의 색이 나타날 때 클릭한다.

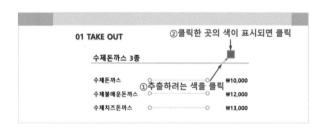

3.1.11 도형 채우기

도형은 [그리기 도구] → [서식] → [도형 스타일] 그룹의 갤러리나 [도형 채우기]를 이용하여 색상, 그림, 질감 등으로 채울 수 있다.

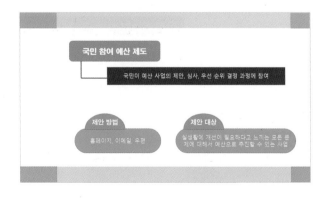

1 색상으로 채우기

■ 빠른 스타일로 채우기

도형을 선택하고 [그리기 도구] → [서식] → [도형 스타일] 그룹에서 자세히(⊡)를 클릭한다. 빠른 스타일 축소판 목록에서 [색 채우기−녹색, 강조6] 스타일을 선택한다.

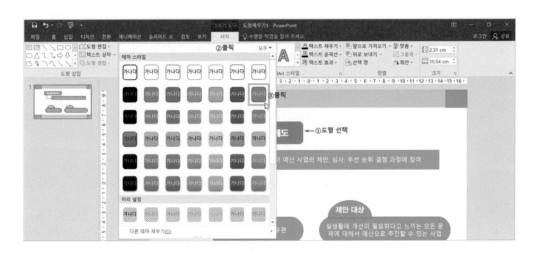

■ 테마 색으로 채우기

도형을 선택하고 [그리기 도구] → [서식] → [도형 스타일] 그룹 → [도형 채우기] 목록의 테마색에서 [녹색, 강조 6, 50% 더 어둡게]를 선택한다.

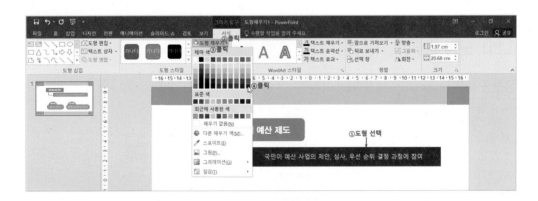

■ 표준색으로 채우기

[Shift]를 누른 채 '제안 방법', '제안 대상' 도형을 선택하고 [그리기 도구] → [서식] → [도형 스타일] 그룹 → [도형 채우기] 목록의 표준색 목록에서 [녹색]을 선택한다.

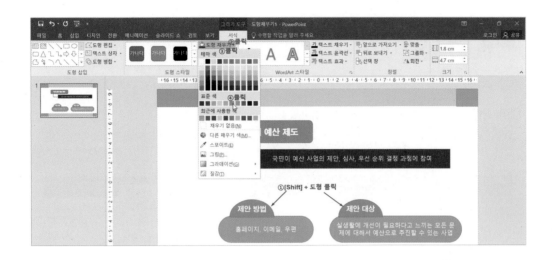

■ [RGB] 값으로 채우기

❶ 도형을 선택하고 [그리기 도구] → [서식] → [도형 스타일] 그룹 → [도형 채우기] → [다른 채우기 색]을 선택한다.

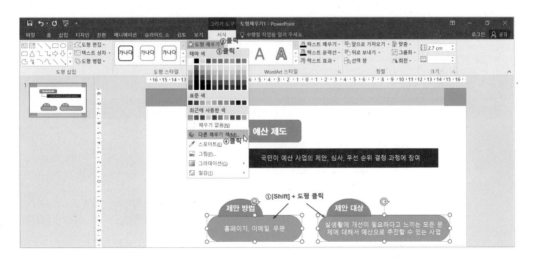

❷ [색] 창에서 [사용자 지정]을 선택한다. [색 모델]은 [RGB]로 선택하고 [빨강, 녹색, 파랑]에 '0, 204, 0'을 입력한다.

RGB(0, 204, 0) 지정

참고 도형에 투명도 지정

도형의 투명도는 [도형 서식]이나 [색]창에서 조절할 수 있으며 파워포인트2016에 새로 추가된 투명 도형 스타일을 통해 손쉽게 투명도를 지정할 수 있다.

[색] 창에서 지정하기

도형을 선택하고 [그리기 도구] → [서식] → [도형 스타일] 그룹 → [도형 채우기] → [다른 채우기 색]을 선택한다. [색] 창에서 [사용자 지정]을 선택하고 [투명도]에 '50%'라 입력한다.

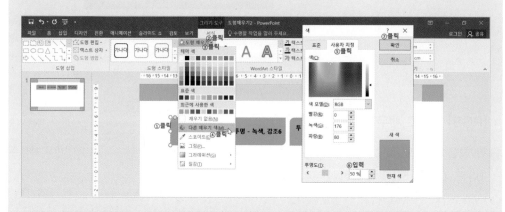

투명 도형 스타일 이용

도형을 선택하고 [그리기 도구] → [서식] → [도형 스타일] 그룹에서 자세히(▾)를 클릭하여 [미리 설정] 목록의 투명 도형 스타일에서 [투명-녹색, 강조6]을 클릭한다.

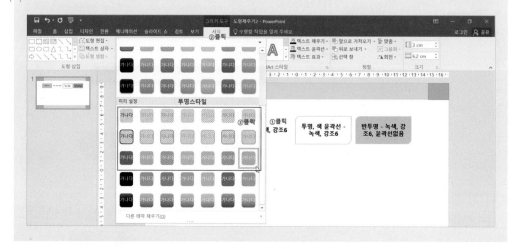

2 그라데이션 채우기

그라데이션이란 하나의 색상에서 다른 색상으로 색상을 점진적으로 혼합하여 채우는 효과를 말한다.

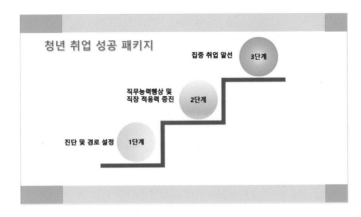

■ 단일 색상 그라데이션 채우기

현재 선택된 색상으로 밝은 그라데이션과 어두운 그라데이션 목록이 만들어진다.

① 도형을 선택하고 [그리기 도구] → [서식] → [도형 스타일] 그룹 → [도형 채우기]를 선택하여 도형 채우기 색을 [연한 파랑]으로 지정한다.

② 다시 [도형 채우기] → [그라데이션]을 선택하면 [연한 파랑] 색의 그라데이션 목록이 나타난다. 목록에서 [밝은 그라데이션]의 [선형 오른쪽]을 선택한다.

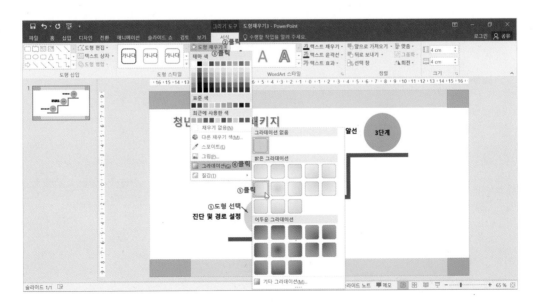

■ **기본 제공 그라데이션 채우기**

❶ 도형을 선택하고 [그리기 도구] → [서식] → [도형 스타일] 그룹의 [도형 서식] 대화상
자 아이콘(⌐)을 클릭하면 오른쪽에 [도형 서식] 창이 나타난다.

❷ [도형 서식] 창의 [채우기 및 선]을 클릭하고 [채우기]에서 [그라데이션 채우기]를 클릭
한다.

❸ [그라데이션 미리 설정]을 클릭하여 [밝은 그라데이션 – 강조2]를 클릭한다.

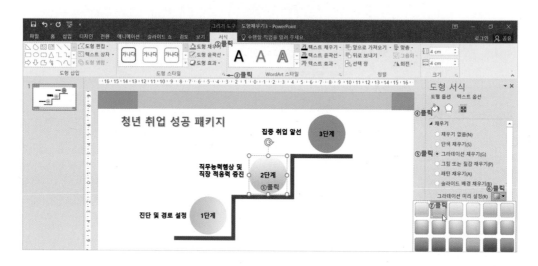

참고   사용자 지정 그라데이션 창

[도형 서식]창의 [채우기 및 선]을 클릭하고 [채우기]에서 [그라데이션 채우기]를 클릭하면 그라데이션 설정 항
목들이 표시된다.

(1) 그라데이션 미리 설정 : 파워포인트에서 기본적으로 제공하는 그라데
이션이다.
(2) 종류 : 선형, 방사형, 사각형, 경로형이 있다. 선형만 각도를 지정할 수
있다.
(3) 방향 : 그라데이션 방향을 지정한다.
(4) 각도 : 그라데이션의 각도를 지정한다.
(5) 그라데이션 중지점 : 인접한 두 색상의 혼합이 끝나는 특정 지점이다.
(6) 그라데이션 중지점 추가 : 선택한 위치에 중지점을 추가한다.
(7) 그라데이션 중지점 제거 : 선택한 중지점을 삭제한다.
(8) 색 : 중지점 색을 지정한다.
(9) 위치 : 중지점 시작 위치를 지정한다.
(10) 투명도 : 각 중지점 색의 투명도를 지정한다.

■ 사용자 지정 그라데이션 채우기

[도형 서식] 창에서 다양한 그라데이션 효과를 지정할 수 있다.

❶ 도형을 선택하고 [그리기 도구] → [서식] → [도형 스타일] 그룹의 [도형 서식] 대화상자 아이콘( )을 클릭하면 오른쪽에 [도형 서식] 창이 나타난다.

❷ [도형 서식] 창의 [채우기 및 선]을 클릭하고 [채우기]에서 [그라데이션 채우기]를 클릭한다.

❸ 그라데이션 종류를 [방사형], 방향은 [가운데에서]를 선택한다.

❹ 삭제하고자 하는 중지점을 선택하고 [그라데이션 중지점 제거]를 클릭한다.

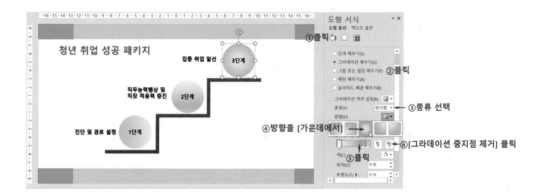

❺ 중지점 1을 클릭하고 [색] 버튼을 클릭하여 [흰색, 배경1]로 지정한다. 위치는 [0%]로 지정한다. 같은 방법으로 중지점2, 중지점3의 색과 위치를 지정한다. 중지점 2의 색은 [녹색], 위치는 [70%], 중지점 3의 색은 [흰색, 배경1], 위치는 [100%]이다.

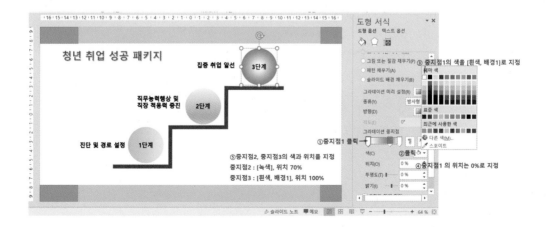

3 그림 또는 질감으로 채우기

다음 그림과 같이 오른쪽 두 도형을 그림과 질감으로 채워보자.

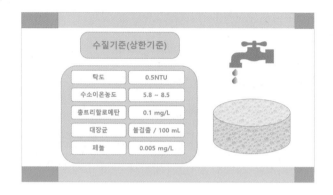

■ **그림으로 채우기**

① 도형을 선택하고 [그리기 도구] → [서식] → [도형 스타일] 그룹의 [도형 서식] 대화상
   자 아이콘(⌐)을 클릭하여 [도형 서식] 창이 나타나면 [채우기 및 선]을 클릭한다.

② [채우기]에서 [그림 또는 질감 채우기]를 클릭한다.

③ [다음에서 그림 삽입]에서 [파일] 버튼을 클릭한다.

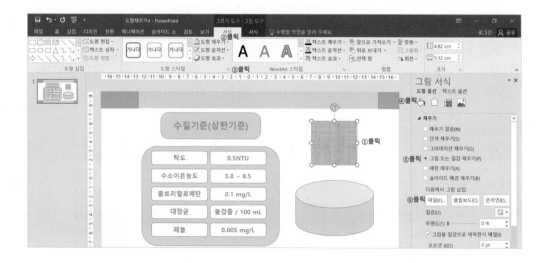

❹ [그림 삽입] 창에서 파일의 위치를 지정한 후 그림을 선택하고 [삽입]을 클릭한다.

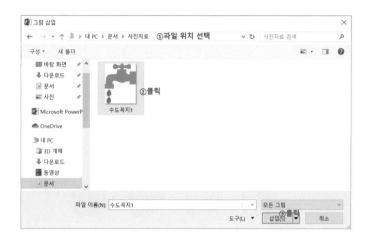

■ **질감으로 채우기**

❶ 도형을 선택하고 [그리기 도구] → [서식] → [도형 스타일] 그룹의 [도형 서식] 대화상
   자 아이콘(▣)을 클릭하여 [도형 서식] 창이 나타나면 [채우기 및 선]을 클릭한다.

❷ [채우기]에서 [그림 또는 질감 채우기]를 클릭한다.

❸ [다음에서 그림 삽입]에서 [질감] 버튼을 클릭하여 목록에서 [작은 물방울]을 클릭한다.

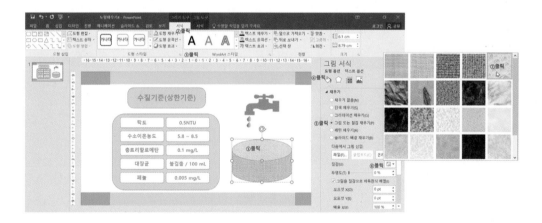

3.1.12 도형 효과

도형이나 텍스트 상자에 [그림자], [반사], [네온], [부드러운 가장자리], [입체효과], [3차원 회전] 효과 등을 적용하여 모양에 변화를 줄 수 있다. 그림자, 입체 효과, 3차원 회전을 이용하여 다음 도형을 만들어보자.

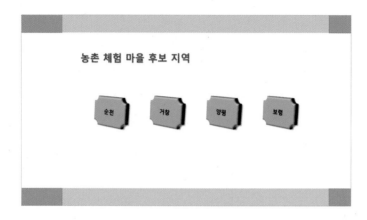

❶ 도형을 선택하고 [그리기 도구] → [서식] → [도형 스타일] 그룹 → [도형 효과] → [그림자] → [오프셋 대각선 오른쪽 아래]를 클릭한다.

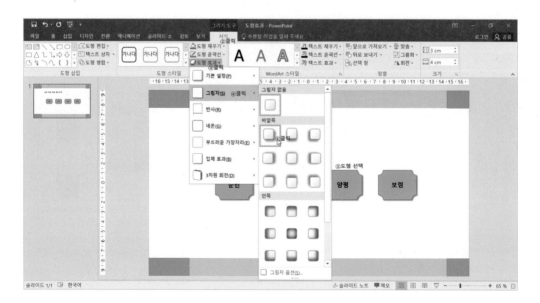

❷ 같은 방법으로 [입체효과]를 [둥글게], [3차원 회전]은 [원근감 강조(왼쪽)]을 선택한다.

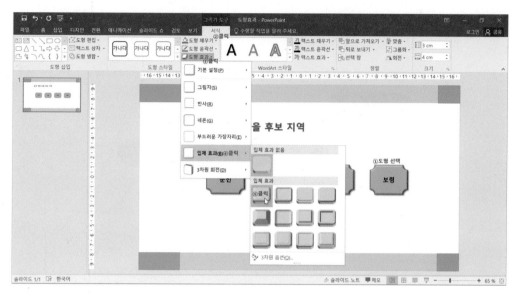

[입체효과] → [둥글게]

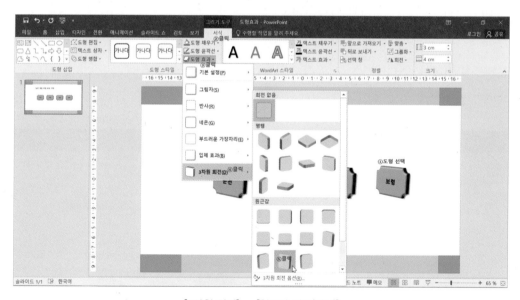

[3차원 회전] → [원근감 강조(왼쪽)]

3.1.13 도형 정렬 및 배분

둘 이상의 도형들을 기준에 따라 가지런히 맞추거나 배분하는 기능이다.

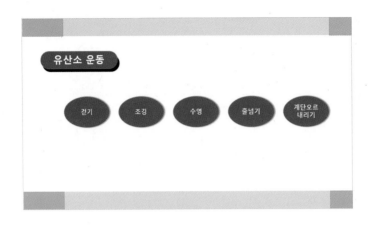

1 도형 정렬

선택한 도형들을 세로 방향으로 맞추려면 [왼쪽], [가운데], [오른쪽] 중에서 선택하고 가로 방향으로 맞추려면 [위쪽], [중간], [아래쪽] 중에서 선택한다.

도형들을 선택하고 [그리기 도구] → [서식] → [정렬] 그룹 → [맞춤]에서 [중간 맞춤]을 클릭한다.

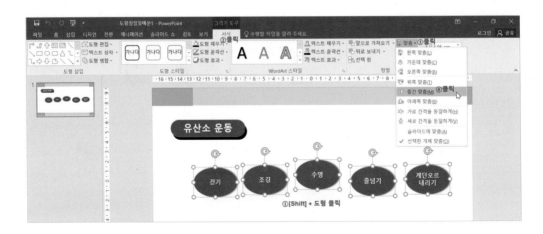

2 도형 배분

선택한 도형들을 가로 방향으로 배분하려면 [가로 간격을 동일하게]를 선택하고 세로 방향으로 맞추려면 [세로 간격을 동일하게]를 선택한다.

도형들을 선택하고 [그리기 도구] → [서식] → [정렬] 그룹 → [맞춤] → [가로 간격을 동일하게]를 클릭한다.

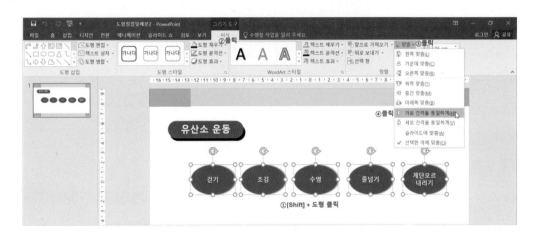

3.1.14 도형 회전 및 그룹

1 도형 회전

도형을 선택하고 [그리기 도구] → [서식] → [정렬] 그룹 → [회전]에서 회전 방향을 선택한다.

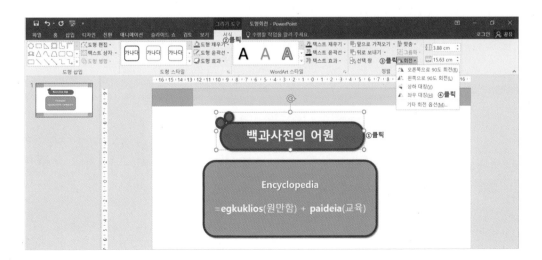

참고   **회전 핸들 사용하여 회전**

도형을 선택하고 회전핸들(⟳)이 나타나면 회전핸들을 원하는 방향으로 드래그 한다.

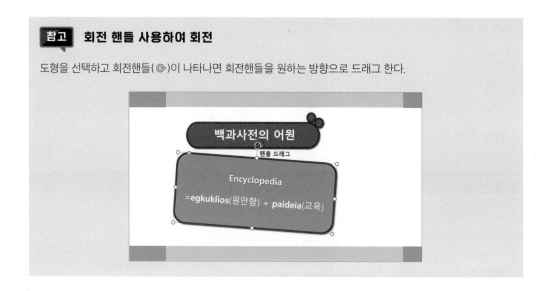

2 도형 그룹 및 해제

❶ 도형을 그룹으로 묶으려면 두 개 이상의 도형을 선택하고 [그리기 도구] → [서식] → [정렬] 그룹 → [그룹화]에서 [그룹]을 선택한다.

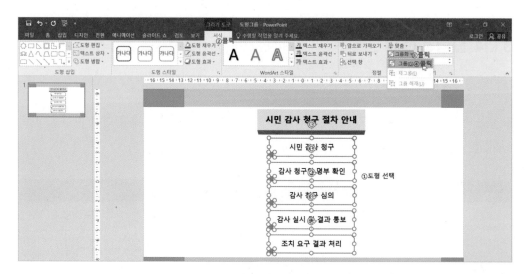

도형 그룹 지정

❷ 반대로 도형의 그룹을 해제하려면 그룹을 선택하고 [그리기 도구] → [서식] → [정렬] 그룹 → [그룹화]에서 [그룹해제]를 클릭한다.

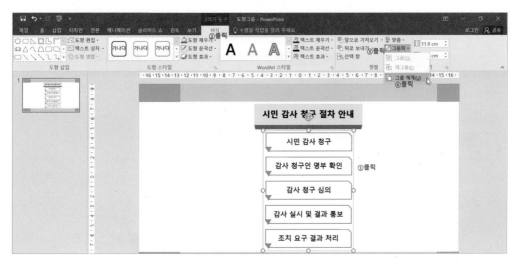

도형 그룹해제

3.1.15 도형 순서 바꾸기

도형 삽입 시 처음 삽입한 도형은 맨 밑에, 다음에 삽입한 도형들은 순서대로 이전 도형 위에 삽입된다. [그리기 도구] → [서식] → [정렬] 그룹에서 [앞으로 가져 오기], [뒤로 보내기]를 클릭하여 도형의 순서를 바꿀수 있다.

❶ 개체를 순차적으로 선택하려면 [Tab]을 누른다. 아래 그림에서 '1번' 도형을 선택하고 [Tab]을 누르면 한번 누를 때마다 순서대로 2번, 3번, 4번, 5번 도형이 선택된다. 역 순서대로 선택하려면 [Shift]를 누른 채 [Tab]을 누른다.

❷ 도형을 선택하고 [앞으로 가져오기], [뒤로 보내기]를 클릭하면 도형의 순서가 한단계씩 바뀐다.

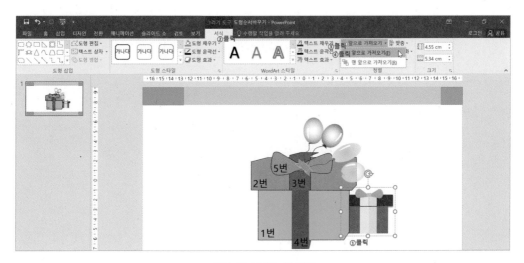

[앞으로 가져오기] 적용

❸ [맨 앞으로 가져오기], [맨 뒤로 보내기]를 클릭하여 도형의 순서를 한번에 바꿀수 있다.

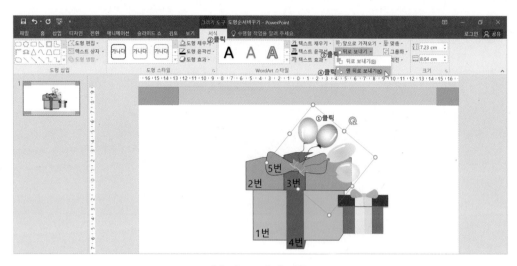

[맨 뒤로 보내기] 적용

참고   **선택 창([Alt]+[F10])**

개체를 쉽게 선택할 수 없을 때 [선택] 창을 이용하면 도움이 된다. [홈] → [편집] 그룹 → [선택] → [선택 창]을
실행하면 오른쪽에 [선택] 창이 나타난다.

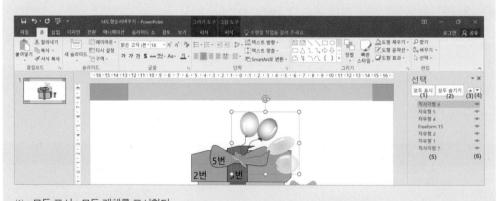

(1) 모두 표시 : 모든 개체를 표시한다.
(2) 모두 숨기기 : 모든 개체를 숨긴다.
(3) 앞으로 가져오기 : 선택한 개체를 앞으로 가져온다.
(4) 뒤로 보내기 : 선택한 개체를 뒤로 보낸다.
(5) 개체 목록 : 슬라이드의 개체가 표시된다.
(6) 표시/숨기기 : 선택한 개체를 표시하거나 숨긴다.

3.1.16 도형 병합

두 개 이상의 도형을 선택하여 [병합], [결합], [조각], [교차], [빼기] 등을 적용하면 새로운
도형을 만들 수 있다. 이 때 먼저 선택한 도형을 기준으로 실행된다.

❶ [직사각형]을 먼저 선택하고 나서 [타원] 도형을 선택한 후 [그리기 도구] → [서식] →
[도형 삽입] 그룹 → [도형 병합]에서 원하는 유형을 선택한다.

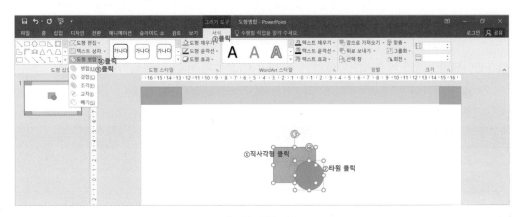

[도형 병합] 적용

❷ 새로운 도형에 먼저 선택한 도형의 색인 [황금색, 강조 4]의 색이 적용된다.

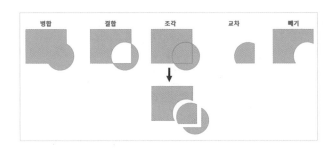

3.1.17 점 편집

도형의 정점을 추가, 이동, 삭제하면서 도형의 모양을 자유자재로 변형할 수 있는 기능이
다. 정점이란 곡선이 끝나는 지점이나 두 개의 선 세그먼트가 만나는 곳에 표시되는 검은
점을 말한다. 점 편집은 화면을 확대하거나 축소하며 섬세하게 작업을 해야 하므로 [보기]
→ [표시] 그룹 → [눈금선]에 체크가 표시되게 한다. [포인트가 7개인 별 도형]을 이용하여
다음과 같은 모양의 도형을 만들어 보자.

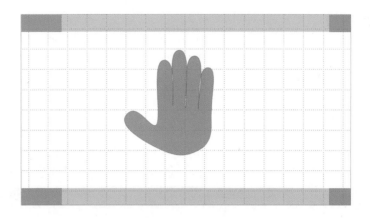

❶ [포인트가 7개인 별 도형]을 삽입한 후 마우스 오른쪽 버튼을 클릭하여 메뉴에서 [점 편집]을 선택한다.

❷ 점을 클릭하여 선택한 후 적당한 위치로 드래그한다. 점의 위치가 바뀌면서 도형 모양이 변한다. 오른쪽 그림과 같은 위치에 새로운 점을 추가해보자.

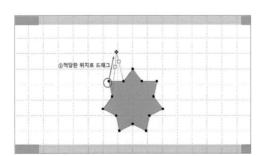

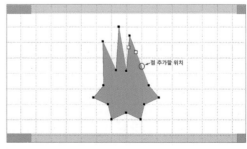

❸ 선분에서 마우스 오른쪽 버튼을 클릭하여 [점 추가]를 클릭한다. 또는 선분을 클릭하거나 드래그하면 점이 추가된다. 추가된 점을 적당한 위치로 이동한다. 나머지 점의 위치도 적당히 이동하여 손가락 모양이 되게 한다.

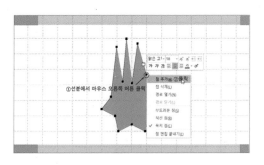
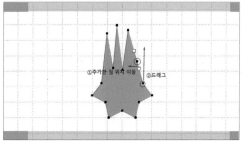

❹ 점을 마우스 오른쪽 버튼으로 클릭하여 메뉴에서 [점 삭제]를 클릭한다. 나머지 두 개의 점도 삭제한다.

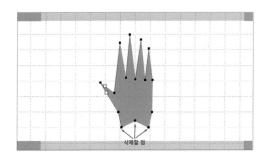
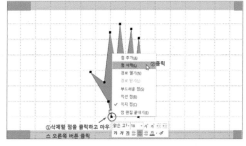

❺ 점을 선택하고 마우스 오른쪽 버튼을 클릭하여 [부드러운 점]을 클릭하면 점이 곡선 모양으로 바뀐다. 핸들을 드래그하면 모양을 매끈하고 다양하게 바꿀 수 있다.

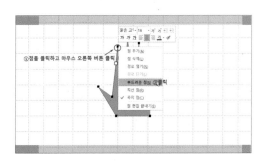
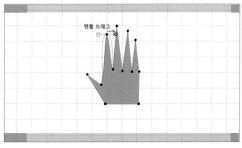

❻ 나머지도 동일한 방법으로 수정한다. 편집을 끝내려면 도형 바깥을 클릭하거나 [ESC]
를 누른다.

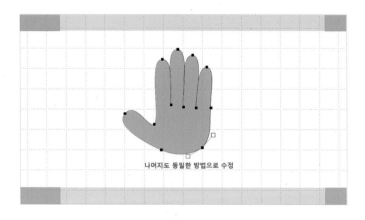

3.2   스마트아트

스마트아트는 도형을 손쉽게 사용할 수 있도록 여러 유형의 도형과 텍스트 상자로 구성해
미리 등록해 놓은 도형이다. 따라서 표현하고자 하는 목적에 맞는 유형을 선택하여 텍스트
를 입력하면 된다. 스마트아트는 다음과 같은 유형으로 구성되어 있다.

유형	설명
목록형	비순차적인 정보를 표시
프로세스형	작업이나 프로세스의 진행 방향, 순차적인 단계 표시
주기형	일정 주기로 진행되는 작업 표시
계층구조형	직위 관계 등 계층 관계 표시
관계형	상반 관계 또는 상호 보완 관계 등 관련성이 있는 정보 표시
행렬형	부분과 전체의 관계를 표시
피라미드형	가장 큰 구성 요소를 맨 위 또는 맨 아래에 두고 상대적인 관계를 표시
그림	그림을 사용하여 콘텐츠를 표현하거나 강조

3.2.1 스마트아트 만들기

❶ [삽입] → [일러스트레이션] 그룹 → [SmartArt]를 클릭하거나 슬라이드의 [SmartArt 그래픽 삽입] 아이콘을 클릭한다.

메뉴에서 실행

아이콘으로 실행

❷ [SmartArt 그래픽 선택] 창에서 [가로 글머리 기호 목록형]을 선택하고 [확인]을 클릭한다.

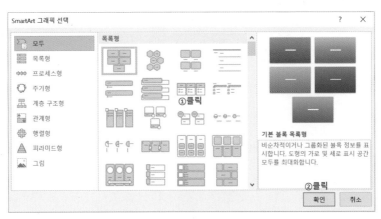

❸ 스마트아트가 나타나면 [텍스트 창]이나 도형에 내용을 입력한다. 들여쓰기할 때는 [Tab]키를 누르고 내어쓰기할 때는 [Shift] + [Tab]키를 누른다.

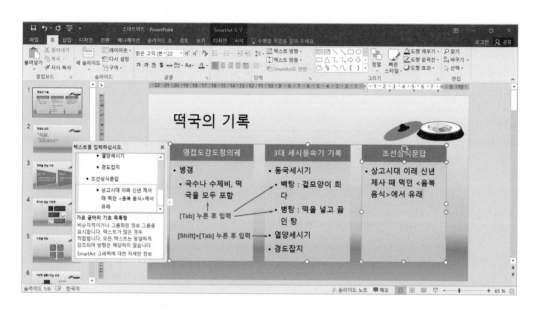

텍스트 창 표시 및 숨기기

텍스트 창이 표시된 상태에서는 [SmartArt 도구] → [디자인] → [그래픽 만들기] 그룹에서 [텍스트 창]을 클릭하면 텍스트 창이 숨겨진다. 텍스트 창이 숨겨진 상태에서 [텍스트 창]을 클릭하면 텍스트 창이 다시 표시된다.

또는 [텍스트 창]의 ‹ 를 클릭하면 텍스트 창이 숨겨지면서 › 로 바뀐다. 다시 ‹ 를 클릭하면 텍스트 창이 표시된다.

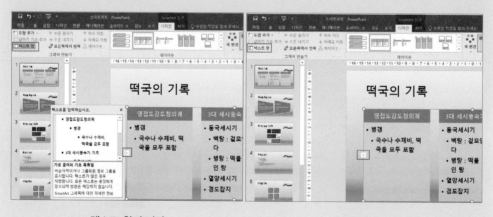

텍스트 창 숨기기   텍스트 창 표시

3.2.2 스마트아트 도형 추가 및 삭제

1 스마트아트 도형추가

도형을 추가하고 싶은 위치를 선택하고 [SmartArt 도구] → [디자인] → [그래픽 만들기] 그룹 → [도형추가]에서 위치를 선택한다.

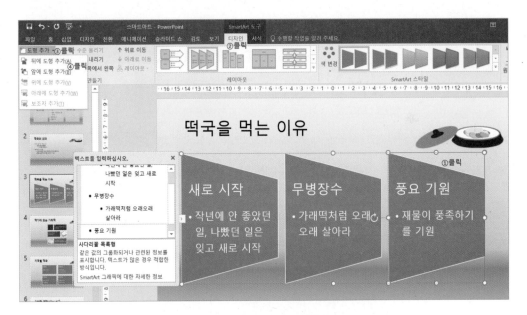

[뒤에 도형 추가]

2 스마트아트 도형삭제

삭제하고 싶은 도형을 선택하고 [Delete]를 누른다.

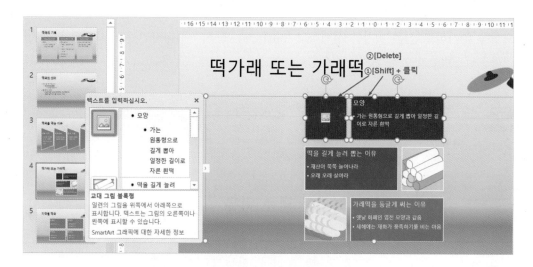

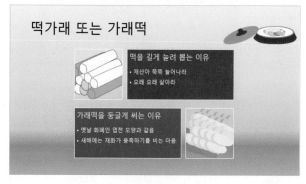

첫째 도형 삭제

3.2.3 레이아웃 바꾸기

스마트아트를 선택하고 [SmartArt 도구] → [디자인] → [레이아웃] 그룹에서 자세히(▾)를 클릭하여 목록에서 선택한다.

[교대 육각형] 적용

TIP 목록에 찾는 레이아웃이 없으면 [기타 레이아웃]을 선택한다.

3.2.4 스마트아트 편집

1 스마트아트 도형 모양 변경

[Shift]를 누른 채 도형을 선택하고 [SmartArt 도구] → [서식] → [도형] 그룹 → [도형 모양 변경]에서 도형을 선택한다.

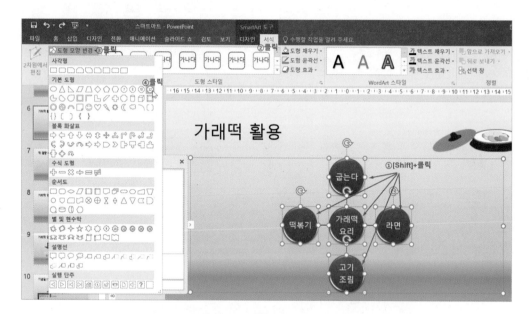

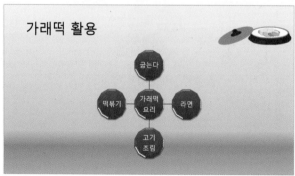

[십이각형] 도형 적용

② 스마트아트 도형 및 글꼴 크기 변경

❶ [Shift]를 누른 채 도형을 선택하고 [SmartArt 도구] → [서식] → [도형] 그룹에서 [크게]
또는 [작게]를 선택한다.

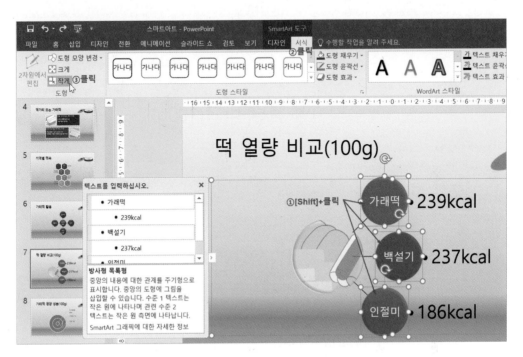

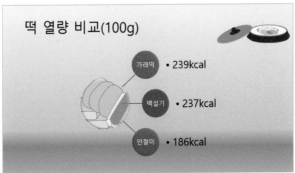

도형 크기 [작게]

❷ 글꼴의 크기를 바꾸려면 도형을 선택하고 [홈] → [글꼴] 그룹에서 [글꼴 크기 크게] 또는 [글꼴 크기 작게]를 선택한다.

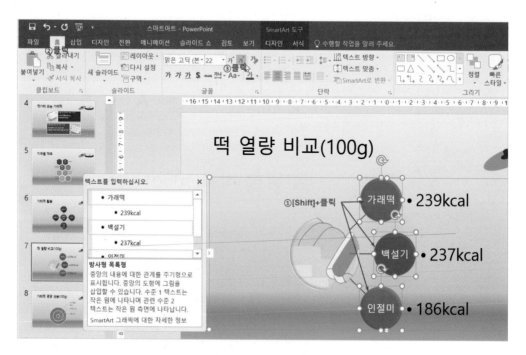

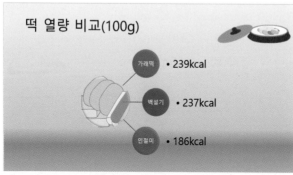

[글꼴 크기 작게]

3 스마트아트 색 변경

스마트아트를 선택하고 [SmartArt 도구] → [디자인] → [SmartArt 스타일] 그룹에서 [색 변경]을 클릭하고 목록에서 선택한다.

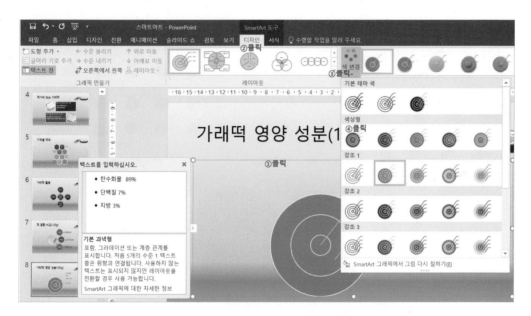

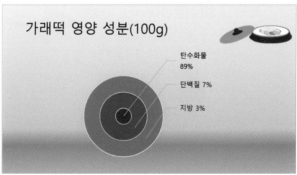

[색상형–강조색]

4 스마트아트 스타일 변경

스마트아트를 선택하고 [SmartArt 도구] → [디자인] → [SmartArt 스타일] 그룹에서 자세히(▾)를 클릭하여 목록에서 스타일을 선택한다.

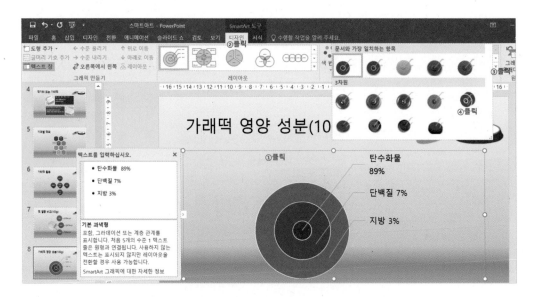

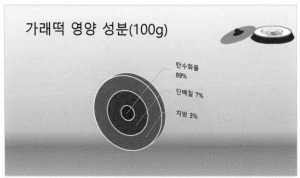

[벽돌] 스타일

5 스마트아트 방향 바꾸기

❶ [SmartArt 도구] → [디자인] → [그래픽 만들기] 그룹 → [오른쪽에서 왼쪽]을 선택한다.

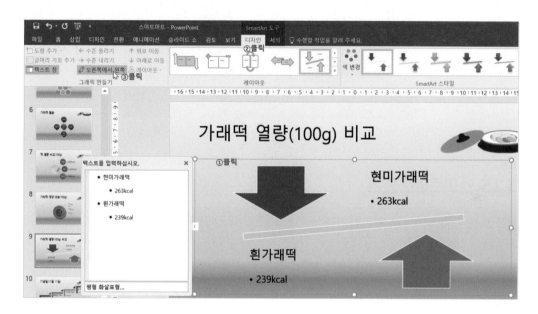

❷ '흰가래떡'과 '현미가래떡'의 상하 위치를 바꾸려면 '흰가래떡' 텍스트 상자를 선택하고 [위로 이동]을 클릭한다.

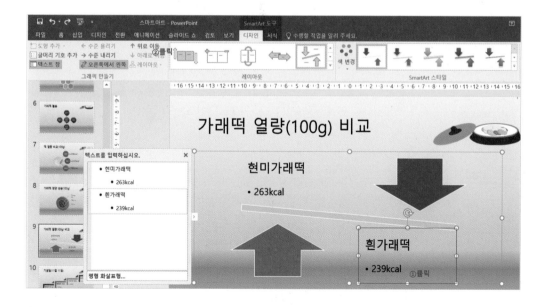

[오른쪽에서 왼쪽]

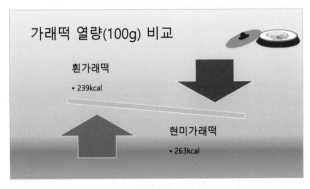

[위로 이동]

3.2.5 스마트아트 변환

텍스트를 스마트아트로 변환하거나 스마트아트를 텍스트나 도형으로 변환할 수 있다.

1 텍스트를 스마트아트로 변환

텍스트 상자를 선택하고 [홈] → [단락] 그룹 → [SmartArt로 변환]을 클릭한다. 목록에 원하는 레이아웃이 없으면 [기타 레이아웃]을 클릭하고 [세로 상자 목록형]을 클릭한다.

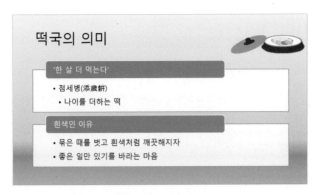

[세로 상자 목록형]

2 스마트아트를 텍스트나 도형으로 변환

스마트아트를 선택하고 [SmartArt 도구] → [디자인] → [원래대로] 그룹 → [변환]에서 [텍스트로 변환] 또는 [도형으로 변환]을 선택한다.

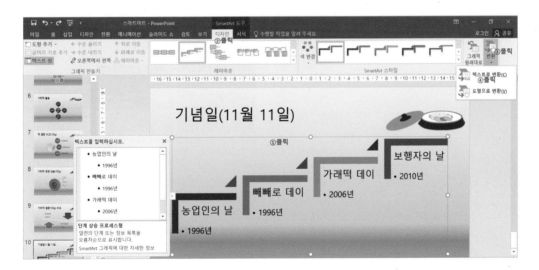

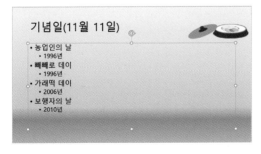

[텍스트로 변환]

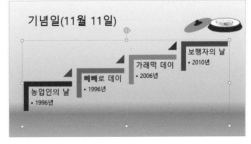

[도형으로 변환]

3.3 온라인 그림 삽입

Bing 이미지 검색을 통해 온라인상으로 제공되는 이미지를 삽입한다.

❶ [삽입] → [이미지] 그룹 → [온라인 그림]을 선택한다.

❷ [그림 삽입]창이 나타나면 입력란에 검색어를 입력하고 검색 버튼을 누르거나 [Enter]를 누른다. 검색 결과에서 그림을 선택하고 [삽입]을 클릭한다.

검색어 입력

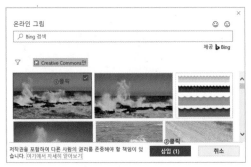

검색 결과

3.4　그림 삽입

3.4.1　그림 삽입

❶ [삽입] → [이미지] 그룹 → [그림]을 선택한다.

❷ [그림삽입] 대화상자에서 그림을 선택한 후 [삽입]을 클릭한다.

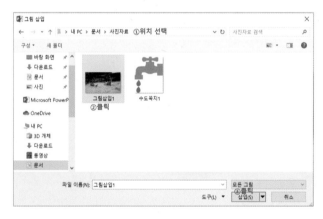

그림 선택　　　　　　　　　　　　　　　　삽입 결과

3.4.2　배경 제거

❶ 그림을 선택하고 [그림 도구] → [서식] → [조정] 그룹에서 [배경 제거]를 클릭한다.

❷ [파일] 탭 오른쪽에 [배경 제거]탭이 나타나고 제거될 영역은 분홍색으로 표시된다. [보관할 영역표시]를 클릭하여 남겨둘 영역을 마우스로 드래그 하면 ⊕로 표시된다. [제거할 영역 표시]를 클릭하여 제거할 영역을 마우스로 드래그하면 ⊖로 표시된다. [닫기] 그룹에서 [변경 내용 유지]를 클릭한다.

제거 영역 지정

배경 제거 후

3.4.3 그림 자르기

❶ 그림을 선택하고 [그림 도구] → [서식] → [크기] 그룹에서 [자르기] → [자르기]를 선택한다.

❷ 그림 테두리에 자르기 핸들이 나타나면 마우스로 드래그하여 그림을 자른다.

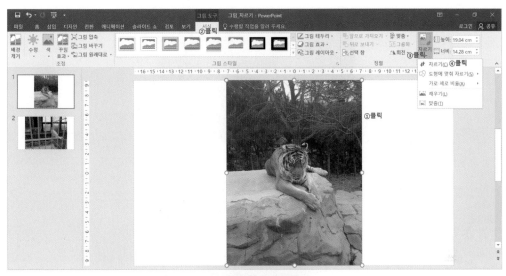

❸ 도형 모양대로 잘라 내려면 [그림 도구] → [서식] → [크기] 그룹에서 [자르기] → [도형에 맞춰 자르기]를 선택하고 도형을 클릭한다.

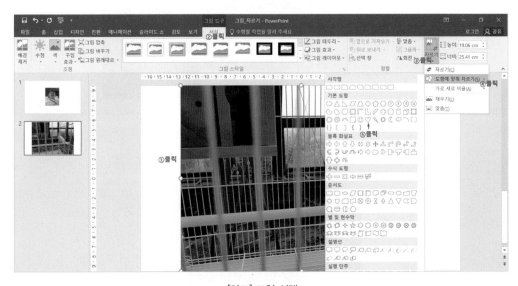

[하트] 도형 선택

하트 모양으로 자르기

3.4.4 그림 꾸미기

1 색

그림을 선택하고 [그림 도구] → [서식] → [조정] 그룹 → [색]에서 선택한다.

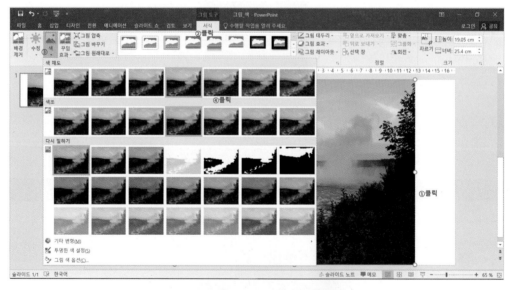

[채도 : 200%] 적용

2 꾸밈효과

그림을 선택하고 [그림 도구] → [서식] → [조정] 그룹 → [꾸밈효과]를 클릭하여 목록에서
선택한다.

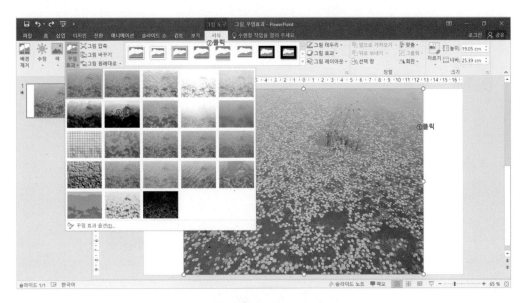

[페인트 스트로크] 적용

3 그림 스타일

[그림 도구] → [서식] → [그림 스타일] 그룹의 자세히(▼)를 클릭하여 목록에서 선택한다.

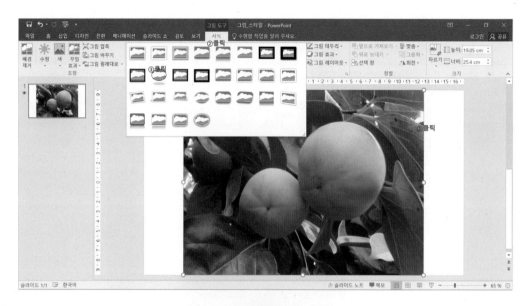

[입체 타원, 검정] 적용

4 그림 바꾸기

① 삽입된 그림을 교체하려면 그림을 선택하고 [그림 도구] → [서식] → [조정] 그룹 → [그림 바꾸기]를 선택하여 [그림 삽입]창에서 [파일에서]의 [찾아보기]를 클릭한다.

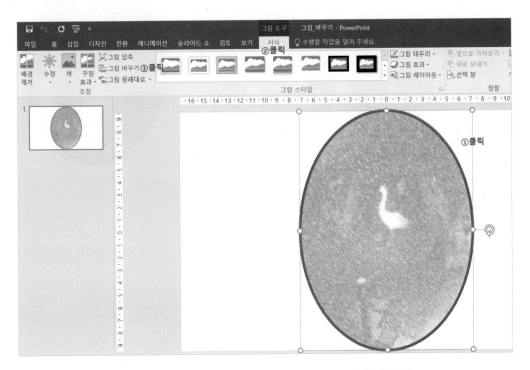

❷ 그림 위치를 선택하고 [삽입]을 클릭한다.

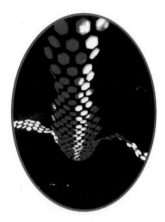

5 그림 원래대로

그림에 적용된 스타일, 꾸밈효과 등을 한꺼번에 적용되기 전 상태로 되돌릴 수 있는 기능이다.

❶ [그림 도구] → [서식] → [조정] 그룹 → [그림 원래대로] → [그림 원래대로]를 선택한다. 그림 크기를 제외한 그림에 적용된 스타일, 꾸밈 효과 등이 이전 상태로 되돌려진다.

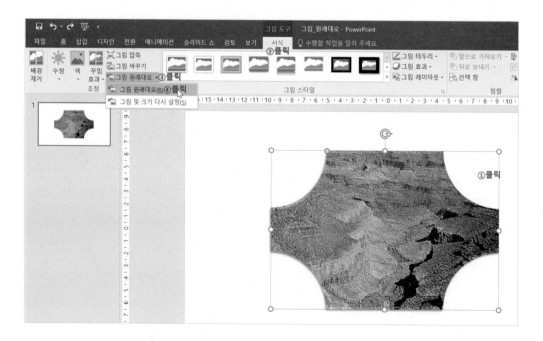

[그림 원래대로] 적용

❷ [그림 도구] → [서식] → [조정] 그룹 → [그림 원래대로] → [그림 및 크기 다시 설정]을
선택한다. 그림 크기를 포함해서 그림에 적용된 스타일, 꾸밈 효과 등이 이전 상태로
되돌려진다.

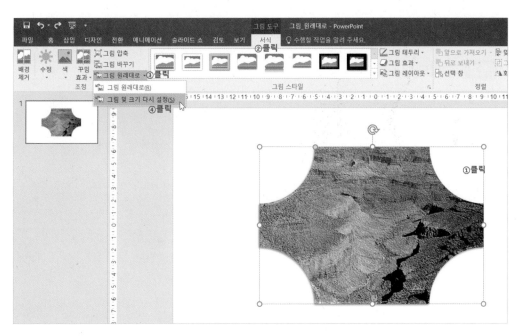

[그림 및 크기 다시 설정] 적용

참고 도형 핸들

도형을 선택하면 다음과 같이 세 개의 핸들이 표시된다.

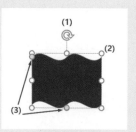

(1) 회전 핸들   (2) 크기 조절 핸들   (3) 모양 조절 핸들

크기 조절 핸들은 [Shift], [Ctrl]과 함께 사용하면 유용하다. [Shift]는 비율을 유지하면서 크기가 조절되고 [Ctrl]은 도형의 중심이 고정된 채 조절된다.

모양 조절 핸들은 도형의 모양을 변경하며 회전 핸들은 마우스를 드래그 한 대로 도형을 회전시킨다.

참고 그림으로 저장

파워포인트에서 작성한 도형을 그림으로 저장할 수 있다.

❶ 도형을 선택하고 마우스 오른쪽 버튼을 클릭한 후 [그림으로 저장]을 클릭한다.

❷ [그림으로 저장]에서 그림을 저장할 위치, 파일명, 파일 형식을 지정하고 저장을 클릭한다.

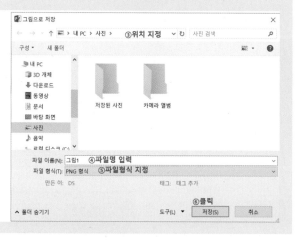

기본 프로젝트 **도형 작성하기**

여러 종류의 도형을 사용하여 다음과 같은 슬라이드를 만들어 보자.

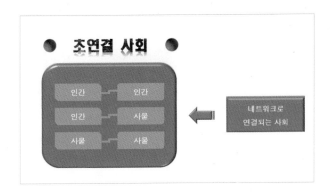

STEP 1 슬라이드 레이아웃 변경하기

[홈] → [슬라이드] 그룹 → [레이아웃]을 클릭하여 [제목 슬라이드]를 [빈 화면] 슬라이드
로 변경한다.

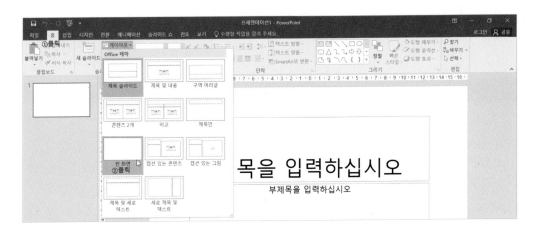

STEP 2 도형 삽입하기

[삽입] → [일러스트레이션] 그룹 → [도형]에서 [타원], [대각선 방향의 모서리가 잘린 사
각형], [대각선 방향의 모서리가 둥근 사각형], [줄무늬가 있는 오른쪽 화살표], [직사각형]
도형을 삽입한다.

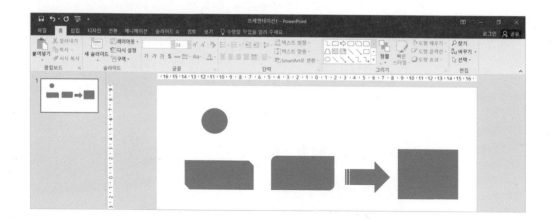

STEP 3 도형 크기 지정하기

❶ [타원] 도형을 더블클릭하여 [그리기 도구] → [서식] 탭의 [크기] 그룹에서 높이와 너비를 '1.5cm'로 지정한다.

❷ 나머지 도형의 크기를 지정한다.

- 대각선 방향의 모서리가 잘린 사각형 : 높이 1.9cm, 너비 5.3cm
- 대각선 방향의 모서리가 둥근 사각형 : 높이 1.9cm, 너비 5.3cm
- 줄무늬가 있는 오른쪽 화살표 : 높이 2cm, 너비 3cm
- 직사각형 : 높이 4cm, 너비 9cm

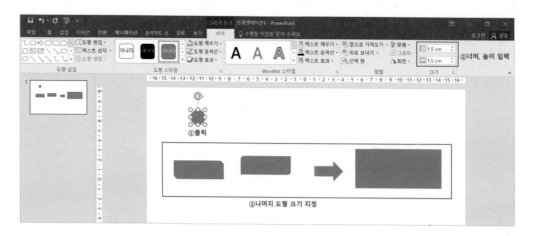

STEP 4 도형을 연결선으로 연결하기

❶ [삽입] → [일러스트레이션] 그룹 → [도형]에서 [꺾인 연결선]을 클릭한다.

❷ [대각선 방향의 모서리가 잘린 사각형]에 마우스를 가져가면 도형 테두리에 연결선을 연결할 수 있는 위치가 점으로 나타난다.

❸ 원하는 연결점을 클릭하고 [대각선 방향의 모서리가 둥근 사각형]의 연결점으로 마우스를 드래그한다.

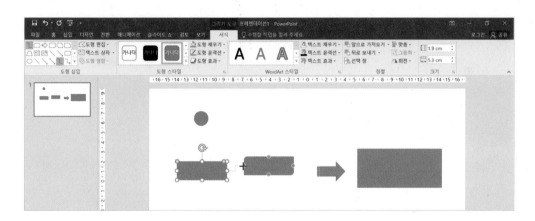

STEP 5 텍스트 입력하기

❶ [삽입] → [텍스트] 그룹 → [텍스트 상자]를 클릭하여 타원 오른쪽을 클릭한 후 '초연결 사회'라 입력한다.

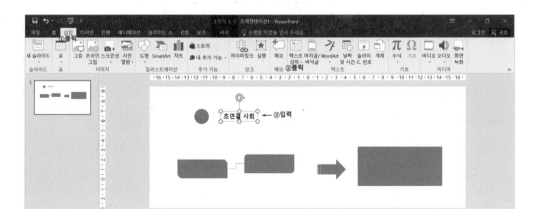

❷ [대각선 방향의 모서리가 잘린 사각형]과 [대각선 방향의 모서리가 둥근 사각형]에 '인 간', [직사각형]에 '네트워크로 연결되는 사회'를 입력한다.

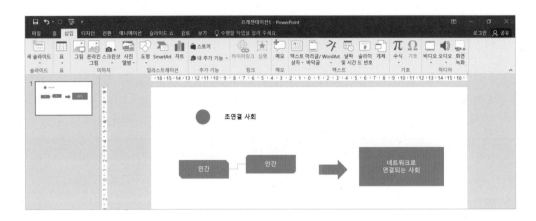

STEP 6 텍스트 서식 및 텍스트 효과 지정하기

❶ 텍스트 상자를 선택하고 [홈] → [글꼴] 그룹에서 글꼴은 [휴먼둥근헤드라인], 글자 크 기는 [44pt]로 지정한다.

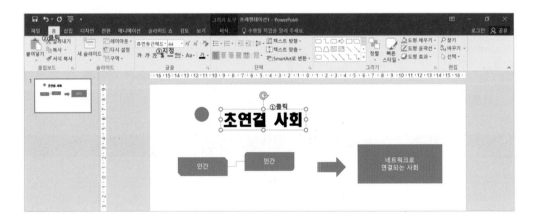

❷ 텍스트 상자를 선택하고 [그리기 도구] → [서식] → [WordArt 스타일] 그룹 → [텍스트 채우기] → [그림]을 선택한다. [그림 삽입] 창에서 [찾아보기]를 클릭하고 그림을 선택 한 후 [삽입]을 클릭한다.

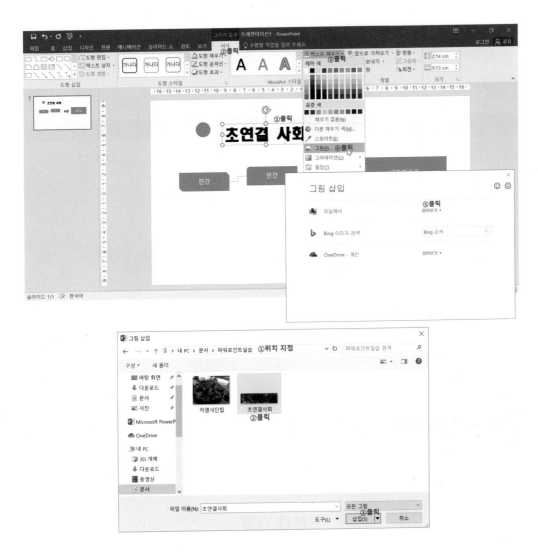

❸ 텍스트 상자를 선택하고 [그리기 도구] → [서식] → [WordArt 스타일] 그룹 → [텍스트 효과] → [반사] → [근접 반사, 터치]를 클릭한다.

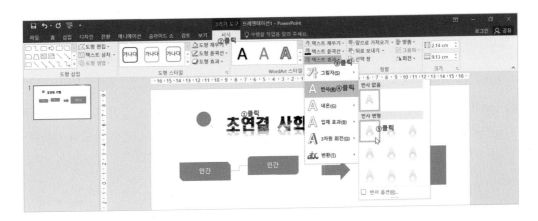

❹ [대각선 방향의 모서리가 잘린 사각형], [대각선 방향의 모서리가 둥근 사각형], [직사각형] 도형을 선택하고 [홈] → [글꼴] 그룹에서 글꼴은 [돋움], [굵게], 글자 크기 [24pt], 글꼴 색은 [흰색, 배경1]로 지정한다.

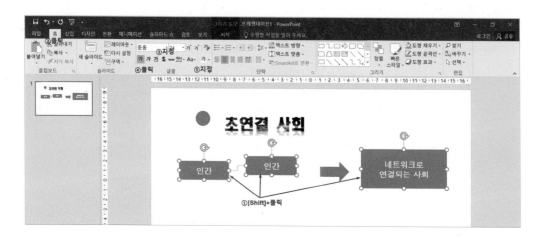

❺ '네트워크로 연결되는 사회' 직사각형 도형을 선택하고 [홈] → [단락] 그룹 → [줄 간격]에서 [1.5]를 선택한다.

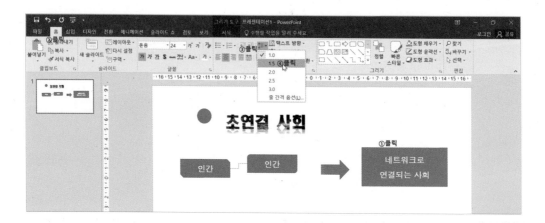

STEP 7 대각선 방향의 모서리가 잘린 사각형, 대각선 방향의 모서리가 둥근 사각형, 연결선에 서식 지정하기

❶ [Shift]를 누른 채 [대각선 방향의 모서리가 잘린 사각형], [대각선 방향의 모서리가 둥근 사각형]을 선택하고 [그리기 도구] → [서식] → [도형 스타일] 그룹 → [도형 채우기] → [주황, 강조 2, 40% 더 밝게]를 클릭한다.

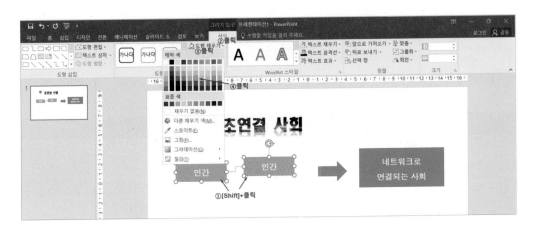

❷ [Shift] 를 누른 채 [꺾인 연결선]을 추가로 선택하고 [그리기 도구] → [서식] → [도형 스타일] 그룹 → [도형 윤곽선] → [주황, 강조 2, 40% 더 밝게]를 클릭한다.

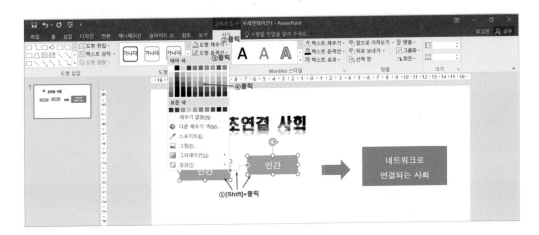

❸ [꺾인 연결선]만 선택하고 [그리기 도구] → [서식] → [도형 스타일] 그룹 → [도형 윤곽선] → [두께]를 [6pt]로 선택한다.

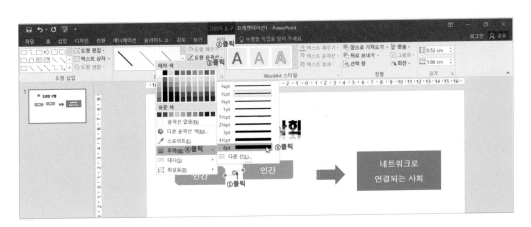

STEP 8 [타원] 도형에 3차원 서식 지정하기

❶ [타원] 도형을 클릭하고 [도형 서식] 창의 [채우기 및 선] → [채우기]에서 [단색 채우기]를 선택한다. [색]을 [주황, 강조2]를 선택한다. [선] 탭에서 [선 없음]을 클릭한다.

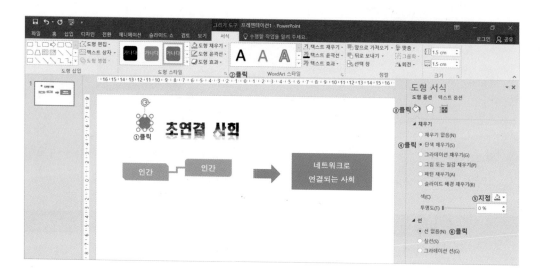

❷ [도형 서식] 창의 [효과] 탭-[3차원 서식]에서 [위쪽 입체]의 [너비], [높이], [아래쪽 입체]의 [너비], [높이]에 '20pt'를 입력한다. [재질]은 [부드러운 가장자리], [조명]은 [일몰]을 클릭한다.

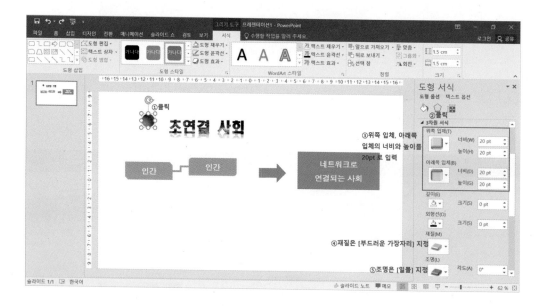

STEP 9 **[줄무늬가 있는 오른쪽 화살표] 도형에 3차원 서식 지정하기**

❶ [줄무늬가 있는 오른쪽 화살표] 도형을 클릭하고 [도형 서식] 창의 [채우기 및 선] →
[채우기]에서 [단색 채우기]를 선택한다. [색]을 [주황, 강조2]를 선택한다. [선] 탭에서
[선 없음]을 클릭한다.

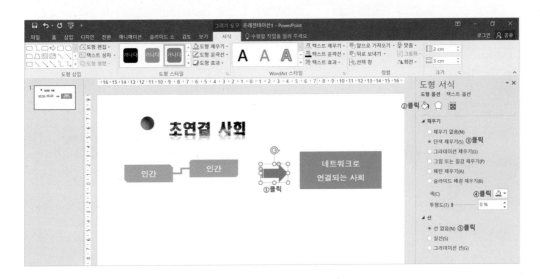

❷ [도형 서식] 창의 [효과] 탭-[3차원 서식]에서 [위쪽 입체]의 [너비], [높이], [아래쪽 입
체]의 [너비], [높이]에 '5pt'를 입력한다. [재질]은 [부드러운 가장자리], [조명]은 [세 점]
을 클릭한다.

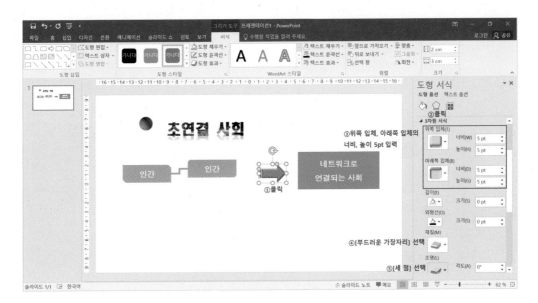

STEP 10 [직사각형] 도형에 3차원 서식 지정하기

❶ [직사각형] 도형을 클릭하고 [도형 서식] 창의 [채우기 및 선] → [채우기]에서 [단색 채우기]를 선택한다. [색]을 [주황, 강조2]를 선택한다. [선]은 [선 없음]을 클릭한다.

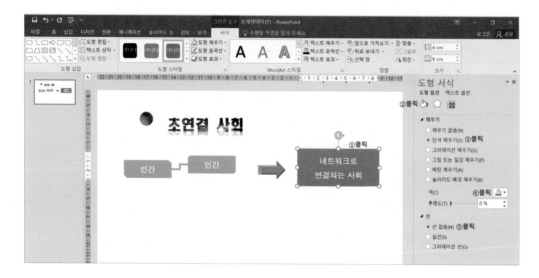

❷ [도형 서식] 창의 [효과] 탭-[3차원 서식]에서 [위쪽 입체]의 [너비], [높이], [아래쪽 입체]의 [너비], [높이], [깊이]의 크기에 '10pt'를 입력한다. [재질]은 [부드러운 가장자리], [조명]은 [세 점]을 클릭한다.

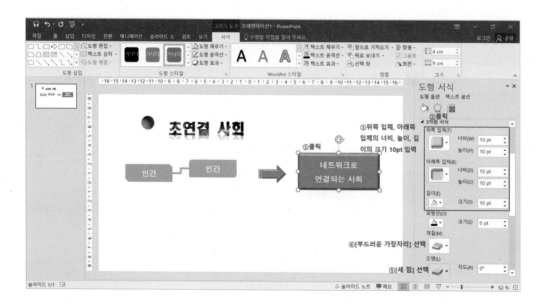

❸ [도형 서식] 창의 [효과] 탭–[3차원 회전]에서 [y회전]에 [10°]를 입력한다.

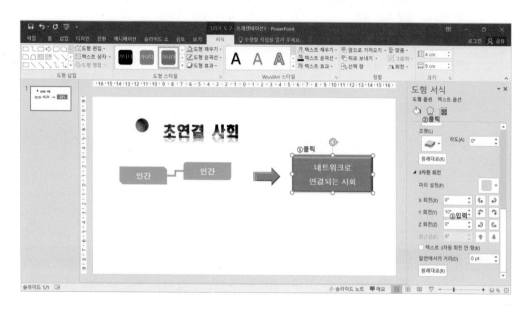

STEP 11 도형 정렬하기

❶ [Shift]를 누른 채 [타원]과 [텍스트 상자]을 선택하고 [그리기 도구] → [서식] → [정렬] 그룹 → [맞춤] → [중간 맞춤]을 클릭한다.

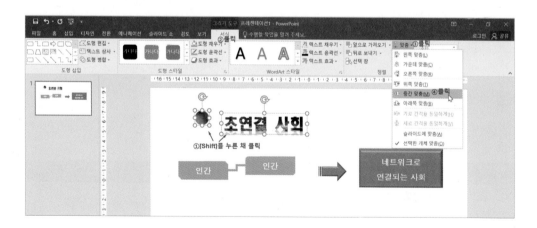

❷ [Shift]를 누른 채 [대각선 방향의 모서리가 잘린 사각형], [대각선 방향의 모서리가 둥근 사각형], [꺾인 연결선]을 선택하고 [그리기 도구] → [서식] → [정렬] 그룹 → [맞춤] → [중간 맞춤]을 클릭한다.

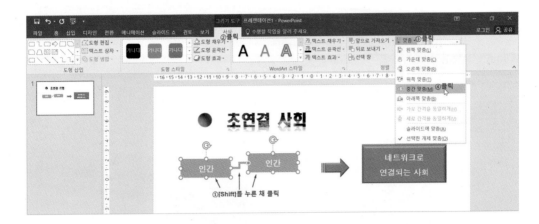

❸ [줄무늬가 있는 오른쪽 화살표], [직사각형]도 같은 방법으로 [중간 맞춤]을 적용한다.

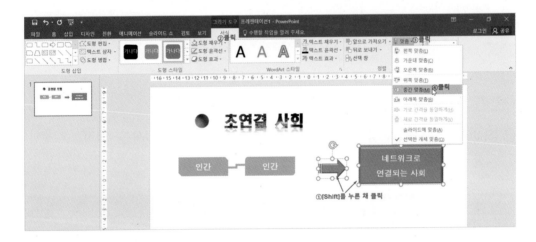

STEP 12 **도형 복사하기**

❶ [타원] 도형을 클릭하고 [Ctrl]과 [Shift]를 누른 채 텍스트 상자 오른쪽으로 드래그한다.

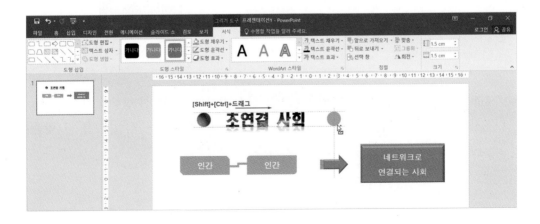

❷ [Shift]를 누른 채 [대각선 방향의 모서리가 잘린 사각형], [대각선 방향의 모서리가 둥
근 사각형], [꺾인 연결선]을 선택하고 [Ctrl]과 [Shift]를 누른 채 아래 방향으로 드래그
한다.

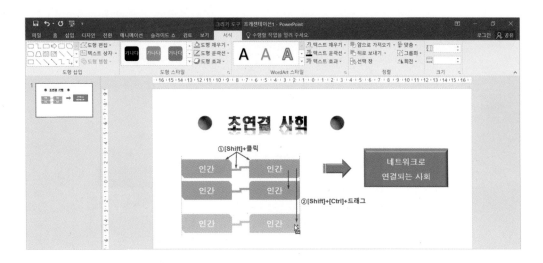

> **STEP 13** 도형 서식 복사하기

❶ [삽입] → [일러스트레이션] 그룹 → [도형]에서 [모서리가 둥근 직사각형]을 클릭한 후
다음 위치에 그려 넣고 도형의 크기는 [높이] 11.8cm, [너비] 15.4cm로 지정한다.

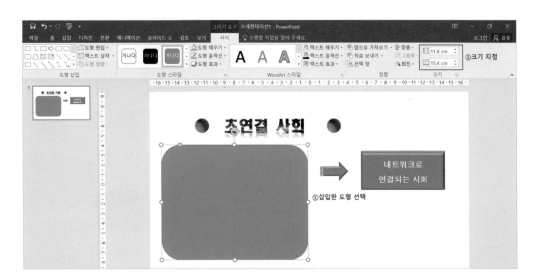

❷ '네트워크로 연결되는 사회' 도형을 클릭하고 [홈] → [클립보드] 그룹 → [서식복사]를 클릭한다. [모서리가 둥근 직사각형]을 클릭하면 '네트워크로 연결되는 사회' 도형의 서식이 복사된다.

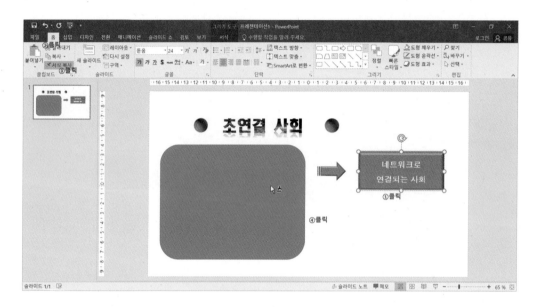

STEP 14 도형 순서 바꾸기

[모서리가 둥근 직사각형] 도형을 선택하고 [그리기 도구] → [서식] → [정렬] 그룹 → [뒤로 보내기] → [맨 뒤로 보내기]를 클릭한다.

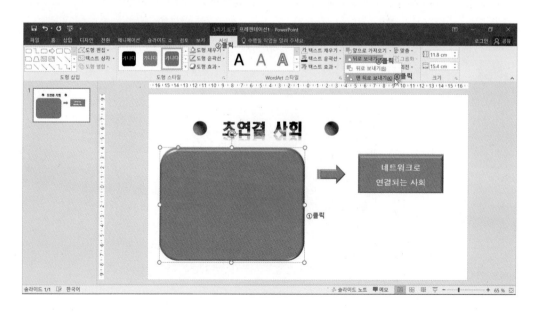

STEP 15 도형 회전하기

[줄무늬가 있는 오른쪽 화살표]를 클릭하고 [그리기 도구] → [서식] → [정렬] 그룹 → [회전] → [좌우 대칭]을 클릭한다.

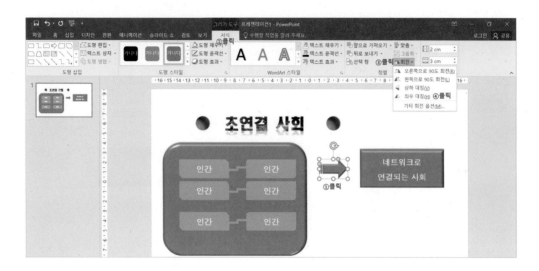

STEP 16 도형에 그룹 적용하기

1 첫째 줄의 [대각선 방향의 모서리가 잘린 사각형], [대각선 방향의 모서리가 둥근 사각형], [꺾인 연결선]을 선택하고 [그리기 도구] → [서식] → [정렬] 그룹 → [그룹화] → [그룹]을 클릭한다.

2 두 번째, 세 번째 줄의 [대각선 방향의 모서리가 잘린 사각형], [대각선 방향의 모서리가 둥근 사각형], [꺾인 연결선]도 같은 방법으로 그룹으로 묶는다.

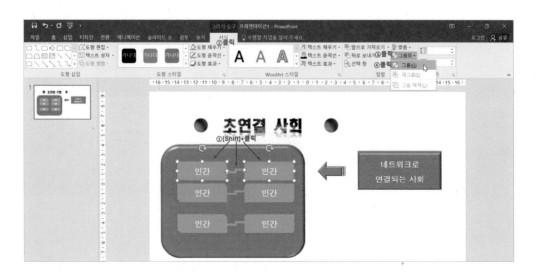

STEP 17 **도형 그룹에 배분 적용하기**

❶ 타원, 텍스트 상자, 타원을 선택하고 [그리기 도구] → [서식] → [정렬] 그룹 → [맞춤]
→ [가로 간격을 동일하게]를 클릭한다.

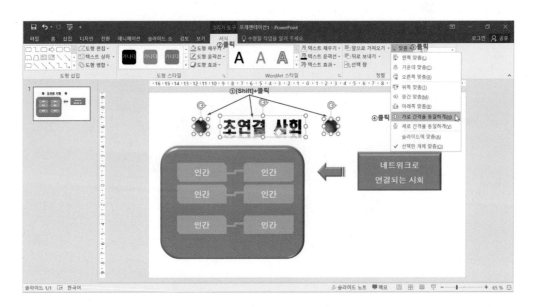

❷ 세 그룹을 선택하고 [그리기 도구] → [서식] → [정렬] 그룹 → [맞춤] → [세로 간격을
동일하게]를 클릭한다.

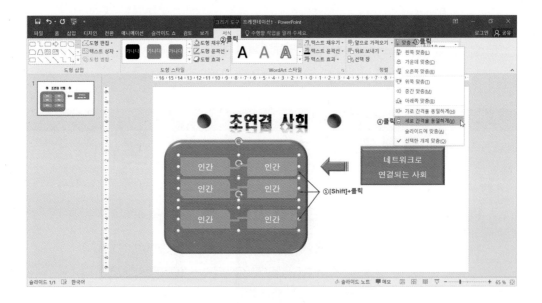

STEP 18   **도형 마무리**

❶ 세 그룹을 선택하고 마우스 오른쪽 버튼을 클릭하여 [그룹화] → [그룹]을 클릭한다

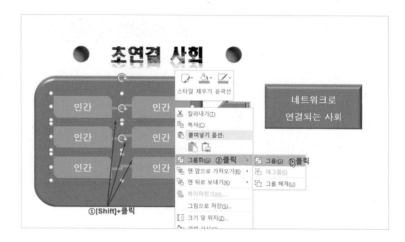

❷ 방금 만든 그룹과 [모서리가 둥근 직사각형]을 선택하고 [그리기 도구] → [서식] → [정렬] 그룹 → [맞춤] → [가운데 맞춤]을 클릭한다.

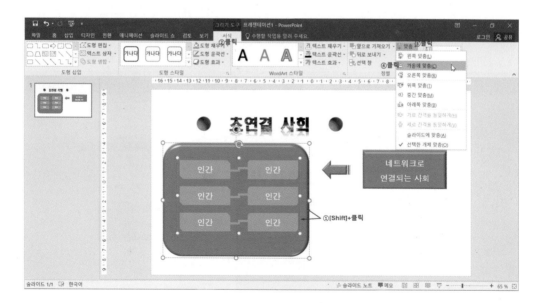

❸ 방금 만든 그룹과 [모서리가 둥근 직사각형]을 선택하고 [그리기 도구] → [서식] → [정렬] 그룹 → [맞춤] → [중간 맞춤]을 클릭한다.

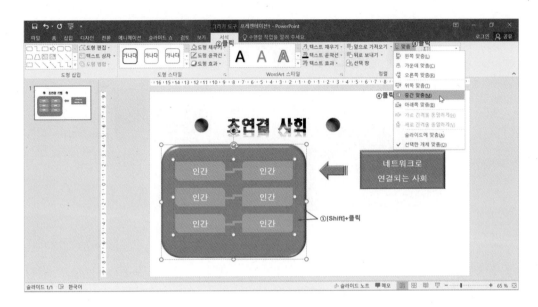

❹ [모서리가 둥근 직사각형], [줄무늬가 있는 오른쪽 화살표], [직사각형]을 모두 선택하고 [그리기 도구] → [서식] → [정렬] 그룹 → [맞춤] → [중간 맞춤]을 클릭한다.

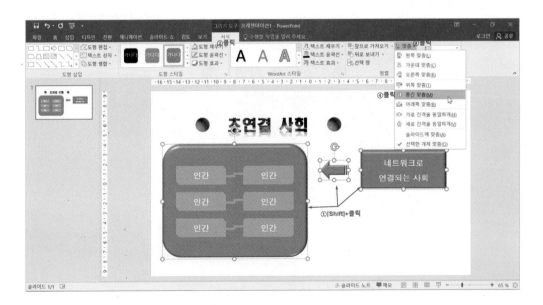

⑤ 그룹의 문자를 수정한다.

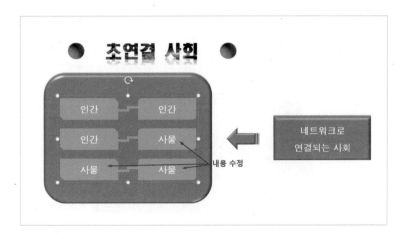

⑥ 방향키 등을 이용해 현재의 도형 배열이 흐트러지지 않게 도형의 위치를 적당히 이동한다.

STEP 19 파일 저장하기

[파일] → [저장] → [이 PC] → [찾아보기]를 클릭하여 [다른 이름으로 저장]에서 저장 위치와 파일명을 입력하고 [저장]을 클릭한다.

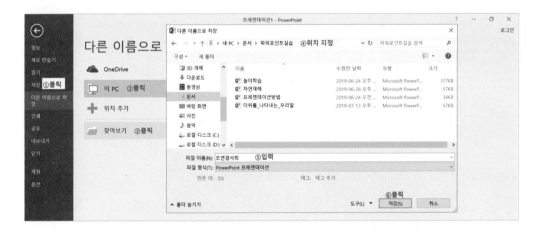

기본 프로젝트   **스마트아트 그래픽 만들기**

다음 스마트아트 그래픽 슬라이드를 작성해보자.

STEP 1   **스마트아트 작성하기**

❶ [홈] → [슬라이드] 그룹 → [새 슬라이드]에서 [빈 화면] 슬라이드를 선택한다.

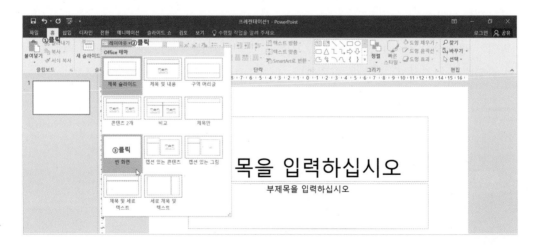

❷ [삽입] → [일러스트레이션] 그룹 → [SmartArt]아이콘을 클릭한다.

❸ [SmartArt 그래픽 선택] 창에서 [목록형] 범주의 [표 목록형]을 선택한다.

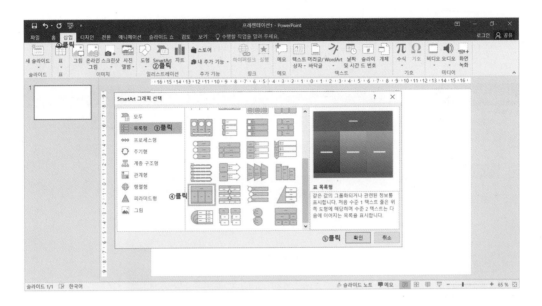

❹ 텍스트 상자에 내용을 입력한다.

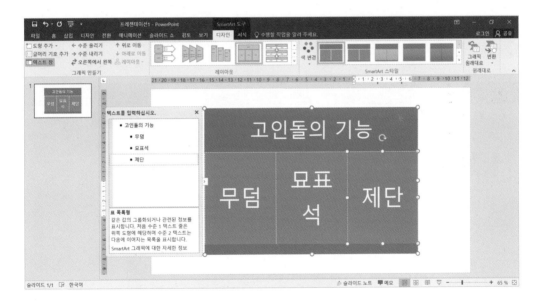

❺ 도형을 추가하기 위해 '제단'을 선택하고 [SmartArt 도구] → [디자인] → [그래픽 만들기] 그룹 → [도형 추가] → [뒤에 도형 추가]를 선택한다.

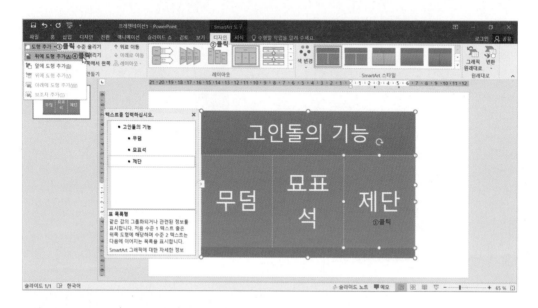

❻ 새로 추가된 도형에 '신앙'을 입력한다.

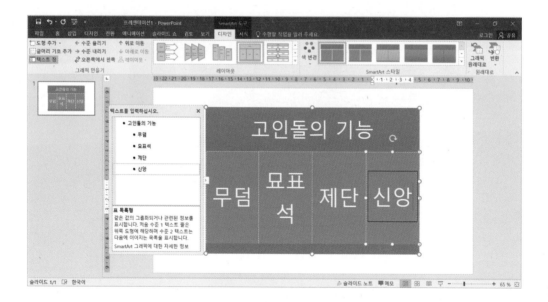

STEP 2   스마트아트 그래픽 색 변경하기

스마트아트 그래픽을 선택하고 [SmartArt 도구] → [디자인] → [SmartArt 스타일] 그룹 → [색 변경]을 선택한다. 목록에서 [색상형 범위-강조색 5 또는 6]을 선택한다.

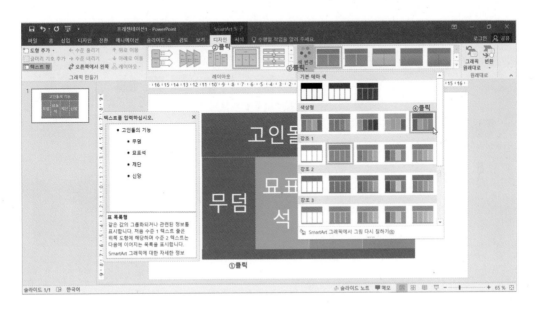

STEP 3   스마트아트 스타일 지정하기

스마트아트 그래픽을 선택하고 [SmartArt 도구] → [디자인] → [SmartArt 스타일] 그룹에서 자세히 버튼을 클릭하여 목록에서 [평면]을 선택한다.

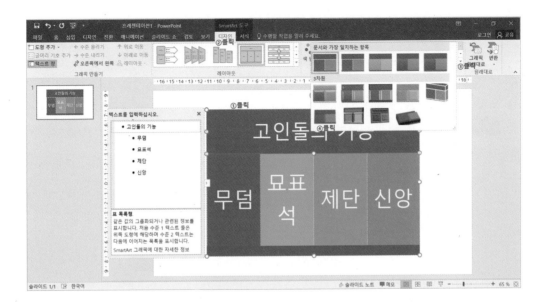

STEP 4 스마트아트 레이아웃 변경하기

스마트아트 그래픽을 선택하고 [SmartArt 도구] → [디자인] → [레이아웃] 그룹 → [기타 레이아웃]을 선택한다. [SmartArt 그래픽 선택] 창에서 [행렬형] 범주의 [제목 있는 행렬형]을 선택한다.

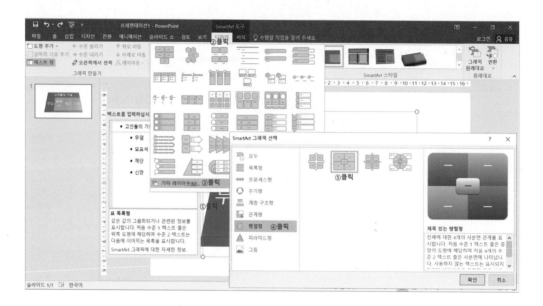

STEP 5 스마트아트 글꼴, 글꼴 크기 변경하기

스마트아트 그래픽을 선택하고 [홈] → [글꼴] 그룹에서 [글꼴]을 [HY헤드라인M], [글꼴 크기 크게]를 클릭한다.

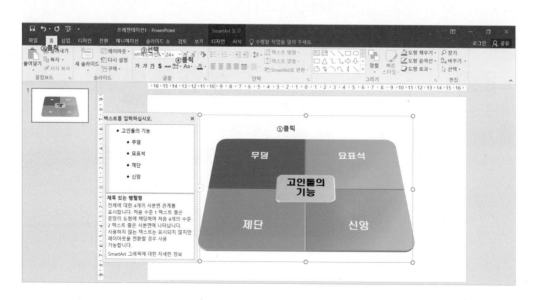

STEP 6　스마트아트 크기 변경하기

스마트아트의 크기 조절 버튼을 드래그한다.

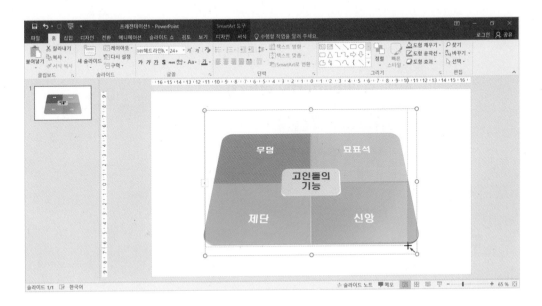

STEP 7　스마트아트 저장하기

완성된 프레젠테이션을 '고인돌기능.pptx'로 저장한다.

기본 프로젝트 **그림 다루기**

'나비효과.pptx'를 다음과 같이 편집해보자.

STEP 1 레이아웃 변경하기

[홈] → [슬라이드] 그룹 → [레이아웃] → [콘텐츠 2개]를 클릭한다.

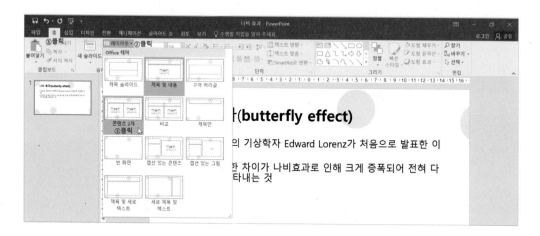

STEP 2 그림 삽입하기

[그림]아이콘을 클릭하여 [그림 삽입]창에서 그림을 선택하고 [삽입]을 클릭한다.

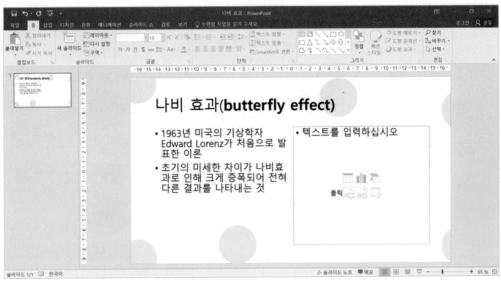

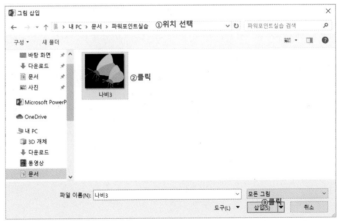

STEP 3   그림 편집하기

❶ [그림 도구] → [서식] → [조정] 그룹 → [색] → [주황, 밝은 강조색 2]를 클릭한다.

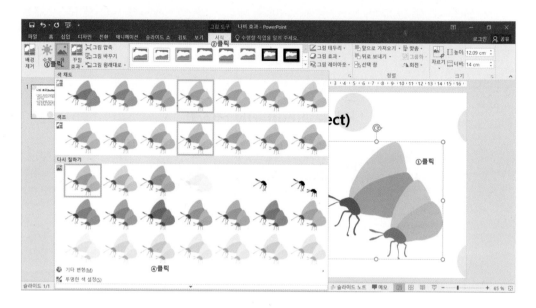

❷ [그림 도구] → [서식] → [조정] 그룹 → [꾸밈 효과] → [수채화 스폰지]를 클릭한다.

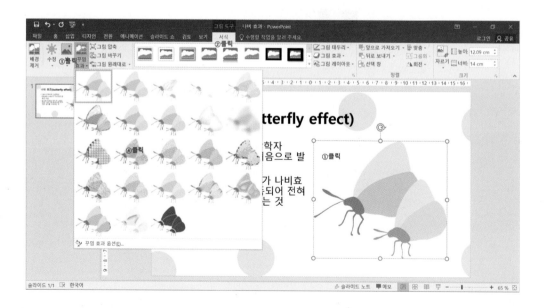

❸ [그림 도구] → [서식] → [그림 스타일] 그룹 → [그림 효과] → [그림자] → [오프셋 가
운데]를 클릭한다.

도형 작성하기

'저염식단팁.pptx' 파일을 열고 다음과 같은 도형을 작성해보자.

STEP 1 도형 병합하기

❶ [삽입] → [일러스트레이션] 그룹 → [도형] → [직사각형]을 클릭하여 삽입하고 도형
을 더블클릭하면 [그리기 도구]의 [서식] 메뉴 탭이 표시된다. [크기] 그룹에서 [높이]
'8cm', [너비]를 '20cm'로 지정한다.

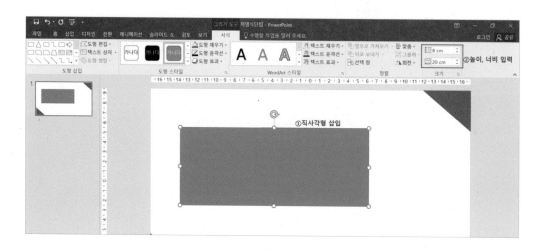

❷ [삽입] → [일러스트레이션] 그룹 → [도형] → [이등변 삼각형]을 클릭하여 삽입하고 도형을 더블클릭하여 [그리기 도구] → [서식] → [크기] 그룹에서 [높이] '1.5cm', [너비]를 '2cm'로 지정한다.

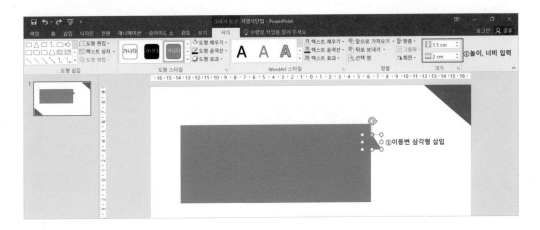

❸ [이등변 삼각형] 도형을 선택하고 [그리기 도구] → [서식] → [도형 스타일] 그룹 → [도형 채우기]에서 [흰색, 배경1]로 선택한다.

❹ [이등변 삼각형]을 선택하고 [그리기 도구] → [서식] → [정렬] 그룹 → [회전] → [왼쪽으로 90도 회전]을 클릭한다.

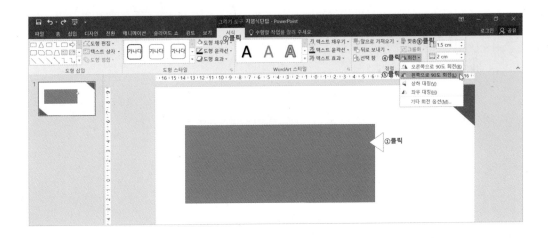

❺ [Shift]를 누른 채 [직사각형]과 [이등변 삼각형]을 선택하고 다음과 같이 지정한다.

• [그리기 도구] → [서식] → [정렬] 그룹 → [맞춤] → [오른쪽 맞춤]을 클릭한다.

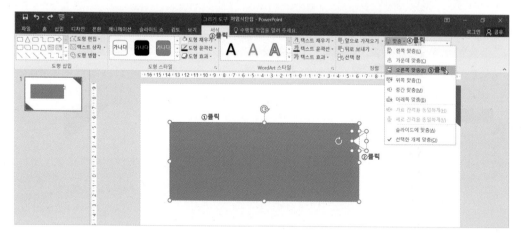

[오른쪽 맞춤]

• [그리기 도구] → [서식] → [정렬] 그룹 → [맞춤] → [위쪽 맞춤]을 클릭한다.

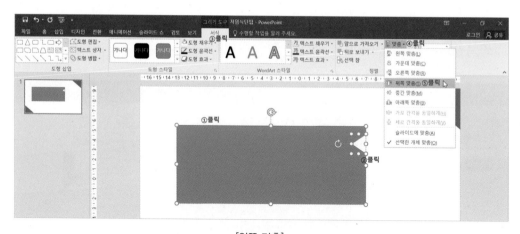

[위쪽 맞춤]

❻ 정렬이 완료된 [이등변 삼각형]을 선택하고 [Ctrl]과 [Shift]를 누른 채 드래그하여 복사한다.

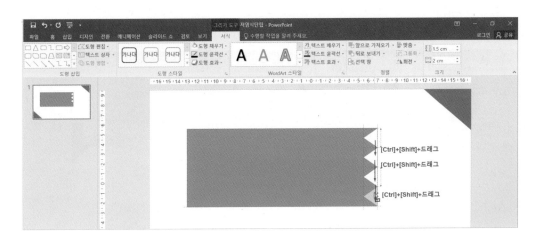

❼ [Shift]를 누른 채 [직사각형]을 선택하고 나서 [이등변 삼각형]을 선택한 후 [그리기 도구] → [서식] → [도형 삽입] 그룹 → [도형 병합] → [빼기]를 클릭한다. 도형 병합은 먼저 선택한 도형을 기준으로 실행되므로 선택한 순서가 바뀌지 않았는지 확인해야 한다.

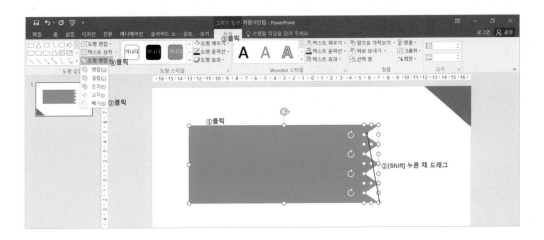

TIP 복사한 이등변 삼각형 도형의 세로 간격을 동일하게 맞추려면 이등변 삼각형 도형을 모두 선택하고 [그리기 도구] → [서식] → [정렬] 그룹 → [맞춤] → [세로 간격을 동일하게]를 클릭한다.

❽ 새로 만든 도형의 크기를 [높이] '2.7cm', [너비]를 '12cm'로 지정한다.

STEP 2 도형 회전하기

❶ 도형을 선택하고 [그리기 도구] → [서식] → [정렬] 그룹 → [회전] → [기타 회전 옵션]을 클릭한다.

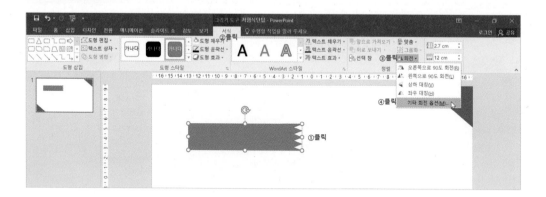

❷ [도형 서식] 창의 [크기 및 속성] → [크기]의 [회전]에 '−14°'를 지정한다.

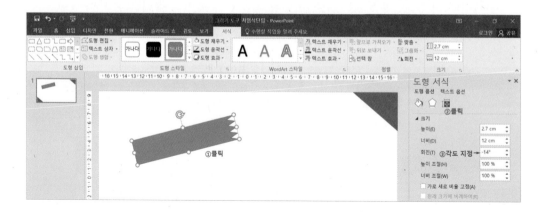

STEP 3 도형 삽입 및 크기 지정하기

❶ [삽입] → [일러스트레이션] 그룹 → [도형]에서 [직사각형]과 [모서리가 둥근 직사각형], [사다리꼴] 도형을 클릭하여 삽입한다.

❷ [직사각형]을 더블클릭하여 [그리기 도구] → [서식] 메뉴가 표시되면 [크기] 그룹의 [높이]를 '2.7cm', [너비]를 '16.5cm'로 지정한다.

❸ 같은 방법으로 나머지 두 도형의 크기를 지정한다.

- [모서리가 둥근 직사각형]의 [높이]를 '1.8cm', [너비]를 '14.7cm'로 지정한다.
- [사다리꼴]의 [높이]를 '9cm', [너비]를 '11cm'로 지정한다.

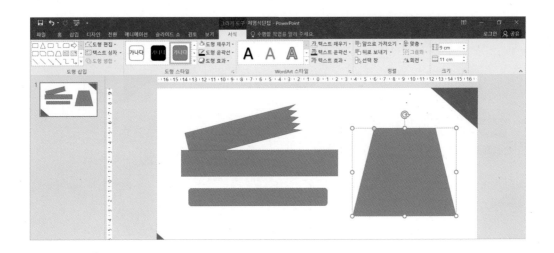

STEP 4 **그라데이션 지정하기**

❶ 병합하여 생성한 도형을 클릭하고 [도형 서식] 아이콘을 클릭한 후 [도형 서식]의 [채우기 및 선] → [채우기]에서 [그라데이션 채우기]를 클릭한다.

❷ 그라데이션의 [종류]는 [선형], [방향]은 [선형 아래쪽], [각도]는 [45°]로 지정한다.

❸ [그라데이션 중지점 추가]를 클릭하여 중지점이 5개가 되게 추가한다.

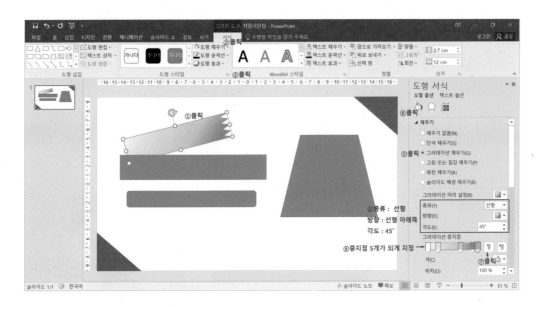

❹ 그라데이션 중지점의 색과 위치를 지정한다. 첫 번째 중지점을 선택하고 [색] 버튼을 클릭하여 [흰색, 배경1]을 클릭한다. 위치를 [0%]로 지정한다. 선 스타일은 [실선], 선 색은 [녹색, 강조 6]으로 지정한다.

⑤ 나머지 중지점도 동일한 방법으로 지정한다.

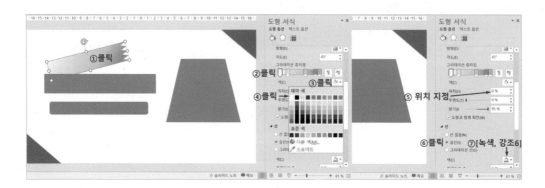

- 중지점 1 : 색−[흰색, 배경1], 위치 0%
- 중지점 2 : 색−[녹색, 강조 6, 80% 더 밝게], 위치 20%
- 중지점 3 : 색−[녹색, 강조 6, 60% 더 밝게], 위치 65%
- 중지점 4 : 색−[녹색, 강조 6], 위치 90%
- 중지점 5 : 색−[녹색, 강조 6, 40% 더 밝게], 위치 100%

`STEP 5` [직사각형], [모서리가 둥근 직사각형] 도형의 서식 지정하기

❶ [직사각형]을 선택하고 [그리기 도구] → [서식] → [도형 스타일] 그룹 → [도형 채우기]
에서 [녹색, 강조 6, 50% 더 어둡게], [도형 윤곽선]에서 [녹색, 강조 6, 50% 더 어둡게]
를 클릭한다.

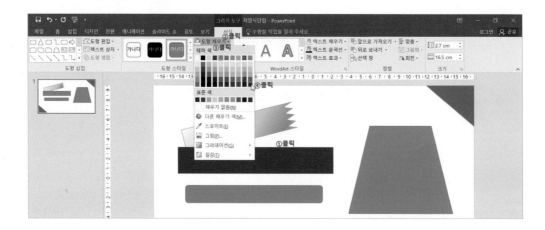

❷ [모서리가 둥근 직사각형]을 선택하고 [그리기 도구] → [서식] → [도형 스타일] 그룹
→ [도형 채우기]에서 [녹색, 강조 6, 25% 더 어둡게], [도형 윤곽선]에서 [녹색, 강조 6,
25% 더 어둡게]를 클릭한다.

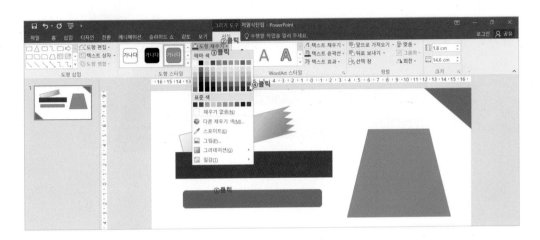

STEP 6 도형 순서 바꾸기

병합하여 만든 도형을 선택하고 [그리기 도구] → [서식] → [정렬] 그룹 → [앞으로 가져오
기] → [맨 앞으로 가져오기]를 클릭한다.

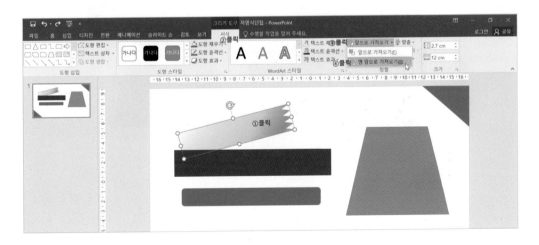

STEP 7 도형 모양 변형하기

[모서리가 둥근 직사각형] 도형의 모양 조절 핸들을 안쪽으로 드래그 하여 둥글게 한다.

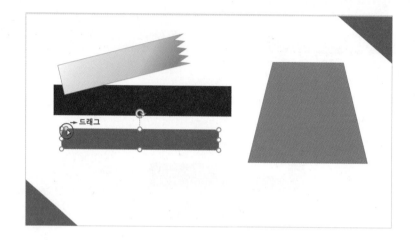

STEP 8 도형 복사하기

❶ [모서리가 둥근 직사각형] 도형을 선택하고 [Ctrl]과 [Shift]를 누른 채 드래그 한다.

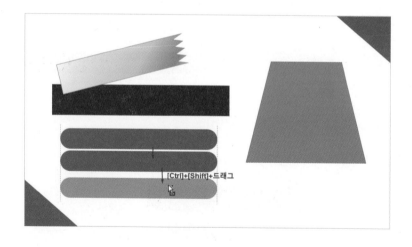

STEP 9   **도형 배분하기**

세 개의 [모서리가 둥근 직사각형] 도형을 선택하고 [그리기 도구] → [서식] → [정렬] 그룹
→ [맞춤] → [세로 간격을 동일하게]를 클릭한다.

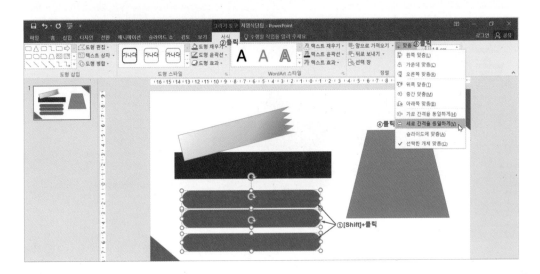

STEP 10   **도형 정렬하기**

❶ 병합하여 만든 도형과 [직사각형] 도형을 선택하고 [그리기 도구] → [서식] → [정렬]
그룹 → [맞춤] → [왼쪽 맞춤]을 클릭한다.

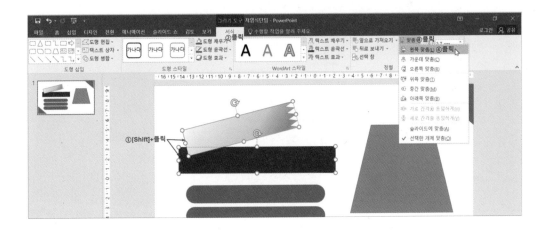

❷ 병합하여 만든 도형과 [직사각형] 도형을 선택하고 [그리기 도구] → [서식] → [정렬] 그룹 → [맞춤] → [아래쪽 맞춤]을 클릭한다.

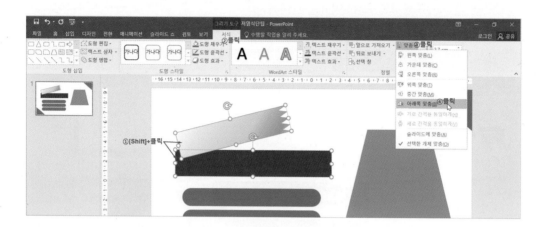

STEP 11 도형에 그림자 효과 지정하기

병합하여 만든 도형과 [모서리가 둥근 직사각형]을 모두 선택하고 [그리기 도구] → [서식] → [도형 스타일] 그룹 → [도형 효과] → [그림자] → [오프셋 가운데]를 클릭한다.

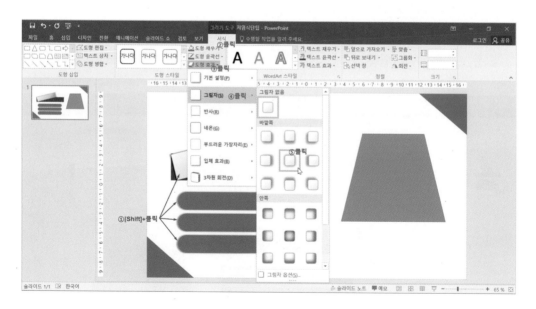

STEP 12 도형에 텍스트 입력하기

① 병합하여 만든 도형을 클릭하고 '저염식단 팁'이라 입력한다. [모서리가 둥근 직사각형]에 텍스트를 입력한다. 첫째 도형에 '조리된 음식에 소금을 추가하지 않는다', 두 번째 도형에 '조리 마지막에 소량의 소금 첨가', 세 번째 도형에 '포장지 영양정보의 나트륨 함량 확인'을 입력한다.

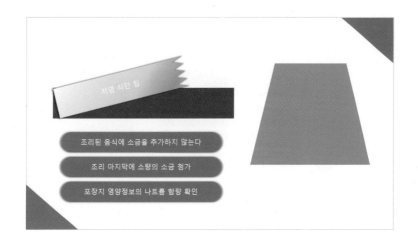

STEP 13 텍스트 서식 지정하기

① 병합하여 만든 도형을 클릭하고 [홈] → [글꼴] 그룹에서 [글꼴]은 [HY엽서M], [글꼴 크기] '42pt', [굵게], [텍스트 그림자], [글꼴 색]은 [녹색, 강조 6, 50% 더 어둡게]를 지정한다.

❷ [Shift]를 누른 채 세 개의 [모서리가 둥근 직사각형]을 선택하고 [글꼴]은 [HY엽서M],
[글꼴 크기] '20pt', [굵게]를 지정한다.

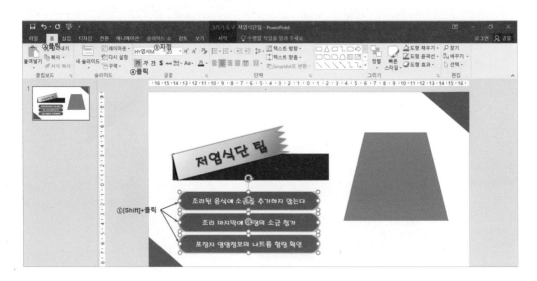

STEP 14   도형을 그림으로 채우기

❶ [사다리꼴] 도형을 선택하고 [그리기 도구] → [서식] → [도형 스타일] 그룹 → [도형 채
우기] → [그림]을 클릭한다.

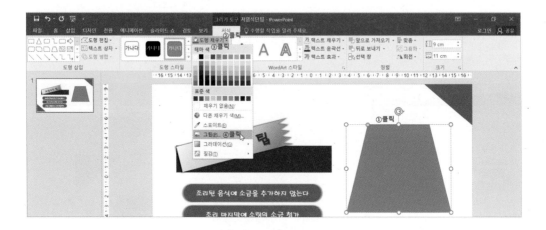

❷ [그림 삽입] 창에서 [찾아보기]를 클릭한다. 이어서 나타나는 [그림 삽입] 창에서 파일의 위치를 선택한 후 그림을 클릭하고 [삽입]을 클릭한다.

점 편집하기

❶ [사다리꼴] 도형을 선택하고 마우스 오른쪽 버튼을 클릭하여 [점 편집]을 클릭한다.

❷ 위쪽 선분의 중심을 클릭하여 점을 추가한 후 아래쪽으로 드래그한다.

❸ 아래쪽 선분의 중심을 클릭하여 점을 추가한 후 아래쪽으로 드래그한다.

❹ 오른쪽 위의 점을 클릭하고 마우스 오른쪽 버튼을 클릭하여 [부드러운 점]을 클릭한다.

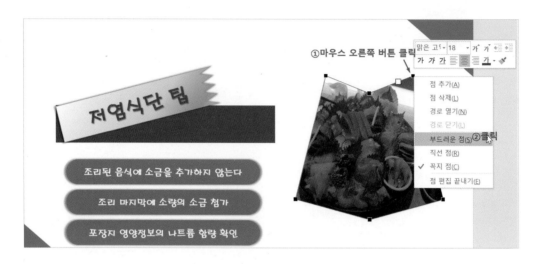

❺ 핸들을 드래그하여 부드러운 곡선 모양이 되게 한다. 같은 방법으로 왼쪽 점도 모양을 바꾼다.

STEP 16   도형에 반사 효과 적용하기

[사다리꼴]도형을 선택하고 [그리기 도구] → [서식] → [도형 스타일] 그룹 → [도형 효과] → [반사] → [근접 반사, 터치]를 클릭한다.

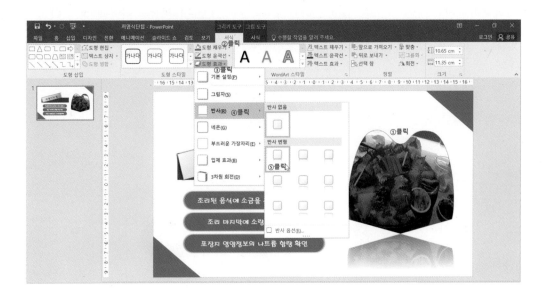

스마트아트를 도형으로 변환하기

'스마트아트변환.pptx' 파일을 열고 스마트아트를 도형으로 변환한 후 다음과 같이 편집해
보자.

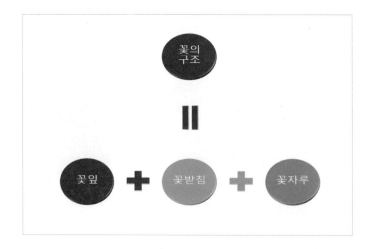

STEP 1   **도형으로 변환하기**

스마트아트를 선택하고 [그리기 도구] → [SmartArt 도구] → [디자인] → [원래대로] 그룹
→ [변환] → [도형으로 변환]을 클릭한다.

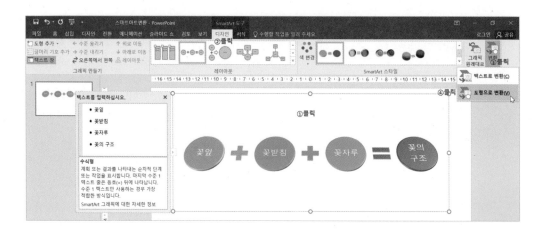

STEP 2 그룹 해제하기

도형을 선택하고 [그리기 도구] → [서식] → [정렬] 그룹 → [그룹화] → [그룹 해제]를 클릭한다.

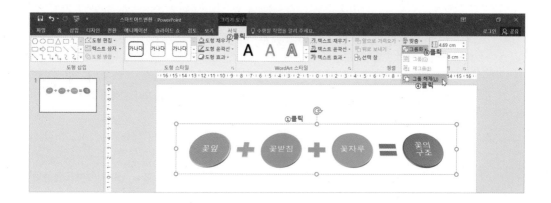

STEP 3 도형 편집하기

❶ '=' 도형을 선택하고 [그리기 도구] → [서식] → [정렬] 그룹 → [회전] → [왼쪽으로 90도 회전]을 적용한다.

❷ 그림을 참고하여 도형의 색상과 위치를 지정한다.

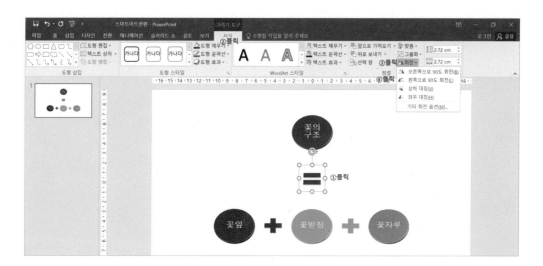

(1)   도형

- 도형 삽입 : [삽입] → [일러스트레이션] 그룹 → [도형]을 선택한다.
- 도형 선택 : [Shift]를 누른 채 도형을 클릭하면 여러 개의 도형을 선택할 수 있다.
- 도형 이동 : 도형을 마우스로 드래그 하거나 도형을 선택한 후 방향키를 눌러준다. 약간씩 이동하려면 [Ctrl]을 누른 채 방향키를 누르거나 [Alt]를 누른채 도형을 드래그한다.
- 도형 복사 : 도형을 선택하고 [Ctrl]을 누른 채 드래그 한다.
- 도형 스타일 변경: [그리기 도구] → [서식] → [도형 스타일] 그룹에서 자세히(▾)를 클릭하여 목록에서 선택한다.
- 도형 회전 : [그리기 도구] → [서식] → [정렬] 그룹 → [회전]을 이용하거나 도형의 회전 핸들을 드래그 한다.
- 도형 그룹 : 두 개 이상의 도형을 선택한 후 [그리기 도구] → [서식] → [정렬] 그룹 → [그룹]을 선택한다.
- 도형 맞춤/배분 : 도형을 선택하고 [그리기 도구] → [서식] → [정렬] 그룹 → [맞춤]에서 도형을 정렬한다.

(2)   스마트아트 삽입 : [삽입] → [일러스트레이션] 그룹 → [SmartArt]를 클릭한다.

(3)   온라인 그림 삽입 : [삽입] → [이미지] 그룹 → [온라인 그림]을 클릭하여 [그림 삽입] 창에서 검색어를 입력한다.

(4)   그림 삽입 : [삽입] → [이미지] 그룹 → [그림]을 클릭한다.

■ 도형 작성하기

※ 그리기 도구를 이용하여 다음의 슬라이드를 완성하시오.

작성 조건

1. '경제 상식'
    (1) 워드아트 스타일
    • [채우기-흰색, 윤곽선-강조 1, 그림자], 텍스트 채우기:[흰색, 배경1]
    • 글꼴 : [맑은 고딕], 48pt

    (2) [모서리가 둥근 직사각형] 도형
    • 도형 크기 : 높이 3cm, 너비 20cm, 도형 채우기 : [파랑, 강조 5]
    • 3차원 서식 : 위쪽 입체-너비, 높이 6pt
    • 3차원 회전 : y 회전 15°

    (3) [평행사변형] 도형 : [모서리가 둥근 직사각형] 아래쪽에 위치
    • 도형 채우기, 도형 윤곽선 색 : [흰색, 배경 1, 35% 더 어둡게]
    • 회전 3°

2. '유니콘기업', '데카콘기업', '스타트업'
    (1) 워드아트 스타일
    • [채우기-검정, 텍스트 1, 윤곽선-배경 1, 진한 그림자-배경1]
    • 글꼴 : [맑은 고딕], 24pt
    (2) [모서리가 둥근 직사각형] 도형
        1) 도형 크기 : 높이 2.5cm, 너비 5cm

2) 그라데이션 : 종류–[선형], 방향–[선형 왼쪽]

3) 그라데이션 중지점

- 중지점1 : 위치 0%, RGB(255,255,255)
- 중지점2 : 위치 48%, RGB(146,222,249)
- 중지점3 : 위치 80%, RGB(128,216,248)
- 중지점4 : 위치 100%, RGB(0,176,240)

4) 3차원 서식

- 위쪽 입체–너비, 높이 5.5pt

(3) [직사각형] 도형 : [모서리가 둥근 직사각형] 아래쪽에 위치

- 도형 크기 : 높이 2.4cm, 너비 4.8cm
- 도형 채우기 : [파랑, 강조 1, 25% 더 어둡게]
- 회전 10°

3. 'Unicon', 'Decacorn', 'Start–Up'

(1) 글꼴 : [맑은고딕], 24pt, 글꼴 색 : [흰색, 배경 1], [굵게]

(2) [직사각형] 도형

- 도형 크기 : 높이 2.4cm, 너비 5cm
- 도형 채우기, 도형 윤곽선 색 : [주황, 강조2]
- 3차원 서식 : 위쪽 입체–너비, 높이 6pt
- 도형 효과 : [근접 반사, 4pt 오프셋]

4. '기업 가치~', '자산가치~', '설립한 지~'

(1) [직사각형] 도형

- 도형 크기 : 높이 2.4cm, 너비 18cm
- 도형 채우기 : [주황, 강조 2, 40% 더 밝게]
- 3차원 서식 : 위쪽 입체–너비, 높이 6pt
- 도형 효과 : [근접 반사, 4pt 오프셋]

(2) 글꼴 : [맑은 고딕]

- '기업가치 1조원', '자산가치 10조원', '신생' : 글꼴 크기 28pt, [빨강], [굵게]
- 나머지 글꼴 크기 : 24pt, 글꼴 색 : [흰색, 배경 1]

■ 스마트아트 작성하기

※ '코스모스.pptx' 파일을 열고 다음과 같이 SmartArt로 변환하시오.

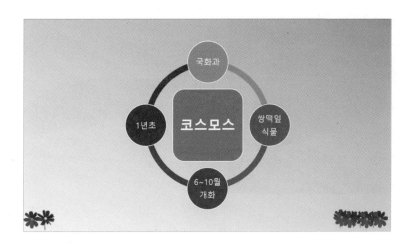

작성 조건

1. 스마트아트 레이아웃은 [방사주기형]
2. 스마트아트 색은 [색상형 범위 – 강조색 3 또는 4]
3. 스마트아트 스타일은 [흰색 윤곽선]

▪ 그림 편집하기

※ 다음 그림을 배경 제거, 잘라내기, 그림 스타일을 이용하여 완성하시오.

[원본 그림]

[완성 결과]

작성 조건

1. 그림에서 배경은 제거한다.
2. 배경을 제거하고 남은 빈 영역은 자르기를 이용하여 잘라낸다.
3. '회전, 흰색' 그림 스타일을 적용한다.

※ 다음과 같은 내용의 슬라이드를 도형을 이용하여 자유롭게 작성한 후 '희토류.pptx'로 저장한다.

희토류 (rare earth metal)

- '희귀한 흙'이라는 뜻
- 세계적으로 매장량이 적음
- 란타넘(lanthanum)계열 15개 원소, 스칸듐(Sc), 이트륨(Y) 등 17개 원소
- 스마트폰, 하이브리드 자동차, 고화질TV, 태양광 발전, 항공우주산업 등 첨단산업에서 사용
- 현재 중국이 전 세계 희토류 생산량의 약 97%를 차지

- 란타넘 계열 15개 원소
  - 란타넘(La)
  - 세륨(Ce)
  - 프라세오디뮴(Pr)
  - 네오디뮴(Nd)
  - 프로메튬(Pm)
  - 사마륨(Sm)
  - 유로퓸(Eu)
  - 가돌리늄(Gd)
  - 터븀(Tb)
  - 디스프로슘(Dy)
  - 홀뮴(Ho)
  - 에르븀(Er)
  - 툴륨(Tm)
  - 이트륨(Yb)
  - 루테튬(Lu)

※ 도형을 이용하여 작성한 예제는 다음과 같다.

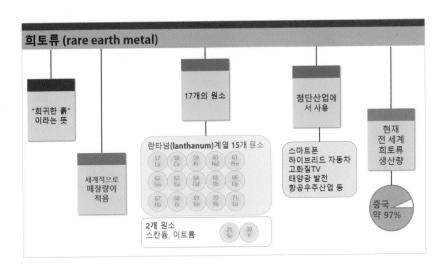

4

테마 및
슬라이드 마스터

C H A P T E R 4

학습목표

■ 파워포인트의 테마에 대해 알아보자.

■ 슬라이드 번호 및 바닥글에 대해 알아보자.

■ 슬라이드 노트와 유인물에 대해 알아보자.

■ 슬라이드 마스터에 대해 알아보자.

4.1 테마

파워포인트에서 제공하는 테마를 이용하면 슬라이드의 배경, 글꼴, 삽입하는 개체의 디자인 등을 일일이 설정하지 않고도 쉽고 빠르게 일관성 있는 프레젠테이션을 작성할 수 있다.

테마란 서로 어울리는 색상, 배경 스타일, 글꼴 서식, 차트 서식, 효과 등을 미리 구성해둔 서식 모음으로, 다양한 테마 중 하나를 선택하면 모든 슬라이드에 해당 서식이 한꺼번에 적용된다.

4.1.1 테마 변경

[디자인] → [테마] 그룹에서 자세히(▼)를 클릭하여 목록에서 원하는 테마를 선택한다.

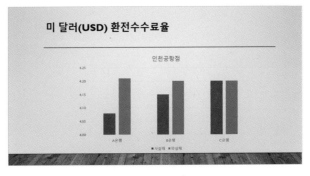

[갤러리] 테마

4.1.2 테마 요소 변경

테마 색, 테마 글꼴, 테마 효과 등을 변경할 수 있다.

1 테마 색 변경

■ 색 배색 목록에서 선택

색 목록에는 텍스트, 배경, 강조색, 하이퍼링크 등의 색상이 서로 어울리게 배열되어 등록
되어 있고 원하는 색으로 마우스 포인터를 가져가면 색이 어떻게 표시되는지 미리 보여준
다. [디자인] → [적용] 그룹에서 자세히(▼)를 클릭하여 목록에서 [색]을 클릭하면 색 배색
목록이 나타난다. 원하는 색상을 클릭한다.

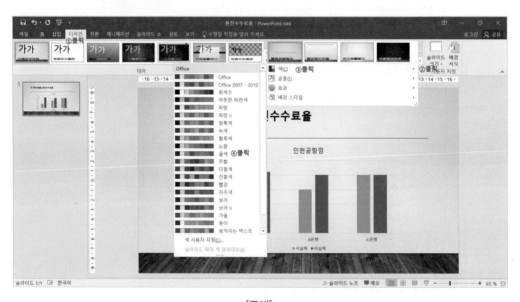

[귤색]

■ 사용자 지정

❶ [디자인] → [적용] 그룹에서 자세히(▾)를 클릭하여 목록에서 [색] → [색 사용자 지정]을 클릭한다. [새 테마 색 만들기]에서 [텍스트/배경 – 밝은 색 2]를 클릭한다.

❷ 색 목록의 [표준색]에서 [노랑]을 클릭하면 배경 색이 노랑색으로 바뀐다. 색이 마음에 안 들면 [원래대로]를 클릭하고 다시 지정한다. [이름]에 '내_배색'이라 입력하고 저장을 클릭한다.

❸ [디자인] → [적용] 그룹에서 자세히(⏷)를 클릭하여 목록에서 [색]을 클릭하면 목록에 '내_배색'이 나타난다.

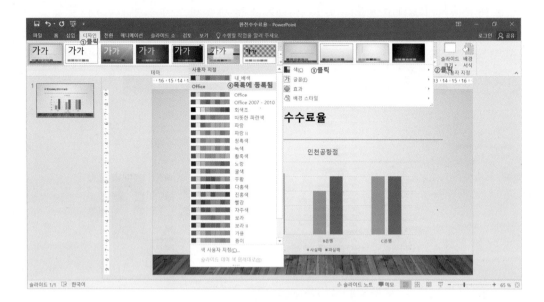

❹ [디자인] → [적용] 그룹에서 자세히(⏷)를 클릭하여 [색]을 클릭한 후 '내_배색'에서 마우스 오른쪽 버튼을 클릭하면 '내_배색'을 전체 슬라이드나 현재 슬라이드에 적용할 수 있다.

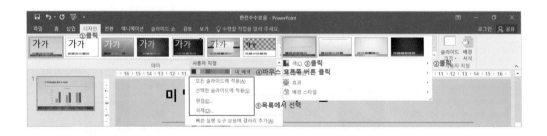

2 테마 글꼴 변경

[디자인] → [적용] 그룹에서 자세히(⏷)를 클릭하여 [글꼴]을 클릭하면 목록에 여러 글꼴이 나타난다.

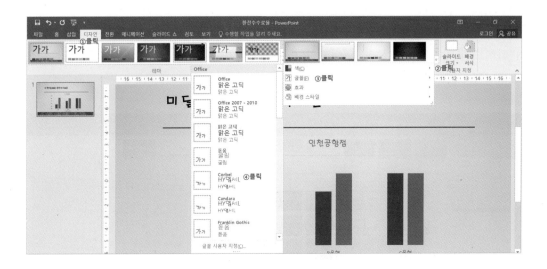

3 테마 효과 변경

[디자인] → [적용] 그룹에서 자세히(▾)를 클릭하여 [효과]를 선택하면 그림자, 반사, 선, 채우기 등이 적용된 효과 목록이 표시된다.

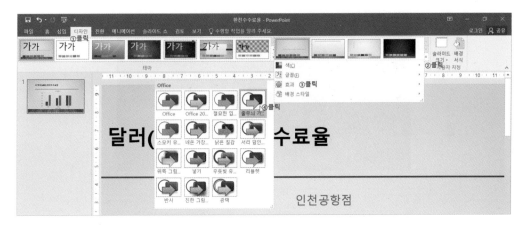

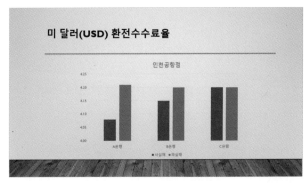

[줄무늬 가장자리]

4 테마 배경 스타일 변경

슬라이드의 배경을 변경하려면 [디자인] → [적용] 그룹에서 자세히(⬇)를 클릭하고 [배경 스타일]을 클릭하여 배경 스타일 목록에서 선택한다.

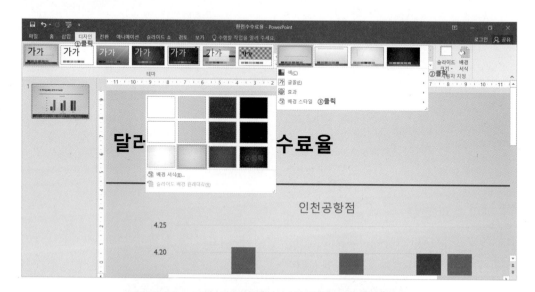

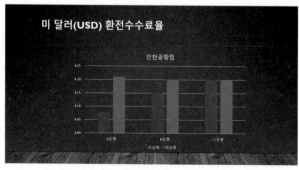

[스타일 12]

4.1.3 배경 서식

슬라이드 배경을 색이나 그림 또는 질감으로 지정할 수 있다.

❶ [디자인] → [사용자 지정] 그룹 → [배경 서식]을 클릭하면 슬라이드 오른쪽에 [배경 서식] 작업 창이 나타난다.

❷ [단색 채우기], [그라데이션 채우기], [그림 또는 질감으로 채우기], [패턴 채우기] 중에서 선택한다. 지정한 배경의 적용을 취소하려면 [배경 원래대로]를 클릭하고 모든 슬라이드에 적용하려면 [모두 적용]을 클릭한다.

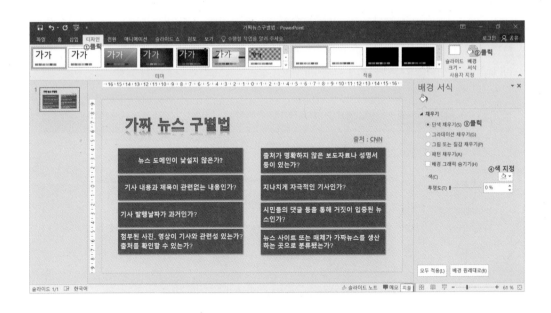

4.2 슬라이드 번호 및 바닥글

1 슬라이드 번호 및 바닥글 표시

❶ [삽입] → [텍스트] 그룹 → [머리글/바닥글]을 클릭한다.

❷ [슬라이드] 탭의 [슬라이드에 넣을 내용]에서 [슬라이드 번호], [바닥글]에 체크를 표시 하고 [바닥글]에 내용을 입력한다.

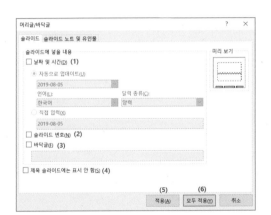

(1) [자동으로 업데이트]나 [직접 입력]을 선택하여 슬라 이드에 날짜 및 시간을 표시한다.

(2) 슬라이드 번호 : 슬라이드에 번호를 매긴다.

(3) 바닥글 : 슬라이드 바닥글에 넣을 내용을 입력한다.

(4) 제목 슬라이드에는 표시 안 함 : 날짜 및 시간, 슬라 이드 번호, 바닥글 등을 제목 슬라이드에 표시하지 않는다.

(5) 적용 : 날짜 및 시간, 슬라이드 번호, 바닥글 등을 현 재 슬라이드에 적용한다.

(6) 모두 적용 : 날짜 및 시간, 슬라이드 번호, 바닥글 등 을 전체 슬라이드에 적용한다.

> **참고** [바닥글], [슬라이드 번호]의 위치나 서식 변경
>
> [바닥글], [슬라이드 번호] 등의 위치를 바꾸거나 서식을 지정하려면 [보기] → [마스터 보기] 그룹 → [슬라이드 마스터]에서 지정한다.

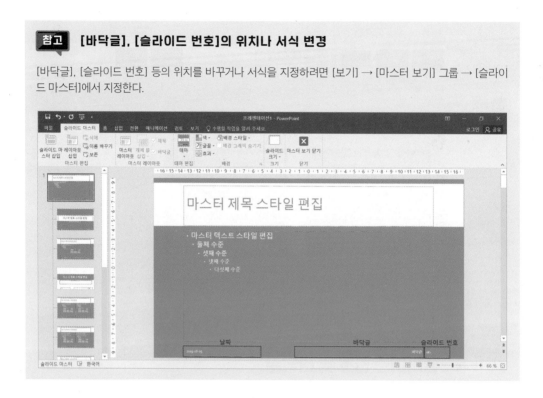

2 슬라이드 시작 번호 변경

① [디자인] → [사용자 지정] 그룹 → [슬라이드 크기] → [사용자 지정 슬라이드 크기]를 클릭한다.

② [슬라이드 크기]창에서 [슬라이드 시작 번호]에 값을 입력한다.

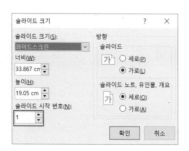

4.3 슬라이드 노트와 유인물

4.3.1 슬라이드 노트

슬라이드 노트는 프레젠테이션 시 발표자가 참고할 내용을 적어두는 곳이다. 슬라이드 노트는 슬라이드 축소판 그림과 메모할 수 있는 노트 영역으로 구성된다.

❶ [보기] → [프레젠테이션 보기] 그룹 → [슬라이드 노트]를 클릭하면 다음과 같이 슬라이드 노트가 나타난다.

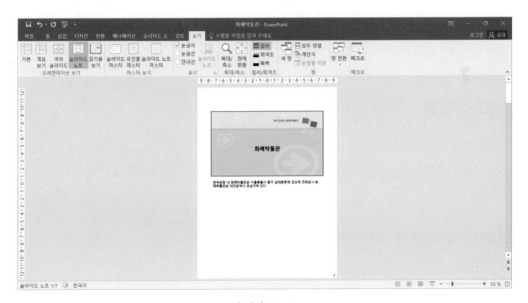

슬라이드 노트

❷ [기본] 보기에서 슬라이드 노트 영역을 표시하려면 상태표시줄에서 [슬라이드 노트]를 클릭한다. 슬라이드 노트를 숨기려면 상태표시줄에서 [슬라이드 노트]를 다시 클릭한다.

[기본] 보기에서 슬라이드 노트 표시

4.3.2 유인물

유인물은 프레젠테이션 진행 시 청중들이 참고할 수 있도록 슬라이드를 출력하여 나눠 주고자 할 때 사용할 수 있는 기능이다. 유인물 한 장에는 한 장 이상의 슬라이드를 출력할 수 있다.

❶ [파일] → [인쇄]를 클릭한다. [전체 페이지 슬라이드]를 클릭하여 유인물 목록에서 선택한다.

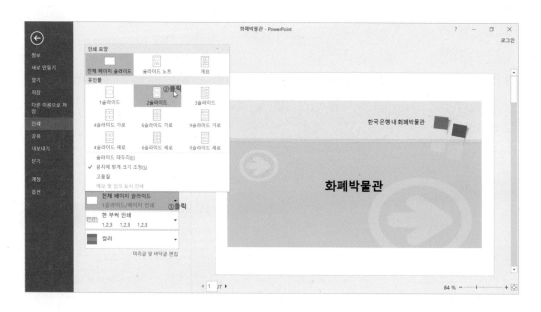

❷ [인쇄] 창의 오른쪽에 선택한 유인물의 모양이 미리 보기에 나타난다.

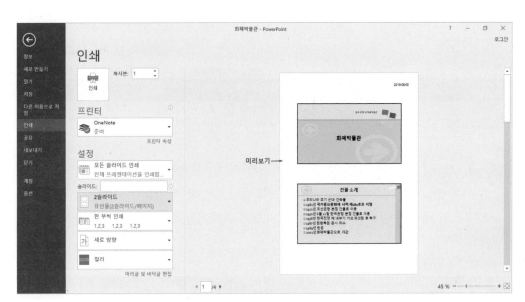

[2슬라이드] 유인물 표시

4.4 슬라이드 마스터

마스터는 배경, 색, 글꼴, 효과, 개체 틀의 크기 및 위치 등 모든 슬라이드에 일괄적으로 적용하고자 하는 서식을 지정할 수 있는 기능이다. 예를 들어 모든 슬라이드에 회사 로고를 표시하고자 할 때는 슬라이드 마스터에서 로고를 삽입하면 된다. 마스터에서 삽입한 내용은 마스터에서만 편집할 수 있다. 마스터에는 슬라이드 마스터, 유인물 마스터, 슬라이드 노트 마스터가 있다.

4.4.1 슬라이드 마스터에서 서식 지정

슬라이드 마스터에서 지정된 서식은 모든 슬라이드 레이아웃에 적용된다. 슬라이드의 제목, 텍스트, 바닥글, 슬라이드 번호 같은 텍스트 개체틀의 서식, 위치, 크기를 변경하고 슬라이드 배경, 프레젠테이션의 테마 등에 관한 설정을 지정할 수 있다.

1 슬라이드 서식 지정

❶ [보기] → [마스터 보기] 그룹 → [슬라이드 마스터]를 클릭하거나 [Shift]+[기본(回)]을
클릭한다.

❷ [파일] 탭과 [홈] 탭 사이에 [슬라이드 마스터] 탭이 나타난다. [슬라이드 마스터] 탭 창
의 왼쪽에는 슬라이드 마스터(또는 마스터 슬라이드)와 레이아웃 마스터로 구성된 축
소판 그림 목록이 나타난다. 슬라이드 마스터 왼쪽에는 슬라이드 마스터 번호가 표시
된다.

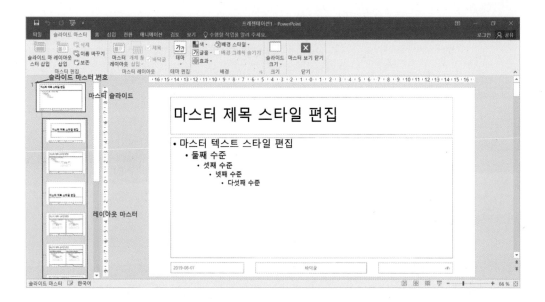

> **TIP** 슬라이드 마스터(마스터 슬라이드)는 모든 슬라이드 레이아웃을 관리한다. 슬라이드 마스터에서 지정
> 된 서식은 하위의 모든 레이아웃에 영향을 미친다. 제목 슬라이드의 서식을 추가로 지정하려면 [제목 슬
> 라이드 레이아웃] 마스터를 선택하여 지정하면 된다.

❸ [슬라이드 마스터] 탭 창의 왼쪽에서 슬라이드 마스터를 클릭한다.

❹ [삽입] → [일러스트레이션] 그룹 → [도형]에서 [직사각형]을 선택하고 아래 그림과 같은 위치에 그려 넣는다.

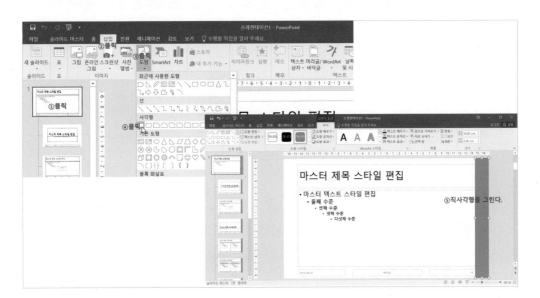

❺ 색을 바꾸려면 [슬라이드 마스터] → [배경] 그룹 → [색] → [주황]을 클릭한다.

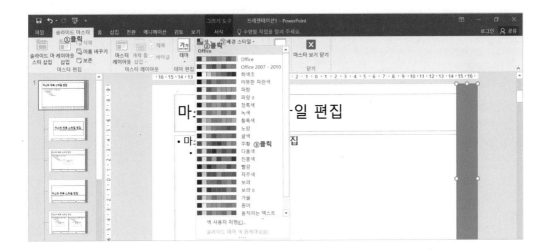

❻ 슬라이드의 모든 글꼴을 [휴먼매직체]로 바꿔보자. [슬라이드 마스터] → [배경] 그룹
→ [글꼴] → [휴먼매직체]를 클릭한다.

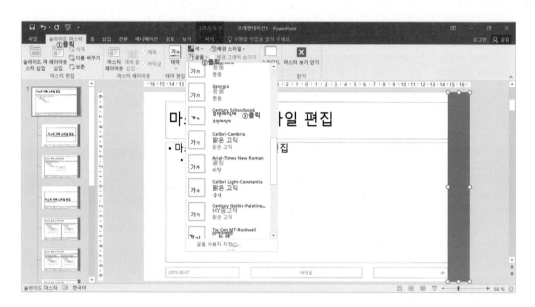

❼ [텍스트 상자]의 첫 번째 수준에 커서를 이동한 후 [홈] → [단락] 그룹 → [글머리 기호]
를 클릭하여 [별표 글머리 기호]를 클릭한다.

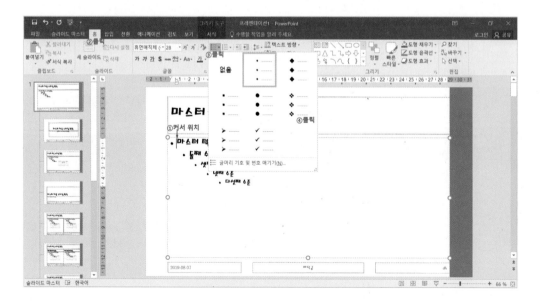

참고 **슬라이드 마스터의 구성**

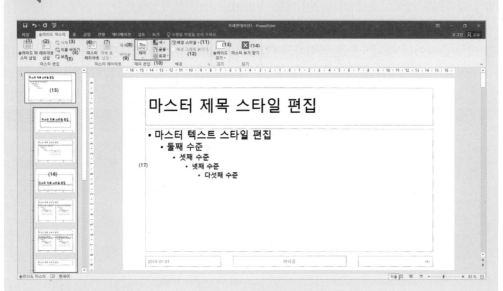

(1) 슬라이드 마스터 삽입 : 마스터 슬라이드와 레이아웃 그룹을 삽입한다.

(2) 레이아웃 삽입 : 선택한 마스터슬라이드 아래에 레이아웃이 추가된다.

(3) 삭제 : 슬라이드 마스터나 제목, 제목 및 내용 레이아웃을 제외한 레이아웃을 삭제한다.

(4) 이름 바꾸기 : 레이아웃의 이름을 바꾼다.

(5) 보존 : 선택한 마스터를 사용하지 않아도 삭제하지 않고 그대로 유지한다. 테마를 바꾸거나 서식을 다른 슬라이드나 템플릿에서 가져와도 덮어씌워지거나 지워지지 않고 원래의 서식이 유지된다.

(6) 마스터 레이아웃 : 슬라이드 마스터에 포함할 요소를 선택한다.

(7) 개체틀 삽입 : 레이아웃에 그림, 표, 차트 등의 개체 틀을 추가한다.

(8) 제목 : 제목 개체틀을 표시하거나 숨긴다.

(9) 바닥글 : 날짜, 바닥글, 슬라이드 번호 등을 표시하거나 숨긴다.

(10) 테마/색/글꼴/효과 : 미리 정의된 테마를 사용하거나 색 배색, 글꼴, 효과, 배경 스타일을 변경한다.

(11) 배경 스타일 : 테마의 배경 스타일을 적용한다.

(12) 배경 그래픽 숨기기 : 배경에 삽입된 개체를 숨기거나 표시한다.

(13) 슬라이드 크기 : 슬라이드 크기를 표준(4:3)이나 와이드(16:9) 또는 사용자가 지정한 크기로 지정한다.

(14) 마스터 보기 닫기 : 슬라이드 편집 상태로 전환된다.

(15) 마스터 슬라이드 : 레이아웃들의 상위 개념이다. 모든 슬라이드에 적용할 서식을 지정한다.

(16) 마스터 레이아웃 : 지정한 서식이 다른 레이아웃이나 마스터 슬라이드에는 반영되지 않고 선택한 레이아웃의 슬라이드에만 적용된다.

(17) 마스터 편집 창 : 선택한 슬라이드 마스터 레이아웃의 서식을 지정하는 곳이다.

2 제목 슬라이드 서식 지정

제목 슬라이드 레이아웃을 이용하여 제목 슬라이드 서식을 지정해보자.

❶ 제목 슬라이드 레이아웃을 클릭하고 [삽입] → [일러스트레이션] 그룹 → [도형] → [대각선 줄무늬]를 클릭한다.

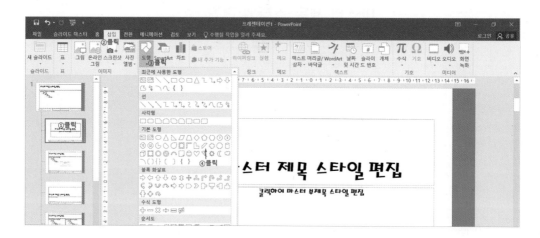

❷ 그림 위치에 도형을 그린다. 슬라이드 마스터에서 삽입했던 [직사각형] 도형을 숨기기 위해 [슬라이드 마스터] → [배경] 그룹 → [배경 그래픽 숨기기]를 클릭한다.

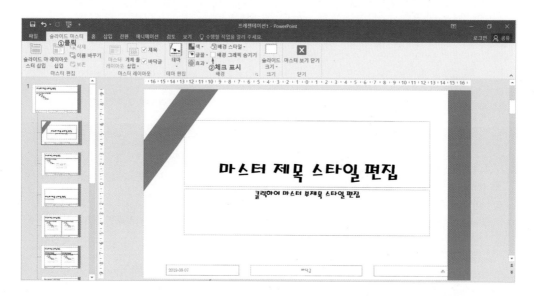

❸ 다음과 같이 제목 슬라이드 레이아웃에서 [직사각형] 도형이 숨겨진다.

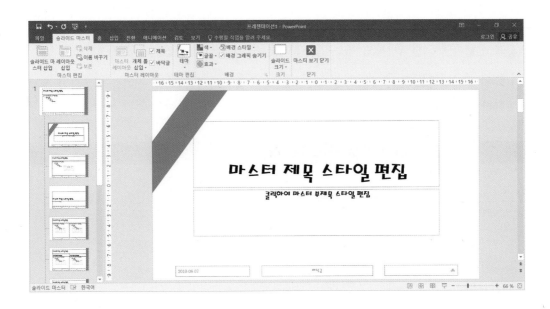

3 슬라이드 마스터 추가

한 프레젠테이션에서 여러 테마를 사용하려면 여러 마스터가 필요하다. 슬라이드 마스터를 추가해보자.

1. [슬라이드 마스터] → [마스터 편집] 그룹 → [슬라이드 마스터 삽입]을 클릭하면 1번 슬라이드 마스터에 이어 2번 슬라이드 마스터가 추가된다.

2. 각 슬라이드 마스터는 하위 레이아웃 마스터와 연결되어 있다. 즉, 1번 슬라이드 마스터는 그 하위 레이아웃 마스터와 연결되고 새로 추가된 2번 슬라이드 마스터도 하위 레이아웃 마스터와 연결된다.

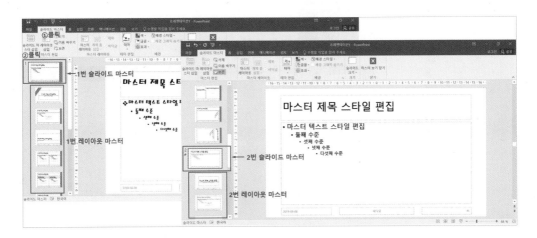

❸ 2번 슬라이드 마스터를 선택하고 [삽입] → [일러스트레이션] 그룹 → [도형] → [타원]
을 선택하여 그린 후 [도형 채우기]와 [도형 윤곽선]을 [연한파랑]으로 지정한다.

❹ 타원을 선택하고 [Ctrl]키를 누른채 드래그하여 복사하거나 [Ctrl]+[D]를 이용하여 복제
한다.

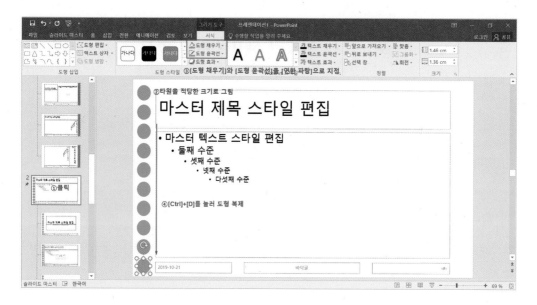

❺ [슬라이드 마스터] → [배경] 그룹 → [배경 스타일] → [배경 서식]을 클릭하여 [채우기]
를 [그라데이션 채우기]로 선택하고 [그라데이션 미리 설정]을 [밝은 그라데이션 – 강
조1], [종류]를 [선형], [방향]을 [선형 왼쪽]으로 지정한다.

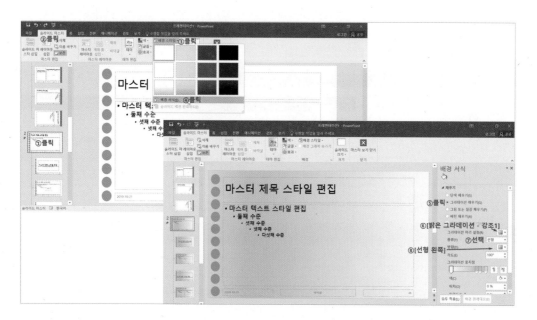

❻ 마스터 편집을 마치려면 [슬라이드 마스터] → [닫기] 그룹 → [마스터 보기 닫기]를 클릭한다. 또는 화면 보기 도구에서 [기본(▣)]을 클릭한다.

4.4.2 유인물 마스터

❶ [보기] → [마스터 보기] 그룹 → [유인물 마스터]를 클릭한다.

❷ [유인물 마스터] → [페이지 설정] 그룹 → [한 페이지에 넣을 슬라이드 수]를 클릭하고 목록에서 [4슬라이드(4)] 레이아웃을 선택한다.

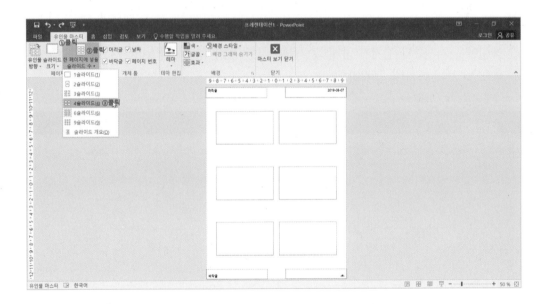

> **TIP** 유인물에 로고나 도형 등 다른 개체를 삽입하고자 할 때 슬라이드 수에 따른 위치를 참조해야 하므로 한 페이지에 넣을 슬라이드 수를 정한 후 로고나 도형을 삽입한다. 유인물 마스터에서 설정한 슬라이드 수는 저장되는 정보가 아니므로 유인물 인쇄 시 원하는 슬라이드 수를 다시 설정해주어야 한다.

❸ 그림을 삽입하려면 [삽입] → [이미지] 그룹 → [그림]을 클릭한다.

❹ 레이아웃 개체틀과 겹치지 않게 그림을 위치한 후, [유인물 마스터] → [닫기] 그룹 → [마스터 보기 닫기]를 클릭한다.

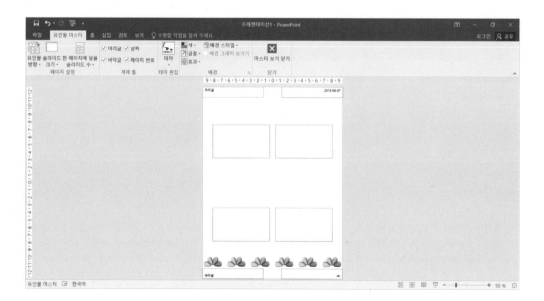

참고   **유인물 마스터**

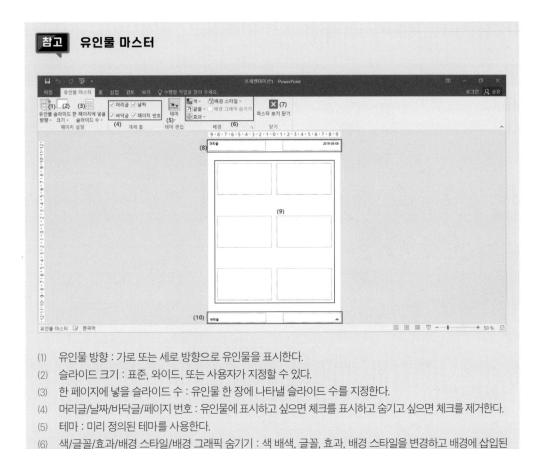

(1)   유인물 방향 : 가로 또는 세로 방향으로 유인물을 표시한다.

(2)   슬라이드 크기 : 표준, 와이드, 또는 사용자가 지정할 수 있다.

(3)   한 페이지에 넣을 슬라이드 수 : 유인물 한 장에 나타낼 슬라이드 수를 지정한다.

(4)   머리글/날짜/바닥글/페이지 번호 : 유인물에 표시하고 싶으면 체크를 표시하고 숨기고 싶으면 체크를 제거한다.

(5)   테마 : 미리 정의된 테마를 사용한다.

(6)   색/글꼴/효과/배경 스타일/배경 그래픽 숨기기 : 색 배색, 글꼴, 효과, 배경 스타일을 변경하고 배경에 삽입된
      개체를 숨기거나 표시한다.

(7)   마스터 보기 닫기 : 슬라이드 편집 상태로 전환된다.

(8)   머리글/날짜 : 유인물 마스터 페이지의 위쪽 영역에 표시된다. 왼쪽에는 머리글, 오른쪽에는 날짜 텍스트 개
      체틀이 표시된다.

(9)   레이아웃 개체틀 : 유인물에 나타낼 슬라이드 위치를 표시한다.

(10) 바닥글/페이지 번호 : 유인물 마스터 페이지의 아래쪽에 표시된다. 왼쪽에는 바닥글, 오른쪽에는 페이지 번
      호 텍스트 개체틀이 표시된다.

4.4.3 슬라이드 노트 마스터

슬라이드 노트 마스터를 이용하여 슬라이드 노트의 글꼴은 [HY 견고딕], [밑줄 문자]로 지
정하고 단락은 글머리 기호를 표시해보자.

❶ [보기] → [마스터 보기] 그룹 → [슬라이드 노트 마스터]를 클릭한다.

❷ 본문의 첫 번째 수준인 [마스터 텍스트 스타일 편집]을 범위 지정하고 [홈] → [글꼴] 그
룹에서 [HY견고딕]을 선택하고 [밑줄 문자]를 클릭한다.

❸ [홈] → [단락] 그룹에서 [글머리 기호]를 클릭한다.

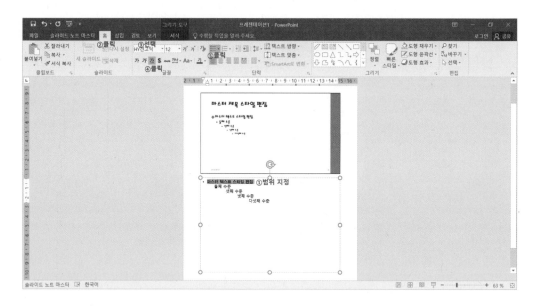

❹ [슬라이드 노트 마스터] → [닫기] 그룹 → [마스터 보기 닫기]를 클릭하여 마스터 편집
을 종료한다.

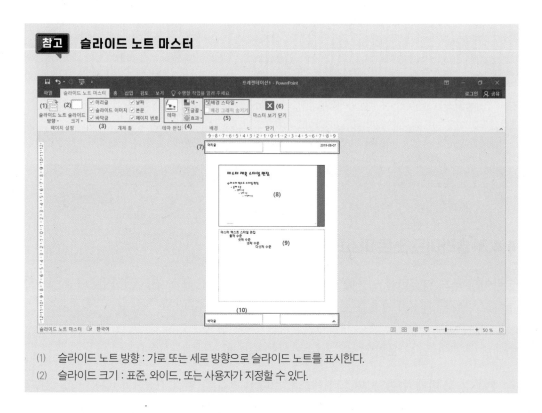

(1)   슬라이드 노트 방향 : 가로 또는 세로 방향으로 슬라이드 노트를 표시한다.
(2)   슬라이드 크기 : 표준, 와이드, 또는 사용자가 지정할 수 있다.

(3) 머리글/날짜/슬라이드 이미지/본문/바닥글/페이지 번호 : 슬라이드 노트에 표시하고 싶으면 체크를 표시하고 숨기고 싶으면 체크를 제거한다.

(4) 테마 : 미리 정의된 테마를 사용한다

(5) 색/글꼴/효과/배경 스타일/배경 그래픽 숨기기 : 색 배색, 글꼴, 효과, 배경 스타일을 변경하고 배경에 삽입된 개체를 숨기거나 표시한다.

(6) 마스터 보기 닫기 : 슬라이드 편집 상태로 전환된다.

(7) 머리글/날짜: 슬라이드 노트 마스터의 위쪽 영역에 표시된다. 왼쪽에는 머리글, 오른쪽에는 날짜 텍스트 개체틀이 표시된다.

(8) 슬라이드 이미지 : 슬라이드가 축소판 그림 형태로 표시된다.

(9) 본문 : 슬라이드 노트에 입력한 내용이 표시될 영역이다.

(10) 바닥글/페이지 번호 : 슬라이드 노트 마스터의 아래쪽 영역에 표시된다. 왼쪽에는 바닥글, 오른쪽에는 페이지 번호 텍스트 개체틀이 표시된다.

4.4.4 마스터 종료

마스터에서 지정한 서식을 사용하여 슬라이드를 작성하려면 반드시 마스터 편집을 종료하고 슬라이드 편집 모드로 되돌아와야 한다.

[슬라이드 마스터] → [닫기] 그룹 → [마스터 보기 닫기]를 클릭하거나 화면 보기 도구에서 [기본(回)]을 클릭하여 마스터를 종료한다.

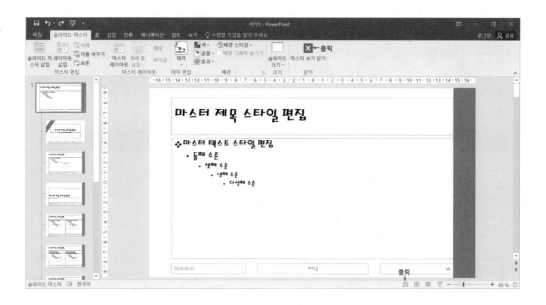

4.4.5 마스터 저장

마스터에서 편집한 서식을 저장하면 'potx' 파일 형식으로 저장된다.

[파일] → [다른 이름으로 저장]을 클릭한다. 파일 이름을 '서식1'로 입력하고 파일 형식은 [PowerPoint 서식 파일]을 선택한다. [저장]을 클릭한다.

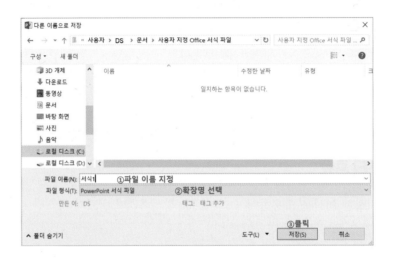

TIP potx 서식 파일의 저장 위치
C:\Users\〈사용자 이름〉\문서\사용자 지정 Office 서식 파일

참고 **테마 형식으로 저장**

작성한 슬라이드 마스터를 테마 파일로 저장할 수 있다.

❶ [디자인] → [테마] 그룹에서 자세히(⬇)를 클릭하여 목록에서 [현재 테마 저장]을 클릭한다.

❷ [현재 테마 저장] 창에서 파일 이름을 '테마1'로 입력한다. 파일 형식은 [Office 테마]로 지정되어 있는지 확인하고 [저장]을 클릭한다. 테마 파일은 '.thmx'형식으로 저장된다.

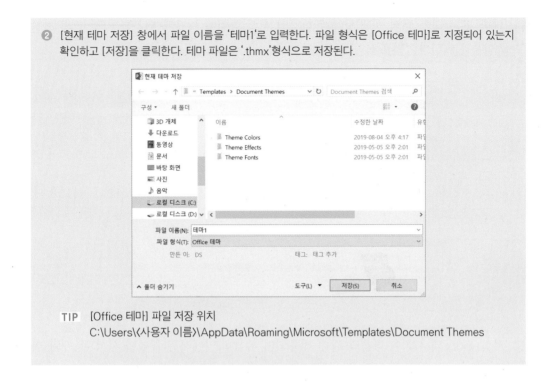

TIP [Office 테마] 파일 저장 위치
C:\Users\〈사용자 이름〉\AppData\Roaming\Microsoft\Templates\Document Themes

4.4.6 사용자 서식 파일 사용

1 기존의 파일에 적용

사용자가 작성한 디자인 서식 파일을 이미 작성되어있는 '미래를 여는 새로운 직업.pptx'에 적용해보자.

❶ '미래를 여는 새로운 직업.pptx'를 열고 [디자인] → [테마] 그룹에서 자세히(▾)를 클릭하여 목록에서 [테마 찾아보기]를 클릭한다.

❷ [테마 또는 테마 문서 선택]창에서 디자인 서식 파일이 저장된 위치를 지정한 후 서식
파일을 선택한다. [적용]을 클릭한다.

❸ '서식1.potx'의 서식이 다음과 같이 적용되며 서식 파일에서 만들었던 서식 두 개와 현
재 사용 중인 서식이 [디자인] → [테마] 그룹의 갤러리에 표시된다.

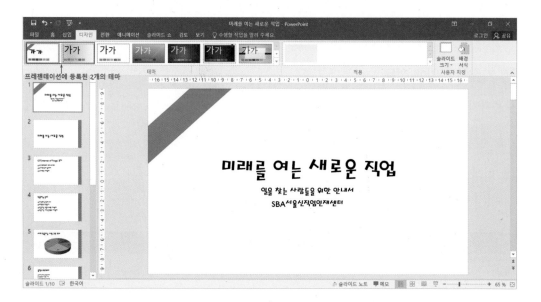

참고 **하나의 프레젠테이션에 여러 서식 적용**

'미래를 여는 새로운 직업.pptx'를 열고 [Shift]를 누른 채 슬라이드8~10을 선택한다. [디자인] → [테마] 그룹에서 두 번째로 적용할 스타일을 클릭한다.

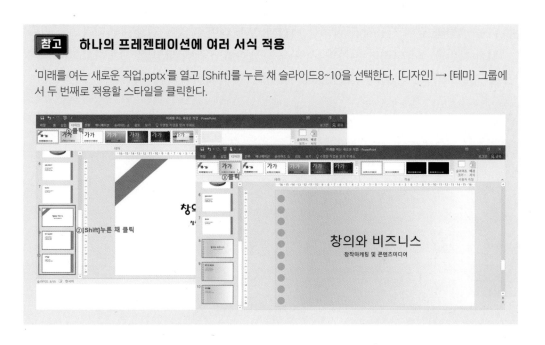

2 새로 만들기에서 사용자 지정 서식 파일 적용

① 프레젠테이션 창에서 [파일] → [새로 만들기]를 클릭한 후 [새로 만들기] 창에서 [사용자 지정]이나 [개인]을 클릭한다.

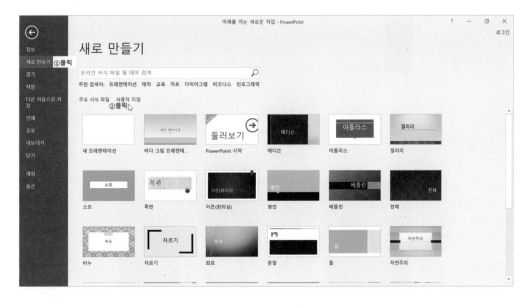

TIP 마스터를 [Office 테마] 형식으로 저장하면 [새로 만들기] 창의 [주요 서식 파일]에 [사용자 지정]으로 표시되고 [PowerPoint 서식 파일]형식으로만 저장하면 [개인]으로 표시된다.

❷ 다음 그림과 같이 사용자가 작성한 서식 파일과 테마 파일이 저장된 폴더가 나타난다.
서식 파일을 적용하려면 왼쪽의 [사용자 지정 Office 서식 파일]을 클릭하고 테마 파일
을 적용하려면 오른쪽의 [Document Themes]를 클릭한다.

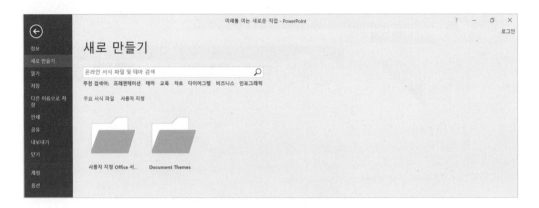

❸ 다음과 같이 폴더가 열리고 저장된 파일이 나타나면 파일을 클릭한다.

[사용자 지정 Office 서식 파일]

❹ [만들기]를 클릭한다.

[사용자 지정 Office 서식 파일]

❺ 서식이 적용된 새 프레젠테이션 창이 나타난다.

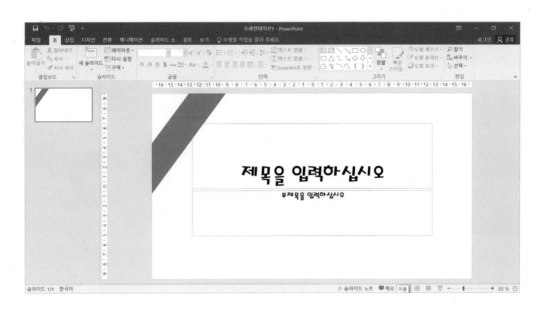

기본 개인 서식 파일 위치 확인

[파일] → [옵션] → [저장]을 클릭한다. [프레젠테이션 저장]의 [기본 개인 서식 파일 위치]에 서식 파일의 저장 위치를 확인할 수 있다.

기본 프로젝트 **테마를 이용한 프레젠테이션 작성하기**

'식재료관리.pptx'를 이용하여 테마를 적용해보자.

STEP 1 테마 적용하기

[디자인] → [테마] 그룹에서 자세히(▾)를 클릭하여 목록에서 [배지] 테마를 클릭한다.

STEP 2 테마 색 변경하기

[디자인] → [적용] 그룹에서 자세히(▾)를 클릭하여 목록에서 [색]을 클릭한 후 [녹색]을 클릭한다.

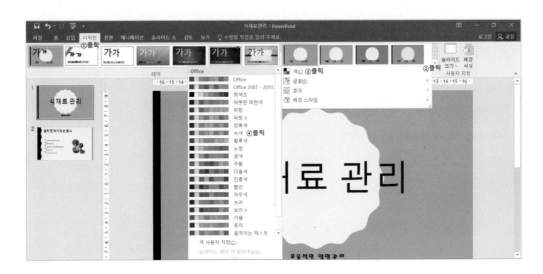

STEP 3 글꼴 변경하기

[디자인] → [적용] 그룹에서 자세히(▾)를 클릭하여 목록에서 [글꼴]을 클릭한 후 [HY얇은샘물 T]를 클릭한다.

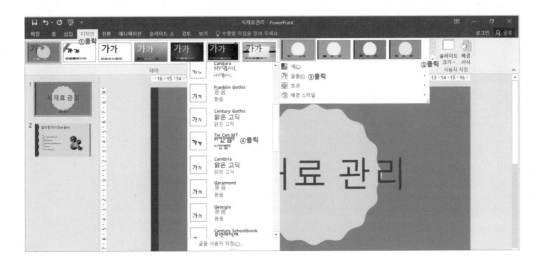

STEP 4 슬라이드 번호 및 바닥글 삽입하기

❶ [삽입] → [텍스트] 그룹–[머리글/바닥글]을 클릭한다.

❷ [머리글/바닥글]에서 [슬라이드 번호],
[바닥글]에 체크를 표시하고 [바닥글] 입
력란에 '식재료관리'라 입력한다. [제목
슬라이드에는 표시 안 함]에 체크를 표
시하고 [모두 적용]을 클릭한다.

STEP 5 슬라이드 노트 작성하기

슬라이드2를 선택하고 [슬라이드 노트]를 클릭하여 내용을 입력한다.
'양파는 갈아서 얼음 틀에 얼려 설탕 대신 단맛을 주는 용도로 사용하면 좋다.'

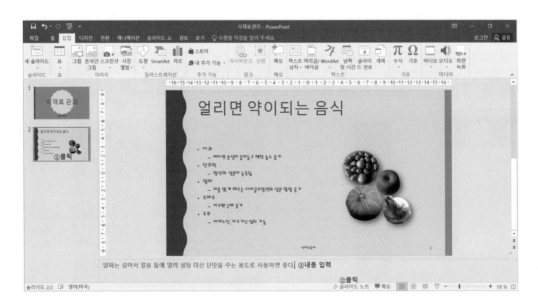

STEP 6 저장하기

[파일] → [저장]을 클릭한다.

기본 프로젝트   **마스터를 이용한 프레젠테이션 작성하기**

다음 슬라이드를 작성해보자.

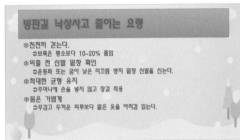

1 마스터 설정하기

STEP 1   슬라이드 마스터 편집하기

❶ 파워포인트를 실행한 후 [보기] → [마스터 보기] 그룹 → [슬라이드 마스터]를 선택한다.

❷ [슬라이드 마스터] 탭에서 [Office 테마 슬라이드 마스터]를 클릭한 후 [배경] 그룹에서 [배경 스타일] → [배경 서식]을 클릭한다.

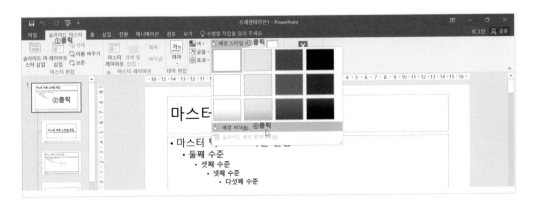

❸ [배경 서식] 창이 나타나면 [채우기] → [그림 또는 질감 채우기]에서 [파일] 버튼을 클릭한다.

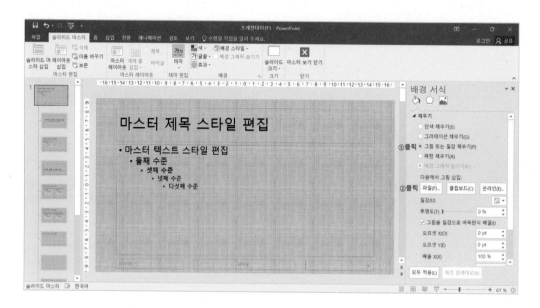

❹ [그림 삽입] 창에서 '겨울풍경.png'를 선택한다.

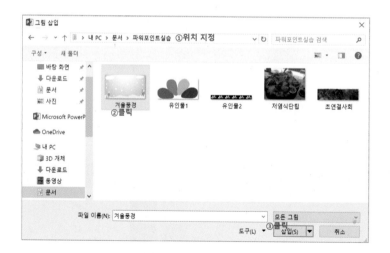

❺ [투명도]는 '65%'로 지정한다.

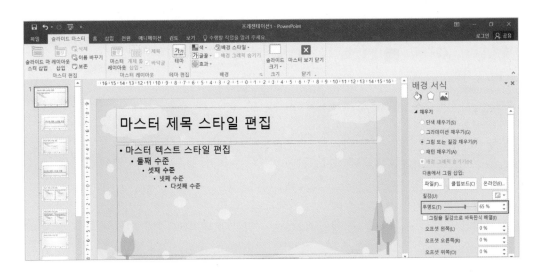

❻ [삽입] → [일러스트레이션] 그룹 → [도형] → [직사각형]을 클릭한다.

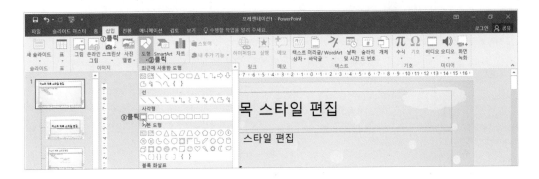

❼ [직사각형] 도형을 제목 텍스트 개체틀 위에 그린 후 [그리기 도구] → [서식] → [크기] 그룹에서 [높이]를 '4cm', [너비]를 '30cm'로 지정한다.

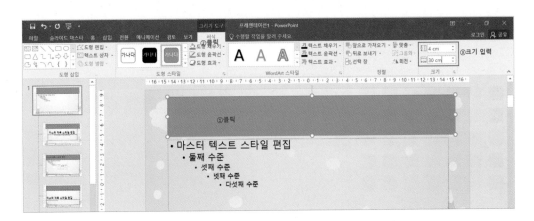

❽ [그리기 도구] → [서식] → [정렬] 그룹 → [맞춤] → [가운데 맞춤]을 클릭한다.

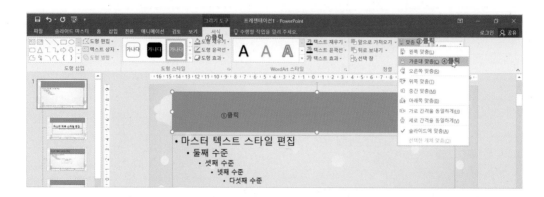

❾ [그리기 도구] → [서식] → [정렬] 그룹 → [뒤로 보내기] → [맨 뒤로 보내기]를 클릭한다.

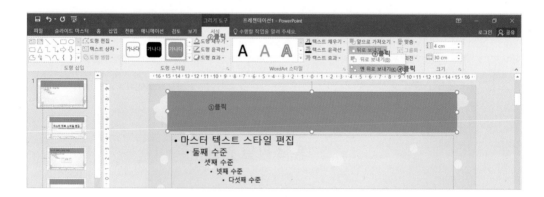

❿ [그리기 도구] → [서식] → [도형 스타일] 그룹에서 자세히(▾)를 클릭하여 [미세효과-파랑, 강조 5]를 선택한다.

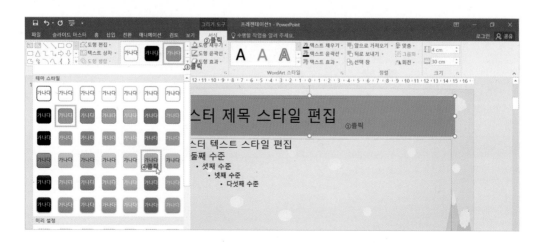

⓫ 텍스트 개체틀만 모두 선택한다. 단축키 [Ctrl] + [A]를 눌러 모든 개체를 선택하고, [Shift]를 누른 채 [직사각형]을 클릭하면 텍스트 개체틀만 선택할 수 있다.

⓬ [홈] → [글꼴] 그룹에서 [휴먼모음T]를 클릭하면 제목, 텍스트, 날짜, 바닥글, 슬라이드 번호의 글꼴이 한 번에 바뀐다.

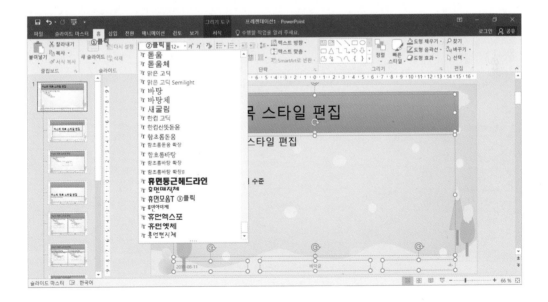

⑬ [홈] → [글꼴] 그룹 → [글꼴 색]을 [파랑]으로 지정한다.

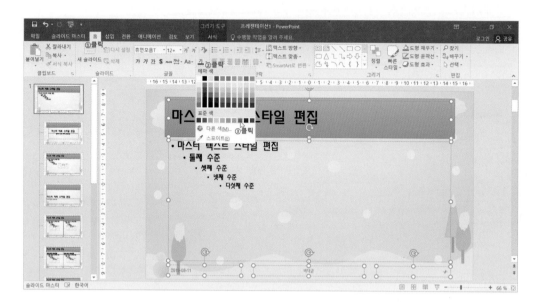

⑭ [그리기 도구] → [서식] → [WordArt 스타일] 그룹에서 [텍스트 윤곽선]을 선택한 후 목록에서 [파랑]을 클릭한다.

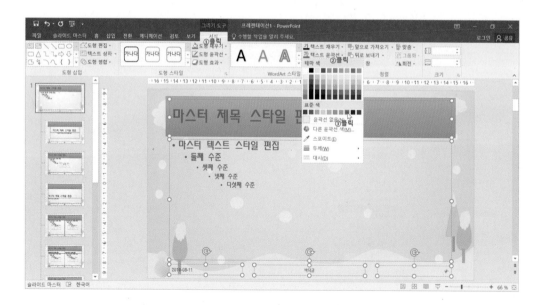

⑮ 제목 텍스트 개체 틀을 선택하고 [그리기 도구] → [서식] → [WordArt 스타일] 그룹 → [텍스트 효과] → [네온] → [네온 옵션]을 선택한다.

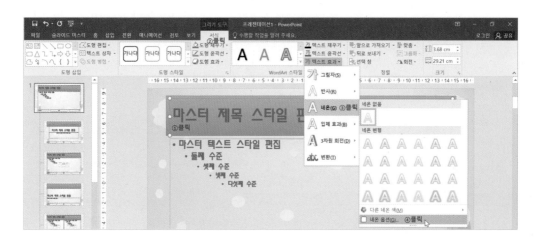

⑯ [색]을 [파랑], [크기]는 '10pt', [투명도]는 '70%'로 지정한다.

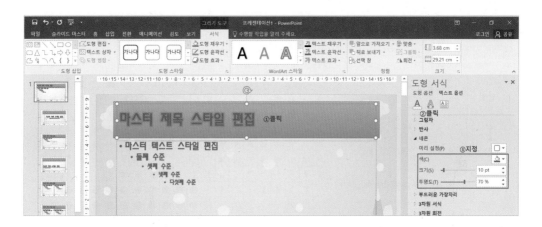

⑰ [홈] → [글꼴] 그룹에서 [글꼴 크기]는 '42pt'로 지정한다.

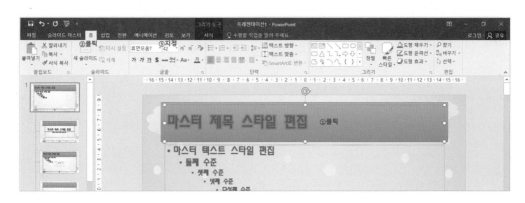

⓲ 제1 수준을 선택하고 [홈] → [단락] 그룹 → [글머리기호]의 목록 단추를 클릭하여 [글머리 기호 및 번호 매기기]를 선택한다.

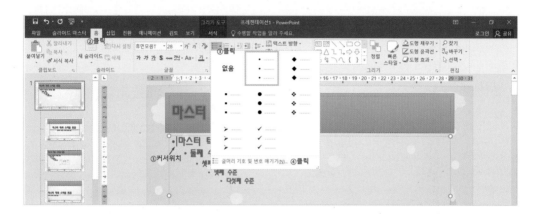

⓳ [글머리 기호 및 번호 매기기]에서 [사용자 지정]을 클릭한다. [기호] 창에서 [글꼴]을 [Segoe UI Symbol], [하위 집합]은 [딩뱃 기호]로 선택한다. '❄'(문자코드 2744, 유니코드 16진수)를 선택한다.

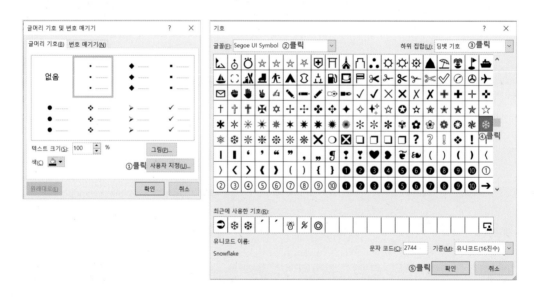

⓴ 같은 방법으로 제2수준의 글머리 기호는 [글꼴]을 [Wingdings], '➲'(문자코드 00DC, 16진수)로 지정한다.

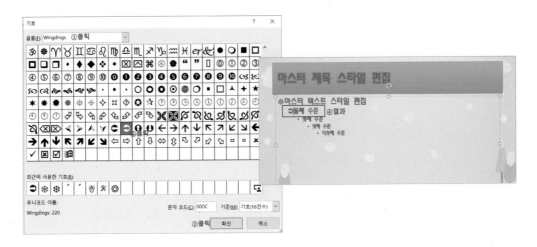

STEP 2 **배경 그래픽 숨기기**

슬라이드 마스터에서 삽입한 도형은 모든 슬라이드에 표시되므로 특정 슬라이드에서 숨기고 싶을 때는 레이아웃 마스터에서 숨겨주면 된다.

[슬라이드 마스터]탭을 클릭하여 [제목 슬라이드 레이아웃]을 클릭한다. [배경] 그룹의 [배경 그래픽 숨기기]를 클릭하여 체크를 표시하면 슬라이드 마스터에서 삽입했던 [직사각형] 도형이 [제목 슬라이드]에서만 숨겨진다.

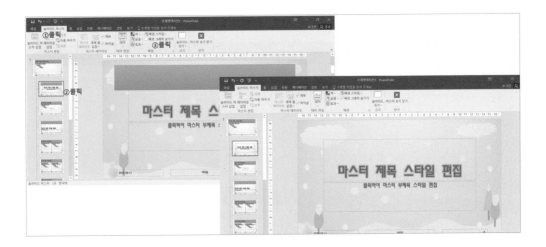

STEP 3 마스터 종료하기

화면 보기 도구에서 [기본(🔲)]을 클릭하거나 [슬라이드 마스터] → [닫기] 그룹 → [마스터 보기 닫기]를 클릭하여 [슬라이드 마스터] 편집을 종료한다.

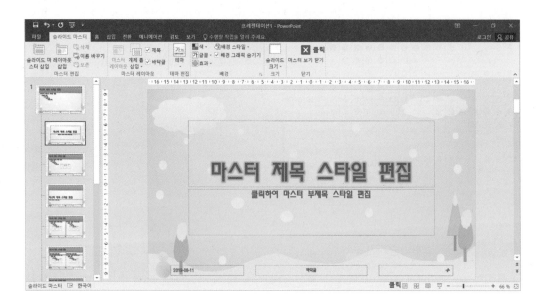

2 슬라이드 작성하기

STEP 1 제목 슬라이드 작성하기

제목 슬라이드를 선택하고 제목 텍스트 상자와 부제목 텍스트 상자에 내용을 입력한다.

STEP 2 제목 및 내용 슬라이드 작성하기

❶ [홈] → [슬라이드] 그룹 → [새 슬라이드]에서 [제목 및 내용]을 선택한다.

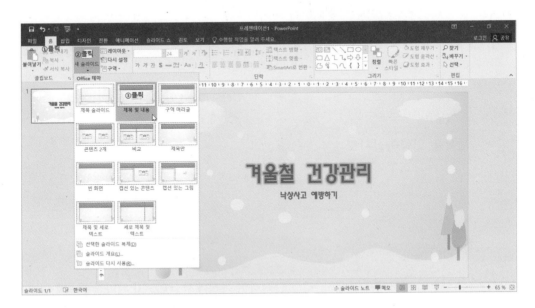

❷ 두 번째 슬라이드가 삽입되면 내용을 입력한다.

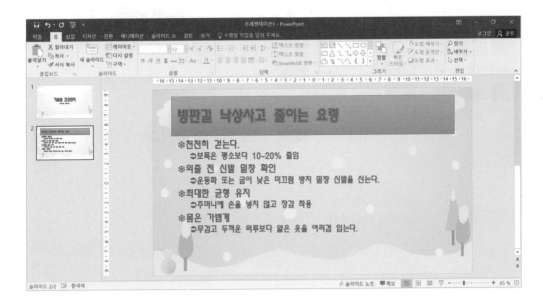

STEP 3 저장하기

프레젠테이션을 '겨울철건강관리.pptx'로 저장한다.

서식 파일 만들기

다음과 같은 서식 파일을 만들고 '서식2.potx'로 저장해보자.

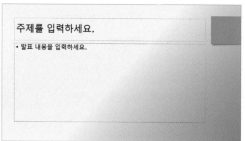

STEP 1 테마 적용하기

[디자인] → [테마] 그룹에서 자세히(▾)를 클릭하여 목록에서 [베를린] 테마를 클릭한다.

STEP 2 테마 배경 스타일 변경하기

[디자인] → [적용] 그룹에서 자세히(▾)를 클릭하여 목록에서 [배경 스타일]을 클릭하여 [스타일 10]을 클릭한다.

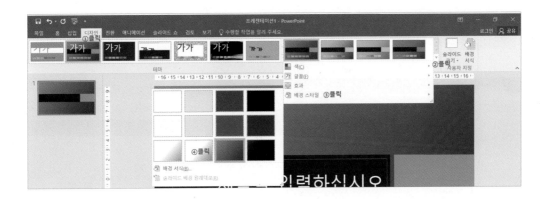

STEP 3   슬라이드 마스터 편집하기

❶ [보기] → [마스터 보기] 그룹 → [슬라이드 마스터]를 선택한다.

❷ [제목 슬라이드 레이아웃], [제목 및 내용 레이아웃], [제목만 레이아웃], [빈 화면 레이
   아웃] 만 사용하기 위해 이를 제외한 모든 레이아웃을 선택하고 [슬라이드 마스터] →
   [마스터 편집] 그룹 → [삭제]를 클릭한다.

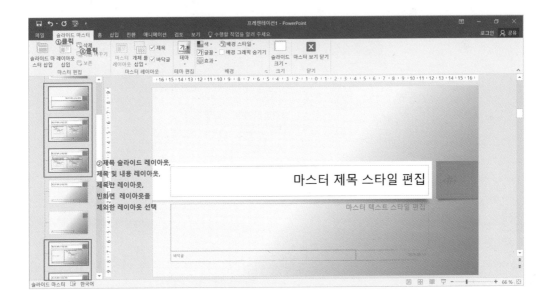

❸ [슬라이드 마스터] 탭에서 [빈 화면 레이아웃]을 클릭하고 [마스터 레이아웃] 그룹-[제목]을 클릭하면 제목 텍스트 상자가 표시된다.

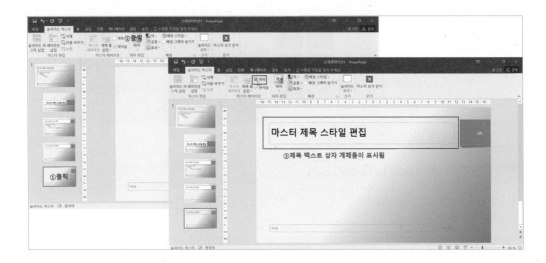

❹ [마스터 레이아웃] 그룹 → [개체 틀 삽입] → [텍스트]를 클릭하여 빈 곳에 대각선 방향으로 드래그한다.

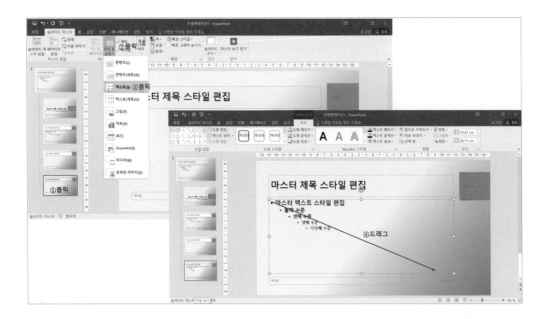

❺ 제목 텍스트 개체틀의 [마스터 제목 스타일 편집]을 지우고 '주제를 입력하세요'라 입력한다.

❻ 텍스트 개체틀의 [마스터 텍스트 스타일 편집]을 지우고 '발표 내용을 입력하세요'라 입력한다.

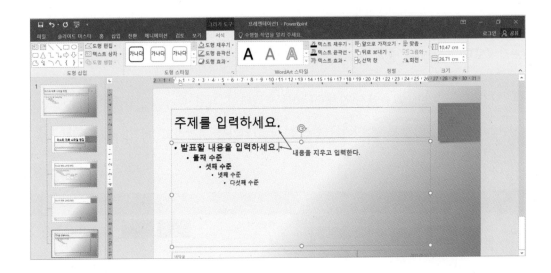

STEP 4 **STEP 4** 마스터 종료하기

[슬라이드 마스터] 탭의 [닫기] 그룹에서 [마스터 보기 닫기]를 클릭하여 마스터 편집을 종료한다.

STEP 5 서식 파일 저장하기

❶ [파일] → [저장] → [찾아보기]를 클릭한다.

❷ [다른 이름으로 저장]에서 [파일 형식]은 [PowerPoint 서식 파일]을 선택한다. [파일 이름]에 '서식2'를 입력하고 [저장]을 클릭한다.

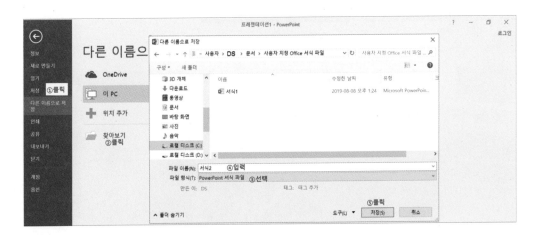

STEP 6 서식 파일 적용하기

'기상정보활용.pptx'를 열고 '서식2.potx'을 적용해보자.

❶ [디자인] → [테마] 그룹에서 자세히(▾)를 클릭하여 [테마 찾아보기]를 클릭한다.

❷ [테마 또는 테마 문서 선택]에서 서식 파일의 위치를 지정하고 '서식2.potx'를 클릭 후
[열기]를 클릭한다.

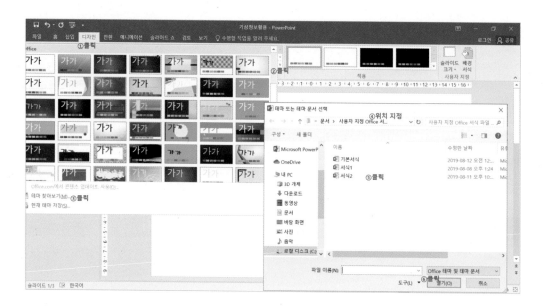

STEP 7 슬라이드 작성하기

❶ [홈] → [슬라이드] 그룹 → [새 슬라이드]를 클릭하면 **STEP 3** 에서 편집한 슬라이드
레이아웃이 나타난다. [빈 화면] 레이아웃을 클릭한다.

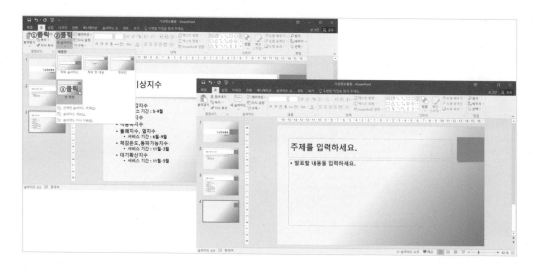

❷ 제목 텍스트 개체와 텍스트 개체에 내용을 입력한다.

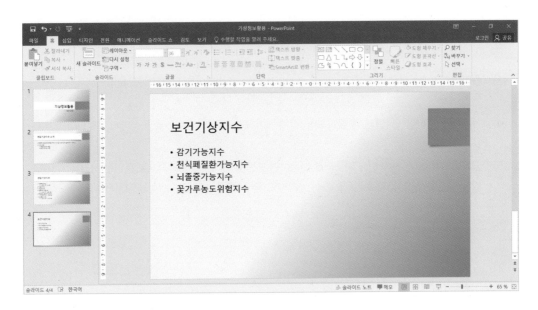

(1)　테마 : [디자인] → [테마] 그룹에서 원하는 테마를 선택한다.

(2)　슬라이드 번호 및 바닥글 삽입 : [삽입] → [텍스트] 그룹 → [머리글/바닥글]을 클릭한다.

(3)　슬라이드 노트 : [보기] → [프레젠테이션 보기] 그룹 → [슬라이드 노트]를 클릭한다.

(4)　[유인물] : [파일] → [인쇄]를 클릭하여 [전체 페이지 슬라이드]의 유인물 목록에서 선택한다.

(5)　슬라이드 마스터 : 슬라이드 마스터를 이용하면 모든 슬라이드에 일괄적으로 동일한 서식을 지정할 수 있다. [보기] → [마스터 보기] 그룹 → [슬라이드 마스터]를 선택하여 서식을 지정한다.

■ 테마 바꾸기

파워포인트를 실행하고 다음과 같이 테마를 변형해보자.

[원본 테마]

[완성 결과]

작성 조건

※ 언급이 없는 내용은 그림을 참고하여 지정한다.

1. [자연주의] 테마 서식을 적용한다.

2. [디자인] → [적용] 그룹에서 4번째 모양을 선택한다.

3. 슬라이드 마스터와 제목 슬라이드 레이아웃에 [입체 무광택, 흰색] 그림 스타일을 적용
   한다.

4. '기본서식.potx'로 저장한다.

■ 슬라이드 작성하기

앞에서 작성한 '기본서식.potx'서식을 이용하여 다음 슬라이드를 작성한다.

작성 조건

※ 언급이 없는 내용은 그림을 참고하여 지정한다.

1. 슬라이드 바닥글에 '기상용어'라 입력하고 슬라이드 번호를 표시한다. 제목 슬라이드에는 표시하지 않는다.
2. 슬라이드 노트에 '기상 특보는 기상법에 의해 기상청에서만 발표할 수 있다.'를 입력한다.
3. '기상용어.pptx'로 저장한다.

응용실습문제

■ 마스터를 이용한 슬라이드 작성하기

※ 다음 프레젠테이션을 참고하여 여름철 건강 관리에 대한 내용을 주제로 자유롭게 프레젠테이션을 작성해보자. 반드시 슬라이드 마스터를 이용하여 작성하도록 하고 '여름철건강관리.pptx'로 저장한다.

[슬라이드1]

[슬라이드2]

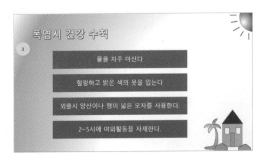

[슬라이드3]

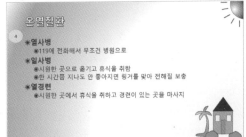

[슬라이드4]

작성 조건

※ 언급이 없는 내용은 그림을 참고하여 지정한다.

1. 슬라이드 마스터에 다음을 적용한다.
   (1) 배경 서식 : 그라데이션 채우기
      - 그라데이션 종류 : 방사형, 방향 : 오른쪽 아래 모서리에서
      - 중지점1 : 위치 0%, 색 – [흰색, 배경 1]
      - 중지점2 : 위치 55%, 색 – [흰색, 배경 1]
      - 중지점3 : 위치 90%, 색 – RGB(251, 164, 105)
      - 중지점4 : 위치 100%, 색 – [흰색, 배경 1]
   (2) 그림 삽입 : '여름배경.png', 오른쪽 맞춤

(3) 제목 텍스트
- 워드아트 스타일 : [채우기–흰색, 윤곽선–강조 2, 진한 그림자–강조 2]
- 글꼴 크기 : 40pt

(4) 첫 번째 수준의 글꼴
- 글꼴 색 : [주황, 강조 2, 25% 더 어둡게], 굵게

(5) 첫 번째 수준의 글머리 기호 (☀)
- 글꼴 : Segoe UI Symbol, 하위집합 : 기타 기호, 문자코드 : 2600, 유니코드(16진수)

(6) 두 번째 수준의 글꼴
- 글꼴 색 : [주황, 강조2, 25% 더 어둡게]

(7) 두 번째 수준의 글머리 기호 (◉)
- 글꼴 : Segoe UI Symbol, 하위집합 : 도형 기호, 문자코드 : 25C9, 유니코드(16진수)

(8) 슬라이드 번호 개체틀
- 그림의 위치로 옮긴다.
- 글꼴 색 : [주황, 강조 2], 글꼴 크기 24pt, 굵게
- 타원 모양으로 표시, 채우기 색 : [주황, 강조 2, 80% 더 밝게]

2. [제목 슬라이드] 레이아웃에서 다음과 같이 지정한다.
   (1) 부제목 텍스트 글꼴 색 : [주황, 강조 2, 25% 더 어둡게]
   (2) 슬라이드 번호 개체틀은 표시하지 않는다.

3. 서식을 '테마2.thmx'로 저장한다.

4. 슬라이드를 작성한다.
   (1) '테마2.thmx'를 적용한다.
   (2) 슬라이드1은 [제목 슬라이드]를 사용한다.
   (3) 슬라이드2~3은 [제목만] 슬라이드를 사용한다.
   (4) 슬라이드4는 [제목 및 내용] 슬라이드를 사용한다.
   (5) 제목 슬라이드를 제외한 모든 슬라이드에 슬라이드 번호를 표시한다.

5

표 및 차트

CHAPTER 5

학습목표

- 표를 삽입하고 편집하는 방법에 대해 알아보자.
- 차트를 삽입하고 편집하는 방법에 대해 알아보자

5.1   표

표는 데이터를 행과 열에 맞춰 정리한 것으로, 많은 내용을 일목요연하게 분류해서 나타낼 때 유용하게 사용한다.

5.1.1 표 삽입 및 크기 조정

1 표 삽입

슬라이드에 [4x6 표]를 삽입해보자.

❶ [삽입] → [표] 그룹 → [표] 목록 단추를 클릭, [4x6 표] 셀의 개수만큼 마우스로 드래그하여 선택한다.

❷ 슬라이드에 표가 바로 삽입된다.

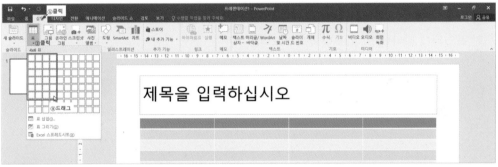

참고   [표 삽입] 창 이용

❶ [삽입] → [표] 그룹 → [표 삽입]을 클릭한다.
❷ [표 삽입] 창에서 [열 개수]는 '4', [행 개수]는 '6'을 입력하면 [4x6 표]가 삽입된다.

2 표 크기 조정

삽입한 표는 마우스로 크기를 변경하거나 [표 도구] → [레이아웃] → [표 크기] 그룹에서
[높이], [너비]를 지정하여 변경한다. 마우스를 이용하여 삽입한 표의 크기를 변경하고 열
너비와 행 높이도 조절해보자.

■ 표 전체 크기 조정

표의 오른쪽 아래 크기 조정 핸들로 커서를 이동하여 포인터가 ⬉로 바뀌면 드래그 한다.

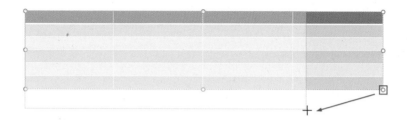

■ 열 너비와 행 높이 조정

열이나 행의 크기를 변경하려면 셀 구분선으로 포인터를 이동하여 포인터가 ╪나 ╫로 바
뀌면 포인터에 나타난 화살표 방향으로 드래그 한다.

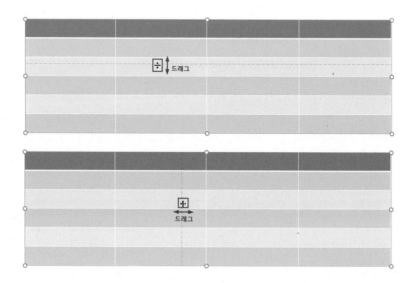

3 표 이동

표 테두리를 클릭하여 표를 선택한다. 마우스 포인터가 🕂로 바뀌면 원하는 위치로 드래그
하여 표를 이동한다.

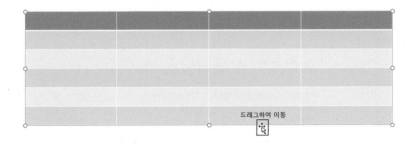

5.1.2 표 편집

1 행과 열 삽입/삭제

표에서 행과 열을 추가로 삽입하거나 삭제할 수 있다. 현재 위치한 커서를 기준으로 위, 아
래, 왼쪽, 오른쪽에 행과 열을 삽입하거나 현재 위치한 커서의 행과 열을 삭제한다. 새로운
열을 삽입하고 행을 삭제해보자.

❶ 셀에 커서를 옮긴 후, [표 도구] → [레이아웃] → [행 및 열] 그룹 → [오른쪽에 삽입]을
클릭한다.

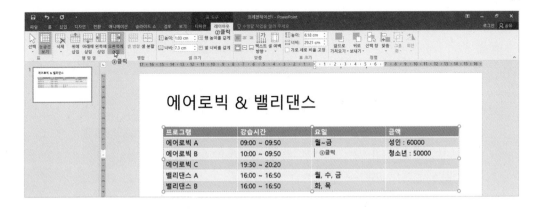

❷ '요일' 열 오른쪽에 새로운 열이 삽입된다.

❸ '밸리댄스 B' 행을 클릭, [표 도구] → [레이아웃] → [행 및 열] 그룹 → [삭제] → [행 삭제]를 클릭하여 행을 삭제한다.

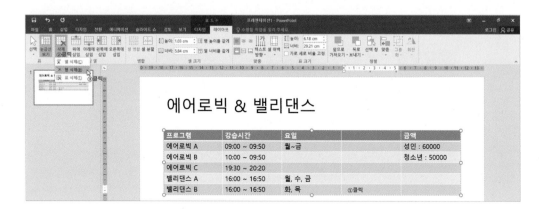

2 셀 병합/분할

셀을 하나로 병합하거나 여러 개의 셀로 분할할 수 있다. 여러 개의 셀을 병합해보고 병합한 셀을 분할해보자.

❶ 병합하고자 하는 셀을 범위로 지정한다.

❷ [표 도구] → [레이아웃] → [병합] 그룹에서 [셀 병합]을 선택한다.

❸❹ 같은 방법으로 셀을 병합한다.

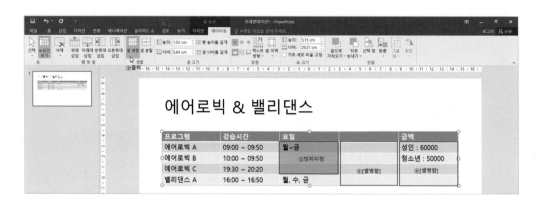

❺ 분할하려는 셀을 클릭한다.

❻ [표 도구] → [레이아웃] → [병합] 그룹에서 [셀 분할]을 클릭한다.

❼ [셀 분할] 창에서 [열 개수]는 '1', [행 개수]는 '2'를 입력하여 2행으로 나눈다.

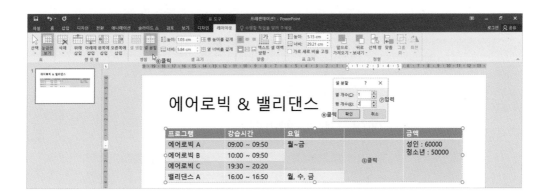

❸ 표의 데이터 정렬

셀 안의 데이터는 가로 또는 세로 방향으로 위치를 정렬할 수 있다. 데이터를 [가운데 맞춤], [세로 가운데 맞춤]으로 정렬해보자.

➊ 표를 선택하고, [표 도구] → [레이아웃] → [맞춤] 그룹에서 [가운데 맞춤], [세로 가운데 맞춤]을 클릭한다.

➋ 데이터가 가운데 맞춤으로 정렬된다.

❹ 행 높이를 같게/열 너비를 같게

여러 개의 행 높이나 열 너비를 한 번에 일치시키고자 할 때 [행 높이를 같게], [열 너비를 같게] 메뉴를 이용한다. 표 전체에 적용할 수도 있고, 범위를 지정하여 적용할 수도 있다.

❶ 범위를 지정하고 [표 도구] → [레이아웃] → [셀 크기] 그룹에서 [열 너비를 같게]를 클릭한다.

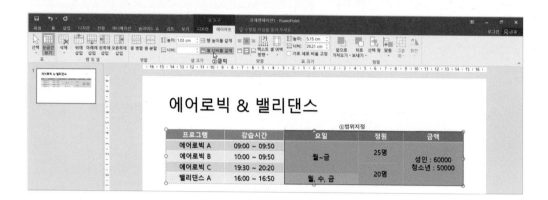

❷ 선택한 셀들은 열 너비가 같아진다.

5.1.3 표 꾸미기

1 표 스타일 및 표 스타일 옵션

파워포인트에서 기본적으로 제공하는 표 스타일과 표 스타일 옵션을 이용하면 손쉽게 표를 꾸밀 수 있다. 표 스타일과 표 스타일 옵션을 지정해보자.

■ 표 스타일

표를 선택한 후 [표 도구] → [디자인] → [표 스타일] 그룹에서 자세히(▾)를 클릭하여 [밝은 스타일1 – 강조4]를 목록에서 선택한다.

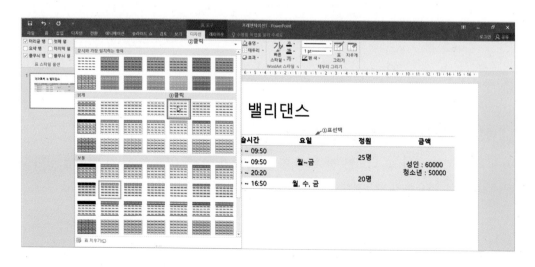

■ 표 스타일 옵션

표 스타일 옵션은 머리글 행이나 첫째 열과 같이 표의 특정 부분을 강조하여 표시하는 기능이다. 표 스타일에서 적용한 스타일에 따라 강조되는 색상과 형태가 달라진다.

[표 도구] → [디자인] → [표 스타일 옵션] 그룹에서 [머리글 행], [첫째 열], [줄무늬 열] 항목을 선택한다.

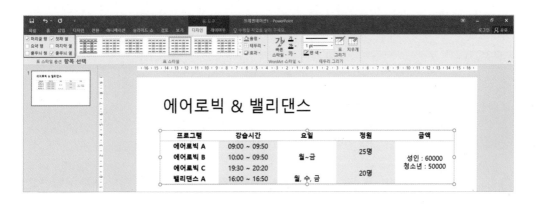

참고 표 서식 지우기

표를 선택하고 [표 도구] → [디자인] → [표 스타일] 그룹에서 자세히(▼)를 클릭한다. 목록에서 [표 지우기]를 선택한다. 적용한 표서식이 삭제된다.

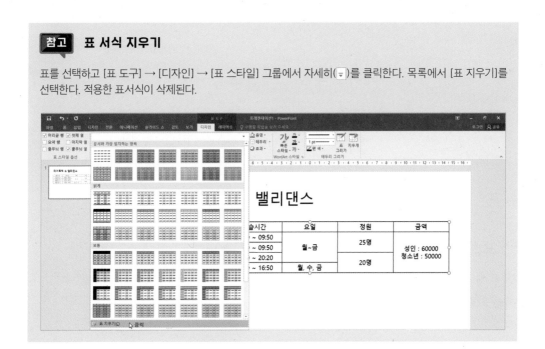

2 테두리 스타일 지정

표 또는 셀의 테두리를 변경하려면 펜 스타일, 펜 두께, 펜 색을 선택하고 선을 마우스로 다시 그려 주거나 표 스타일 그룹의 [테두리]를 선택하여 목록에서 모양을 선택한다. 테두리의 두께와 색을 변경하여 테두리를 지정해보자.

❶ 표 전체를 범위로 지정한다. [표 도구] → [디자인] → [테두리 그리기] 그룹에서 [펜 두께]는 [0.75 pt], [펜 색]은 [황금색, 강조4, 60% 더 밝게]를 선택한다.

❷ [표 도구] → [디자인] → [표 스타일] 그룹– [테두리] → [안쪽 가로 테두리]를 클릭한다.

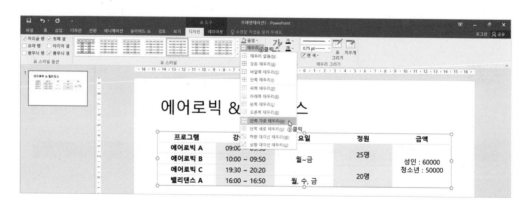

❸ 표의 안쪽 가로 테두리 모양이 적용된다.

3 표 또는 셀 채우기

표나 셀에는 테마 색, 그림, 그라데이션, 질감, 표 배경 등 다양한 서식을 지정할 수 있다. 머리글 행의 색을 변경해보자.

❶ 머리글 행을 범위로 선택하고, [표 도구] → [디자인] → [표 스타일] 그룹 → [음영] → [황금색, 강조4, 40% 더 밝게]를 선택한다.

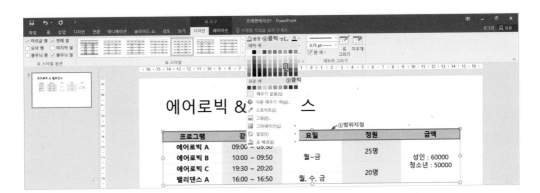

❷ 머리글 행의 색이 변경된다.

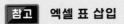

참고   엑셀 표 삽입

❶ 엑셀 프로그램을 실행하고 복사할 범위를 지정한 후, 마우스 오른쪽 버튼을 클릭하고 [복사]를 클릭한다.

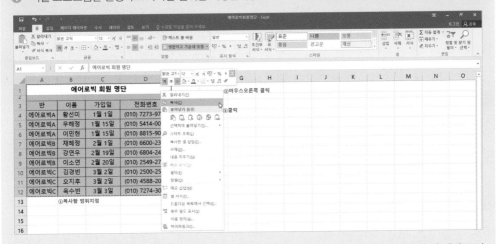

❷ 파워포인트의 슬라이드에서 [홈] → [클립보드] 그룹의 [붙여넣기]를 클릭한다. [붙여넣기 옵션]에서 표의 속성을 선택하여 붙여넣기 할 수 있다.

(1) 대상 스타일 사용 : 해당 파워포인트 슬라이드의 서식을 사용하여 붙여넣기 한다.

(2) 원본 서식 유지 : 원본 엑셀 서식을 사용하여 붙여넣기 한다.

(3) 포함 : 추후에 엑셀에서 편집할 수 있는 형태로 붙여넣기 한다.

(4) 그림 : 엑셀에서 편집할 수 없는 그림의 형태로 붙여넣기 한다.

(5) 텍스트만 유지 : 모든 데이터를 단일 텍스트 상자로 붙여넣기 한다.

(6) [선택하여 붙여넣기]의 [연결하여 붙여넣기] : 엑셀 데이터가 파워포인트 프레젠테이션에 연결되어 엑셀의 데이터가 수정되면 슬라이드의 표에도 변경 내용이 적용된다.

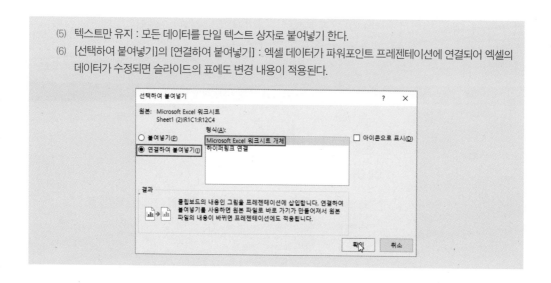

5.2 차트

차트란 수치 데이터를 한눈에 보기 쉽게 나타낸 그래프나 다이어그램을 말한다. 전달하고자 하는 내용을 시각적으로 표현하여 데이터의 변화, 흐름, 유형 등을 분석할 때 유용하게 쓰인다.

5.2.1 차트 종류와 구성요소

1 차트 종류

차트 종류에는 세로 막대형, 꺾은선형, 원형, 가로 막대형, 영역형, 분산형, 주식형, 표면형, 방사형, 콤보 차트 등이 있다. 파워포인트 2016에서는 트리맵, 선버스트, 히스토그램, 상자 수염 그림, 폭포 등의 새로운 차트가 추가되었다. 각 차트의 특징을 이해하고 주어진 데이터로부터 표현하고자 하는 용도에 적합한 차트를 선택한다.

차트 종류	차트 설명	
세로 막대형	데이터의 변동 추이나 항목별 비교를 나타내는 데 적합하다.	
꺾은선형	연속적인 변동 과정을 표현할 수 있어서 시간에 따른 데이터의 추세를 나타내는 데 적합하다.	
원형	한 열이나 한 행에만 적용 가능하며, 전체 대비 각 데이터의 비율을 표현하고자 할 때 사용한다.	
가로 막대형	표현할 데이터가 기간이나 진행률을 나타내는 경우, 또는 축 레이블이 긴 경우에 사용한다.	
영역형	데이터의 추세를 나타낼 때 변동의 크기를 강조하는 용도로 사용한다.	
분산형	좌표 위치(X, Y)에 점 또는 거품을 표시하여 데이터의 분포 상태를 나타내고자 할 때 사용한다.	
주식형	주가의 흐름을 파악하고자 할 때 사용한다.	
표면형	두 데이터 집합 간의 최적 조합을 찾고자 할 때 사용한다.	

차트 종류	차트 설명	
방사형	여러 데이터 계열의 집계 값을 비교할 때 사용한다.	
트리맵	데이터 값을 직사각형 영역으로 표시하며 계층 구조 내에서 상대적인 비율을 나타내기에 적합하다.	
선버스트	계층 구조 데이터를 동심 원형의 고리로 표시하며 계층 구조의 각 수준을 나타내기에 적합하다.	
히스토그램	빈도 데이터를 보여주는 세로 막대형 차트이다.	
상자 수염 그림	데이터 분포를 사분위수로 나타내며 평균 및 이상 값을 강조하여 표시한다.	
폭포	일련의 양수 및 음수의 누적효과를 나타낸다. 순차적인 값의 누적 효과를 표시하는 데 사용한다.	
콤보	데이터 계열 별로 값의 범위의 편차가 크거나 여러 종류의 데이터가 혼합되어 있는 경우 특정 데이터를 강조하고자 할 때 사용한다.	

2 차트 구성요소

차트를 편집하기 위해 알아야 할 차트 구성 요소에 대해 살펴보자.

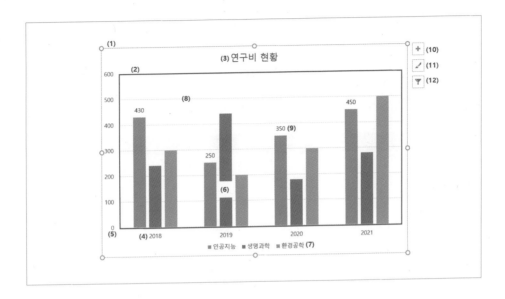

(1)   차트 영역 : 차트의 전체 영역으로 모든 구성요소를 포함한다.
(2)   그림 영역 : 데이터 계열 값이 그래프로 표시되는 영역이다.
(3)   차트 제목 : 차트의 제목을 나타낸다.
(4)   가로(항목) 축 : 데이터 계열 값의 기준이 되는 경계선으로 가로 축은 항목을 나타낸다.
(5)   세로(값) 축 : 데이터 계열 값의 기준이 되는 경계선으로 세로 축은 값을 나타낸다.
(6)   데이터 계열 : 데이터 값을 차트에 표시한 부분으로 막대, 점, 선 등으로 나타낸다.
(7)   범례 : 데이터 계열을 구분하기 위해 각 데이터 계열의 이름과 표식을 나열한 상자이다.
(8)   눈금선 : 데이터 값의 크기를 쉽게 구분할 수 있도록 가로 또는 세로 방향으로 표시한 선이다.
(9)   데이터 레이블 : 차트 안에 데이터 값 또는 이름을 직접 표시한 것을 말한다.
(10) 차트 요소 : 축 제목, 차트 제목, 범례 등 차트 요소를 선택하여 나타낼 수 있다.
(11) 차트 스타일 : 차트에 대한 스타일 및 색구성표를 설정한다.
(12) 차트 필터 : 계열이나 범주를 선택하여 나타낼 수 있다.

5.2.2 차트 만들기

1 차트 삽입

세로 막대형 차트를 삽입해보자.

❶ [삽입] → [일러스트레이션] 그룹 → [차트]를 클릭하여 [차트 삽입] 창에서 [세로 막대
형] → [묶은 세로 막대형] 차트를 선택한다.

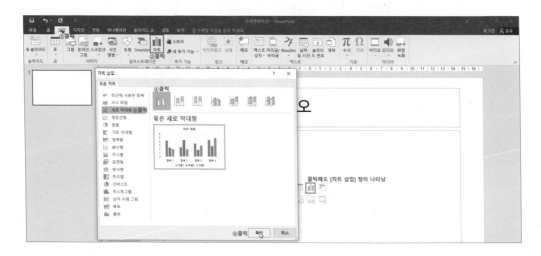

❷ [데이터 편집] 창에서 다음과 같이 데이터를 입력하면 차트가 삽입된다.

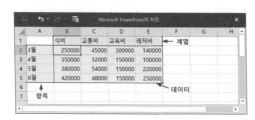

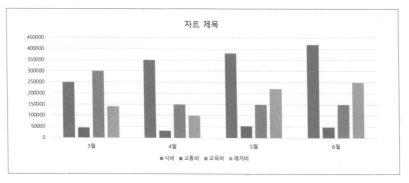

2 데이터 편집

입력한 데이터는 수정, 삭제, 추가 등의 편집이 가능하다. 삽입한 차트에 '합계' 데이터 계열을 추가해보자.

❶ 차트를 선택하고 [차트 도구] → [디자인] → [데이터] 그룹 → [데이터 편집] → [데이터 편집]을 클릭한다.

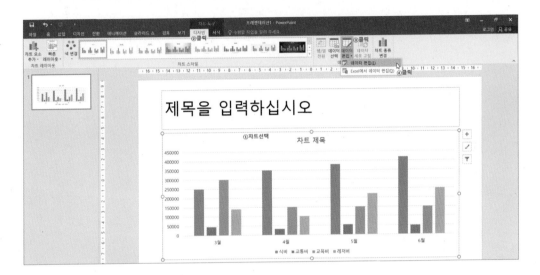

❷ [데이터 편집] 창에서 '합계' 계열을 추가하여 데이터를 입력한다.

	A	식비	교통비	교육비	레저비	합계	G	H
1		식비	교통비	교육비	레저비	합계		
2	3월	250000	45000	300000	140000	735000		
3	4월	350000	32000	150000	100000	632000		
4	5월	380000	54000	150000	220000	804000		
5	6월	420000	48000	150000	250000	868000		
6								
7								

← 데이터추가

❸ 차트에 '합계' 데이터가 추가된다.

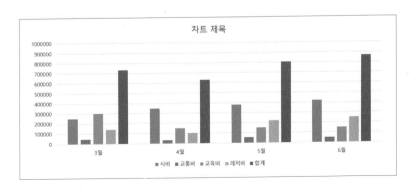

참고 **데이터 범위 변경**

이미 삽입한 차트에 대해 표시하고자 하는 데이터의 범위를 변경할 수 있다.

데이터 편집 창에서 데이터 범위 변경

❶ 차트를 선택하고 [차트 도구] → [디자인] → [데이터] 그룹 → [데이터 편집] → [데이터 편집]을 클릭한다.
❷ [데이터 편집] 창에서 데이터 범위 조절점을 드래그 하면 표시된 영역안의 데이터만 차트로 나타난다.

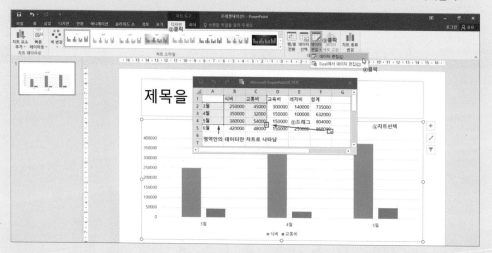

차트 필터로 데이터 범위 변경

❶ 차트를 선택하고 [차트 필터(▼)]를 클릭한다.
❷ [계열]은 '식비', '교통비', [범주]는 '3월', '4월', '5월'을 선택하면 해당하는 데이터만 차트로 나타난다.

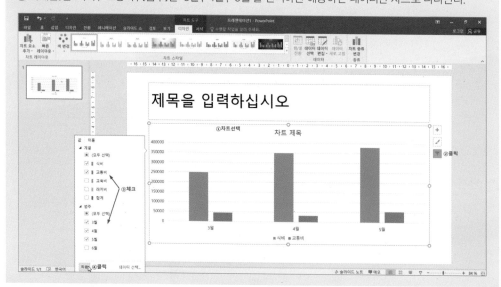

3 차트 변경

이미 삽입한 차트에 대해서 차트 종류를 변경할 수 있다. 데이터 계열 일부에 대해서만 차트 종류 변경도 가능하다. 위에서 추가로 삽입한 '합계' 데이터 계열의 차트 종류를 [표식이 있는 꺾은선형]으로 변경해보자. 데이터 일부에 대해서만 차트 종류를 변경하고자 할 때는 [콤보] 차트 기능을 이용한다.

① '합계' 데이터 계열을 클릭하여 선택한다. [차트 도구] → [디자인] → [종류] 그룹 → [차트 종류 변경]을 선택한다.

② [차트 종류 변경] 창에서 '합계' 데이터 계열만 [표식이 있는 꺾은선형]을 선택하고, [보조 축]을 체크한다.

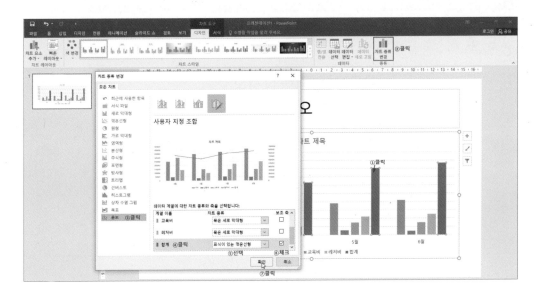

③ '합계' 데이터 계열만 [표식이 있는 꺾은선형] 차트로 변경되며, [보조 축]이 설정된다.

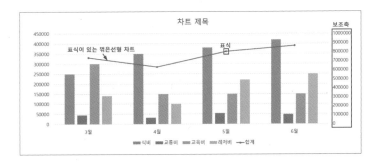

TIP 보조축이란 데이터 계열간의 값의 범위가 크게 차이 날 때, 차트의 오른쪽에 새로운 범위의 축을 추가하여 그래프를 명확히 표시하고자 할 때 사용한다.

5.2.3 차트 편집

1 차트 레이아웃, 차트 제목 변경

빠른 레이아웃은 미리 정의된 차트의 서식이다. 빠른 레이아웃으로 차트를 꾸며보고 차트
제목을 입력해보자.

❶ [차트 영역]을 선택하고 [차트 도구] → [디자인] → [차트 레이아웃] 그룹 → [빠른 레이
아웃] → [레이아웃 1]을 선택한다.

❷ [차트 제목]을 클릭하고 '나의 생활비 지출 현황'을 입력한다.

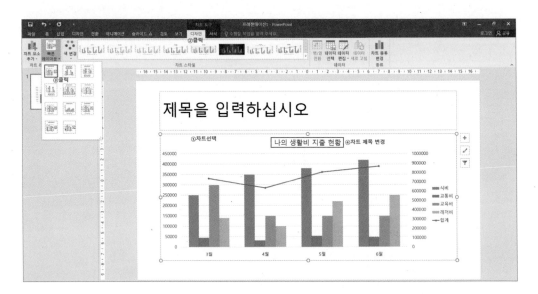

2 범례 위치 변경

범례 위치를 아래쪽에 나타나도록 변경해보자.

[차트 영역]을 선택하고 [차트 요소(+)] → [범례] → [아래쪽]을 클릭한다. 범례가 아래쪽
에 위치한다.

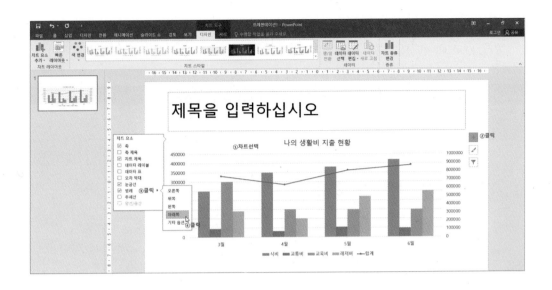

3 축 서식 편집

차트가 삽입되면 데이터에 따라 축의 범위와 단위가 자동으로 표시된다. [축 서식] 창을 이용하면 축에 대한 다양한 편집이 가능하다. 축 서식을 이용하여 최소값, 최대값을 변경하고 표시 단위와 표시 형식을 지정해보자.

❶ 차트에서 [세로 (값) 축]을 더블 클릭하면 [축 서식] 창이 오른쪽에 나타난다.

❷ [축 옵션]을 클릭하여 [최대]는 '500000', [주]는 '100000'로 데이터를 수정한다. [표시 단위]는 [10000], [표시 형식]은 [통화]를 선택한다.

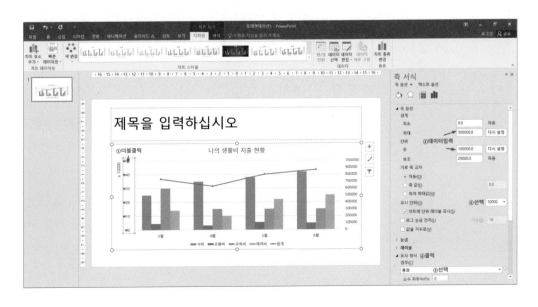

❸ 보조축도 같은 방법으로 지정해보자. [축 옵션]을 클릭하여 [최소]는 '600000', [주]는 '100000'로 데이터를 수정한다. [표시 단위]는 [10000], [표시 형식]은 [통화]를 선택한다.

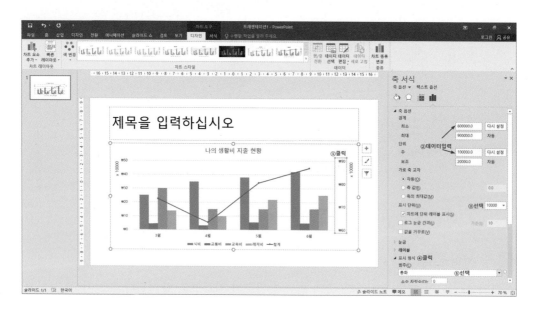

4 데이터 레이블 표시

'합계' 계열의 데이터 레이블을 표시해보자.

❶ '합계' 데이터 계열을 클릭하고 [차트 요소(➕)] → [데이터 레이블] → [위쪽]을 클릭한다.

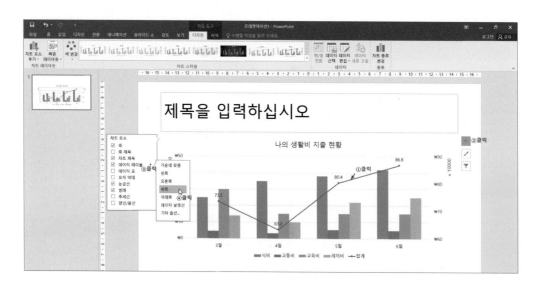

❷ '합계'의 데이터 레이블이 표시된다.

5 선과 표식

표식이 있는 꺾은선형 차트에서 선과 표식에 서식을 적용해보자. 표식이란 선이 꺾이는 지점에 있는 도형을 말한다.

❶ '합계' 데이터 계열을 선택하고 [데이터 계열 서식] 창에서 [채우기 및 선] → [선]을 선택한다. [색]은 [빨강], [너비]는 [4pt]를 선택하고 [완만한 선]을 체크한다.

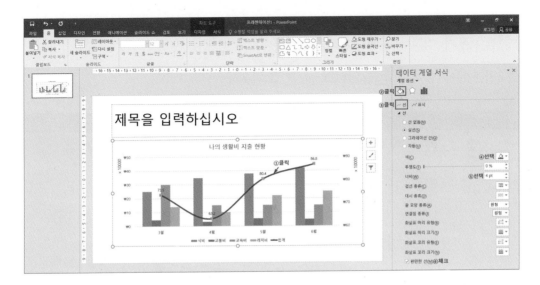

❷ [데이터 계열 서식] 창에서 [채우기 및 선] → [표식] → [표식 옵션]에서 [형식]은 [■], [크기]는 '15'를 선택한다. [색]은 [빨강], [테두리]는 [선 없음]을 선택한다.

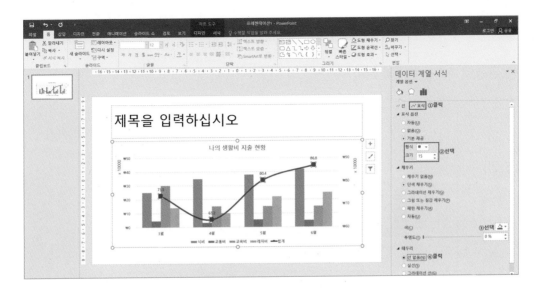

❸ 지정한 서식으로 선과 표식이 변경된다.

6 차트에 도형 삽입

차트에 도형을 삽입하여 내용을 강조하거나 꾸밀 수 있다. 범례 중 '합계'를 도형으로 표현
해보자.

❶ [삽입] → [일러스트레이션] 그룹 → [도형] → [설명선] → [모서리가 둥근 사각형 설명
선] 도형을 삽입하고 적절히 배치한다.

❷ 삽입한 도형에 '지출합계'를 입력하고 [그리기 도구] → [서식] → [도형 스타일] 그룹 →
[색 채우기-검정, 어둡게1] 서식을 적용한다.

❸ [범례]에서 [합계]를 선택하여 [Delete]키로 지운다.

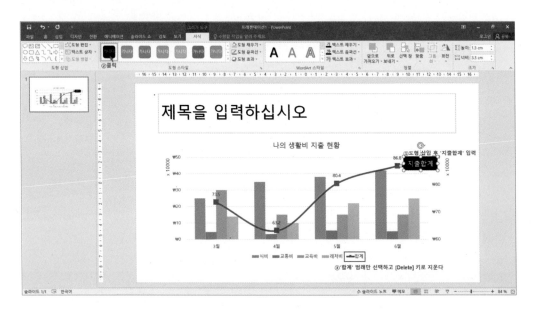

❹ 완성된 차트는 다음과 같다.

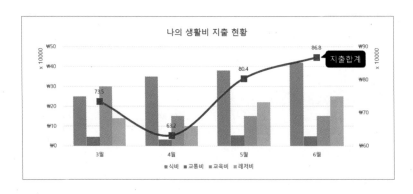

표를 삽입하여 문서 완성하기

다음과 같이 표를 삽입하여 슬라이드를 완성해보자.

회차	일자	주제	강사	신청일
1	10.16	내 인생으로의 출근	이소연	10.1
2	10.23	위기를 기회로 바꿔라		
3	10.30	디자인속 인문학	김경빈	
4	11.6	우리 옛 그림속 인문학		
5	11.13	난 책을 제대로 읽고 있을까?	전지후	10.30
6	11.20	행복한독서교실		

문학의 밤

STEP 1 [9x7 표] 삽입하기

❶ 슬라이드의 레이아웃을 [제목 및 내용] 슬라이드로 변경한다.

❷ [삽입] → [표] 그룹 → [표] 목록을 선택하고 목록에서 [9x7 표]를 마우스로 드래그 한다.

❸ 9열 7행의 표가 삽입된다.

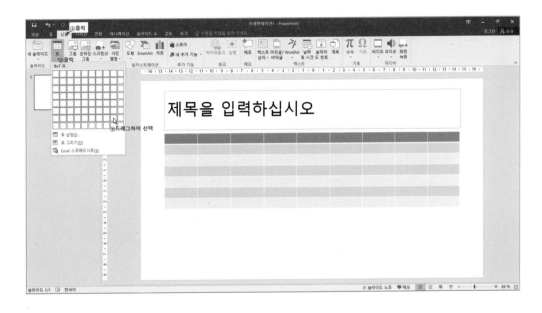

STEP 2 셀 너비 조절하기, 표 크기 지정하기

❶ 그림과 같이 제목과 표에 데이터를 입력한다.

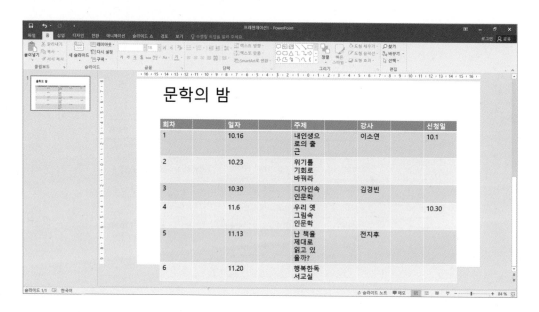

❷ 셀 너비를 데이터가 잘 보이게 그림을 참조하여 적절히 조절해보자.

> **TIP** 셀 테두리에 포인터를 이동하여 포인터 모양이 ✛로 바뀌면 마우스를 드래그 하여 너비를 조정한다.

❸ [표 도구] → [레이아웃] → [표 크기] 그룹에서 [높이]는 '12', [너비]는 '30'을 입력하여
표 크기를 지정한다.

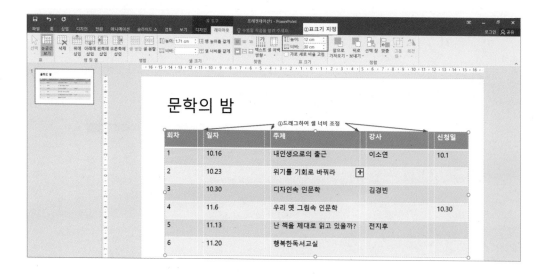

STEP 3 **셀 병합하기, 데이터 정렬하기**

❶ 병합할 셀을 선택하고 [표 도구] → [레이아웃] → [병합] 그룹 → [셀 병합]을 클릭한다.

❷ 선택된 셀들이 병합된다. 같은 방법으로 그림과 같이 셀 병합을 해보자.

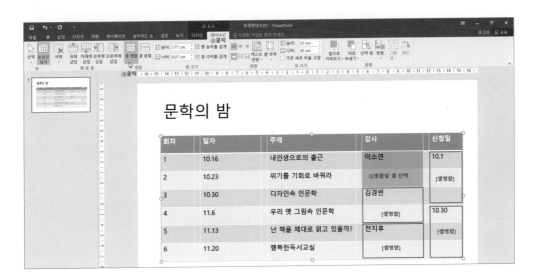

❸ 표를 선택하고 [표 도구] → [레이아웃] → [맞춤] 그룹 → [가운데 맞춤], [세로 가운데 맞춤]을 클릭하여 표의 모든 데이터를 가운데 정렬해보자.

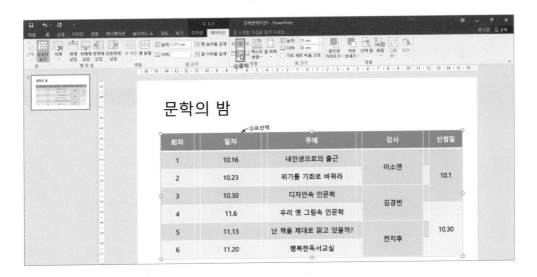

STEP 4 표 스타일, 셀 테두리, 음영 지정하기

❶ 표를 선택하고 [표 도구] → [디자인] → [표 스타일] 그룹에서 자세히(▾)를 클릭하여 [밝은 스타일3-강조6]을 목록에서 선택한다.

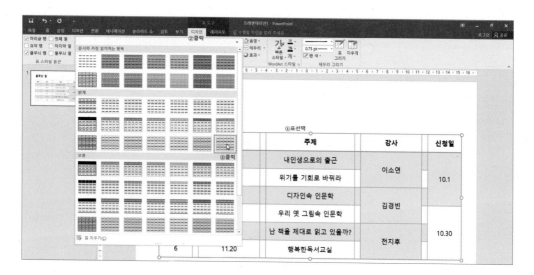

❷ 머리글 행의 셀 테두리 색과 두께를 변경해보자. 머리글 행을 선택하고 [표 도구] → [디자인] → [테두리 그리기] 그룹에서 [펜 두께]는 [3 pt], [펜 색]은 [녹색, 강조 6, 25% 더 어둡게]로 지정한다.

❸ [표 도구] → [디자인] → [표 스타일] 그룹 → [테두리]에서 [위쪽 테두리]와 [아래쪽 테두리]를 차례대로 클릭하여 적용한다.

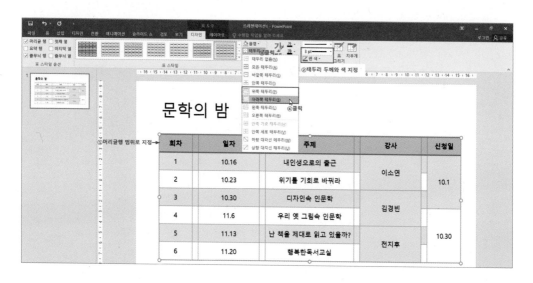

❹ 표의 테두리 색을 변경해보자. 표 전체를 선택하고 [표 도구] → [디자인] → [테두리 그리기] 그룹 → [펜 색]을 [흰색, 배경1]로 지정한다.

❺ [표 도구] → [디자인] → [표 스타일] 그룹 → [테두리]에서 [왼쪽 테두리]와 [오른쪽 테두리]를 차례대로 클릭하여 표의 왼쪽, 오른쪽 테두리 색을 변경한다.

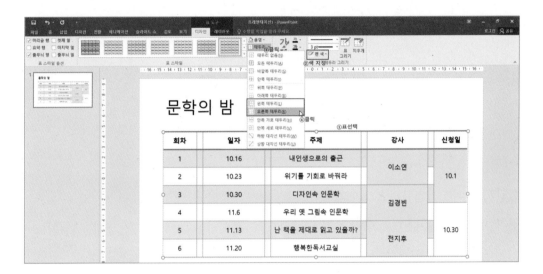

❻ 표에서 셀의 음영과 테두리를 변경해보자. 변경할 셀을 선택하고 [표 도구] → [디자인] → [표 스타일] 그룹 → [음영] → [흰색, 배경1], [테두리] → [테두기 없음]을 선택한다.

❼ 같은 방법으로 그림과 같이 음영과 테두리를 변경하여 표를 완성해보자.

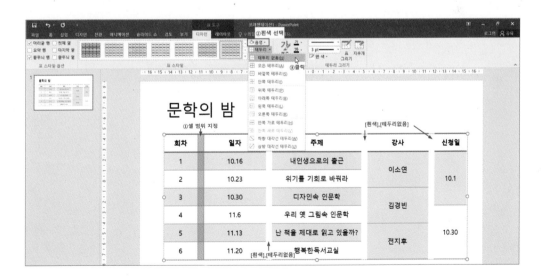

원형 차트와 세로 막대형 차트로 문서 완성하기

원형차트와 세로 막대형 차트를 이용하여 다음과 같이 슬라이드를 완성해보자.

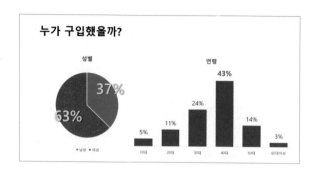

STEP 1 차트 삽입하고 크기 지정하기

❶ [삽입] → [일러스트레이션] 그룹 → [차트]를 클릭하여 [차트 삽입] 창에서 [원형] → [원형] 차트를 선택한다.

❷ [데이터 편집] 창에서 데이터를 입력하여 원형 차트를 삽입한다.

❸ [차트 도구] → [서식] → [크기] 그룹에서 [높이]는 '12', [너비]는 '12'를 입력하여 크기를 지정하고 슬라이드에 적절히 위치한다.

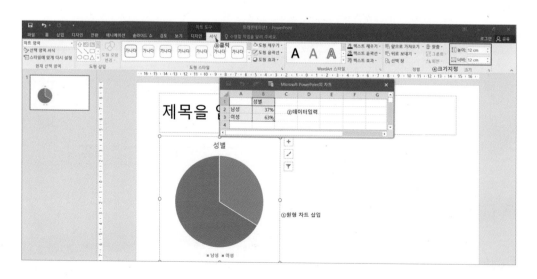

❹ [삽입] → [일러스트레이션] 그룹 → [차트]를 클릭하여 [차트 삽입] 창에서 [세로 막대형] → [묶은 세로 막대형] 차트를 선택한다.

❺ [데이터 편집] 창에서 데이터를 입력하여 묶은 세로 막대형 차트를 삽입한다.

❻ [차트 도구] → [서식] → [크기] 그룹에서 [높이]는 '12', [너비]는 '20'을 입력하여 크기
를 지정하고 슬라이드에 적절히 위치한다.

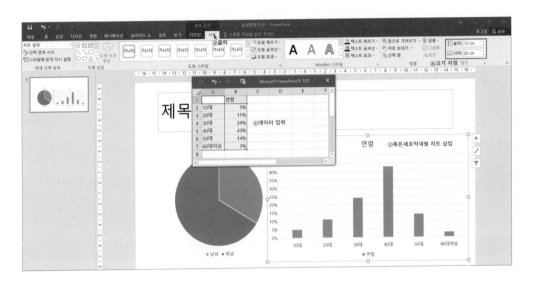

STEP 2 **빠른 레이아웃 적용하기**

❶ 원형 차트를 선택하고 [차트 도구] → [디자인] → [차트 레이아웃] 그룹 → [빠른 레이
아웃] → [레이아웃 2]를 선택한다.

❷ 묶은 세로 막대형 차트를 선택하고 [차트 도구] → [디자인] → [차트 레이아웃] 그룹 →
[빠른 레이아웃] → [레이아웃 2]를 선택한다.

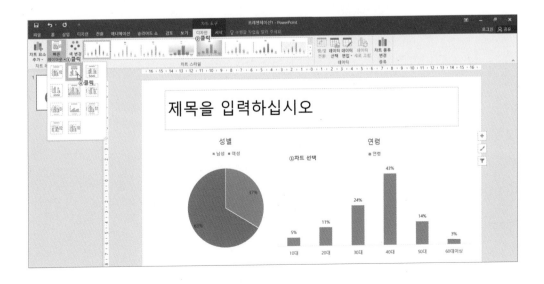

STEP 3 데이터 계열 서식 변경하기

❶ 원형 차트의 '여성'을 선택하고 [차트 도구] → [서식] → [도형 스타일] 그룹 → [도형 채우기] → [빨강]을 선택한다. '여성' 데이터 계열의 색이 빨강으로 변경된다.

> **TIP**   데이터 계열을 클릭하면 전체 데이터 계열이 선택된다. 한 번 더 클릭하면 해당 데이터 계열만 선택한다.

❷ 원형 차트의 '남성'을 선택하고 [차트 도구] → [서식] → [도형 스타일] 그룹 → [도형 채우기] → [파랑]을 선택한다. '남성' 데이터 계열의 색이 파랑으로 변경된다.

❸ 연령 차트의 데이터 계열을 클릭한다.

❹ [데이터 계열 서식] 창에서 [계열옵션] → [간격 너비]는 '50'을 입력한다.

❺ [차트 도구] → [서식] → [도형 스타일] 그룹 → [도형 채우기] → [자주]를 선택하여 데이터 계열의 색을 변경한다.

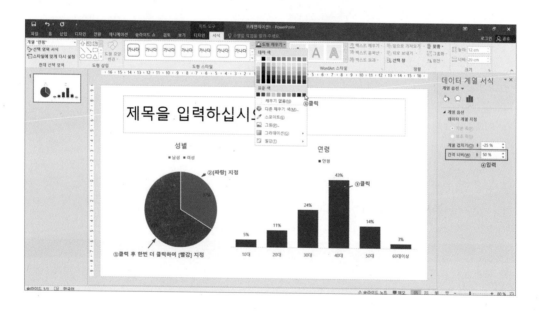

STEP 4　범례 수정하기

❶ 원형 차트를 선택 [차트 요소(➕)] → [범례] → [아래쪽]을 클릭하여 범례 위치를 변경한다.

❷ 묶은 세로 막대형 차트의 범례를 선택하여 [Delete]키로 지운다.

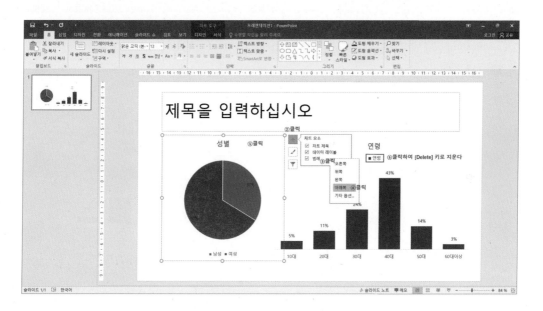

STEP 5　차트 완성하기

❶ 제목 텍스트 상자에 '누가 구입했을까?'를 입력하고 [홈] → [글꼴] 그룹 → [글꼴 크기]는 [36pt], [굵게]를 선택한다.

❷ 차트 제목을 선택하고 [홈] → [글꼴] 그룹 → [굵게]를 선택한다.

❸ 원형 차트의 데이터 레이블을 선택하고 [홈] → [글꼴] 그룹 → [글꼴 크기]는 [48pt], [굵게], [텍스트 그림자], [글꼴 색]은 [노랑]을 선택한다.

　　TIP　데이터 레이블의 글꼴 크기가 커지면 조절점을 이용하여 크기와 위치를 조정한다.

❹ 묶은 세로 막대형 차트의 데이터 레이블을 선택하고 [홈] → [글꼴] 그룹 → [글꼴 크기]는 [20pt]을 선택한다.

❺ '40대'의 데이터 레이블만 선택하고 [홈] → [글꼴] 그룹 → [글꼴 크기]는 [24pt], [굵게], [글꼴 색]은 [빨강]을 선택한다.

> **TIP** 데이터 레이블을 클릭하면 전체 데이터 레이블이 선택되고, 한 번 더 클릭하면 해당 데이터 레이블만 선택된다.

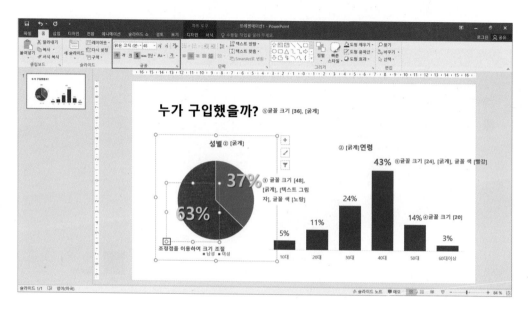

응용 프로젝트 **도형을 포함한 표 만들기**

도형과 표를 삽입하여 다음과 같이 슬라이드를 완성해보자.

2019 8대 정부 R&D 신규 사업	
분야	예산 (단위:억원)
스마트 팜	250
정밀 의료	248
고기능 무인기	211
자율 주행 자동차	201
초연결 지능화	168
스마트 시티	131
스마트 팩토리	104
지능형 로봇	55

STEP 1 [2x9 표] 삽입하기

❶ [삽입] → [표] 그룹 → [표 삽입]을 클릭한다. [표 삽입] 창에서 [열 개수]는 '2', [행 개수]는 '9'를 입력한다.

❷ 2열 9행의 표가 삽입되면 다음과 같이 데이터를 입력한다.

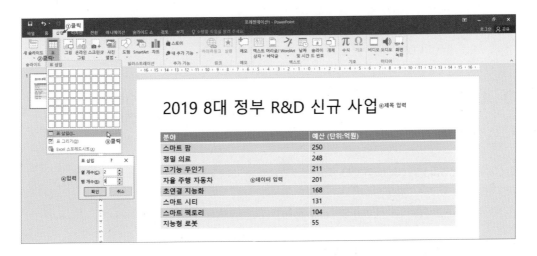

STEP 2 표 스타일, 표 옵션 설정하기

❶ [표 도구] → [디자인] → [표 스타일] 그룹에서 자세히( )를 클릭하여 [밝은 스타일3
   - 강조3]을 목록에서 선택한다.

❷ [표 도구] → [디자인] → [표 스타일 옵션] 그룹에서 [줄무늬 행] 항목의 체크를 해제한다.

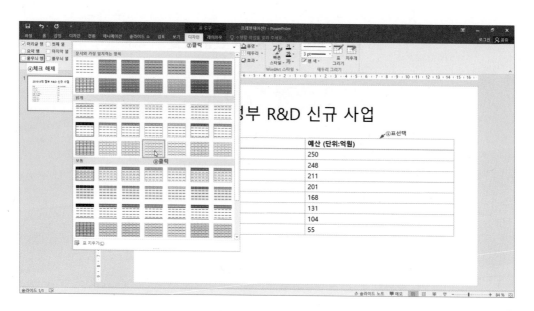

STEP 3 셀 크기, 표 크기 지정하기

❶ 셀의 높이와 너비도 지정할 수 있다. 1열을 클릭하고 [표 도구] → [레이아웃] → [셀 크
   기] 그룹에서 [너비]를 '8'을 입력한다.

❷ 같은 방법으로 2열을 클릭하고 [표 도구] → [레이아웃] → [셀 크기] 그룹에서 [너비]를
   '15'를 입력한다. 1열은 8cm, 2열은 15cm로 셀 너비가 고정된다.

❸ [표 도구] → [레이아웃] → [표 크기] 그룹에서 [높이]를 '12'로 입력한다. 표 높이는
   12cm로 고정된다. 표를 슬라이드의 가운데에 적절히 위치한다.

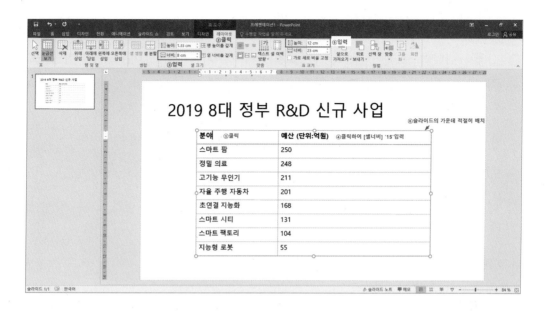

STEP 4   데이터 정렬하기

① 표를 선택하고 [표 도구] → [레이아웃] → [맞춤] 그룹에서 [가운데 맞춤], [세로 가운데 맞춤]을 클릭한다.

② 2열의 데이터만 [표 도구] → [레이아웃] → [맞춤] 그룹에서 [오른쪽 맞춤]을 클릭한다.

③ 제목 텍스트 상자는 [홈] → [글꼴] 그룹 → [글꼴 크기]는 [32pt], [굵게], [밑줄]을 선택하고 [홈] → [단락] 그룹에서 [가운데 맞춤]한다.

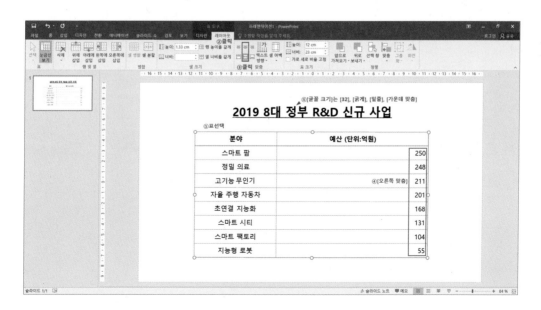

STEP 5 **도형 삽입하기**

❶ [삽입] → [일러스트레이션] 그룹 → [도형] → [사각형] → [직사각형] 도형을 삽입하고 크기를 [높이]는 '1', [너비]는 '15'로 지정한다.

❷ [그리기 도구] → [서식] → [도형 스타일] 그룹에서 자세히(▾)를 클릭하여 [반투명–파랑, 강조5, 윤곽선 없음]을 목록에서 선택한다. 완성된 도형은 2행에 배치한다.

❸ 도형을 선택하고 [Ctrl]+[D]로 7개의 도형을 복사하고 셀 안에 적절히 배치한다.

❹ '예산 (단위:억원)' 데이터 값에 따라 도형의 너비를 변경해보자. 도형의 너비는 각 순서대로 '15cm, 14.9cm, 12.7cm, 12.1cm, 10.1cm, 7.9cm, 6.2cm, 3.3cm' 이다.

> **TIP** 예산 데이터가 250일 때 셀 안에 직사각형 도형이 꽉 차도록 너비를 15cm로 정하였고, 각 데이터 별로 '(데이터값)/250*15cm'라는 수식에 따라 도형의 너비를 계산할 수 있다.

❺ 도형을 모두 선택하고 [그리기 도구] → [정렬] 그룹 → [맞춤] → [세로 간격을 동일하게]를 클릭하여 도형을 정렬한다.

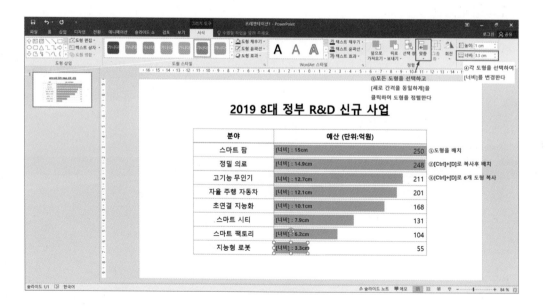

응용 프로젝트 **가로 막대형 차트 활용하기**

※ 가로 막대형 차트 두 개로 데이터를 비교하는 슬라이드를 완성해보자.

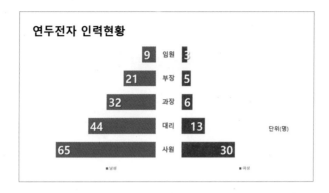

STEP 1 **차트 삽입하고 크기 지정하기**

❶ 슬라이드를 [빈 화면] 레이아웃으로 변경한다. [삽입] → [일러스트레이션] 그룹 → [차트]
를 클릭하여 [차트 삽입] 창에서 [가로 막대형] → [묶은 가로 막대형] 차트를 선택한다.

❷ [데이터 편집] 창에서 데이터를 입력하여 묶은 가로 막대형 차트를 삽입한다.

❸ [차트 도구] → [서식] → [크기] 그룹에서 [높이]는 '15', [너비]는 '15'를 입력하여 크기를
지정하고 슬라이드에 적절히 위치한다.

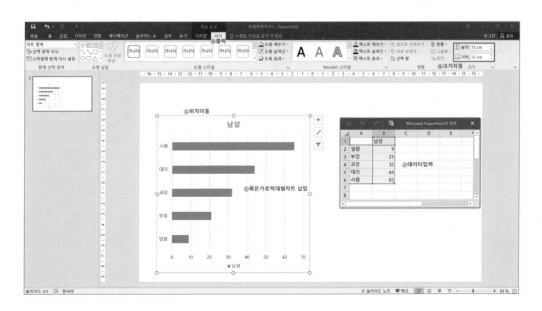

❹ 위와 동일한 방법으로 묶은 가로 막대형 차트를 하나 더 삽입한다.

❺ 차트의 크기를 [높이]는 '15', [너비]는 '15'로 지정하고 슬라이드에 적절히 위치한다.

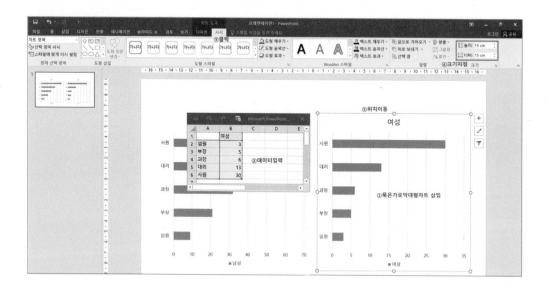

STEP 2 **축 옵션 변경하기**

❶ '남성' 차트의 [세로 (항목) 축]을 더블 클릭하면 [축 서식] 창이 나타난다.

❷ [축 서식] 창에서 [축 옵션] → [항목을 거꾸로]를 체크한다.

❸ '여성' 차트의 [세로 (항목) 축]을 클릭하여 [축 서식]창에서 [축 옵션] → [항목을 거꾸로]를 체크한다.

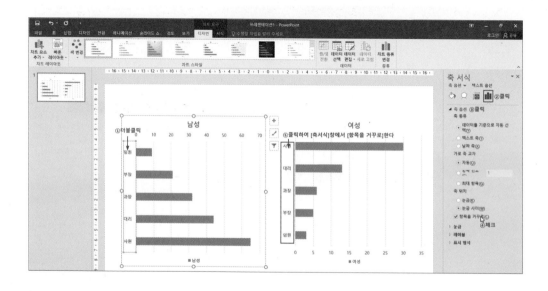

❹ '남성' 차트의 [가로 (값) 축]을 클릭하여 [축 서식]창에서 [축 옵션] → [값을 거꾸로]를 체크한다.

❺ '여성' 차트의 [가로 (값) 축]을 클릭하여 [축 서식]창에서 [축 옵션] → [최대]를 '70'을 입력한다.

> **TIP** 두 데이터를 공정하게 비교하기 위해서 축의 최대값을 통일한다.

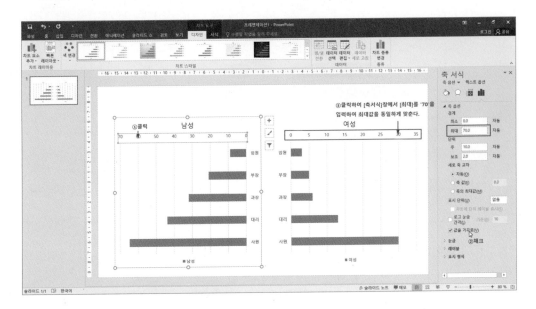

STEP 3 데이터 계열 서식 변경하기

❶ '남성' 차트의 데이터 계열은 [차트 도구] → [서식] → [도형 스타일] 그룹 → [도형 채우기] → [파랑]을 선택하고 [데이터 계열 서식] 창에서 [계열 옵션] → [간격 너비]를 '50'을 입력한다.

❷ '여성' 차트의 데이터 계열은 [차트 도구] → [서식] → [도형 스타일] 그룹 → [도형 채우기] → [빨강]을 선택하고 [데이터 계열 서식] 창에서 [계열 옵션] → [간격 너비]를 '50'을 입력한다.

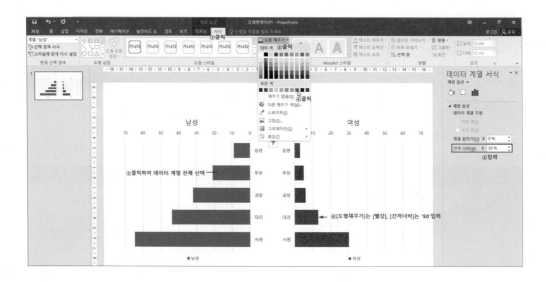

STEP 4 데이터 레이블 표시하고 꾸미기

❶ '남성' 차트를 선택하고 [차트 요소(＋)] → [데이터 레이블] → [안쪽 끝에]를 선택한다.

❷ '여성' 차트를 선택하고 [차트 요소(＋)] → [데이터 레이블] → [안쪽 끝에]를 선택한다.

❸ 차트의 데이터 레이블은 [홈] → [글꼴] 그룹 → [글꼴 크기]는 [36pt], [굵게], [텍스트 그림자], [글꼴 색]은 [흰색, 배경1]로 변경한다.

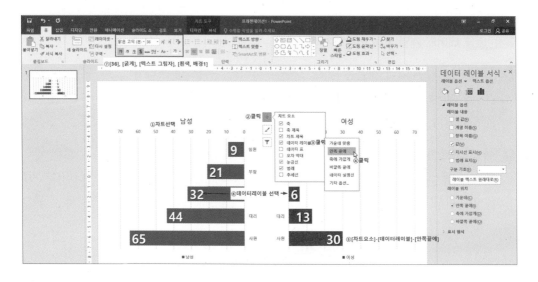

STEP 5 차트 완성하기

❶ '남성' 차트를 선택하고 [차트 요소(＋)]를 클릭하여 [축] → [기본 가로], [차트 제목], [눈금선]을 체크 해제한다.

❷ '남성' 차트의 [세로 (항목) 축]을 선택하고 [차트 도구] → [서식] → [도형 스타일] 그룹 → [도형 윤곽선] → [윤곽선 없음]과 [홈] → [글꼴] 그룹 → [글꼴 크기]는 [20pt], [굵게]로 지정한다.

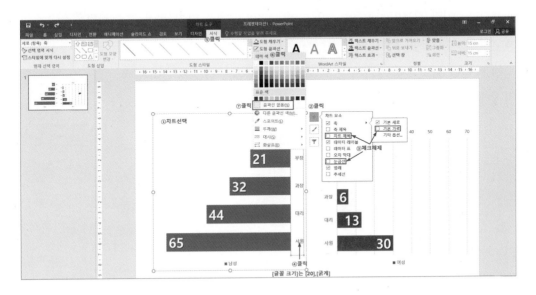

❸ '여성' 차트를 선택하고 [차트 요소(+)]를 클릭하여 [축], [차트 제목], [눈금선]을 체크 해제한다.

❹ [삽입] → [텍스트] 그룹 → [텍스트 상자] → [가로 텍스트 상자]로 2개의 텍스트 상자를 삽입한다. 삽입한 텍스트 상자에 '연두전자 인력현황'과 '단위(명)'을 입력한다.

❺ '연두전자 인력현황' 텍스트 상자는 [홈] → [글꼴] 그룹 → [글꼴 크기]는 [36pt], [굵게]로 글꼴 서식을 변경하고 아래 그림과 같이 차트와 텍스트 상자를 적절히 배치한다.

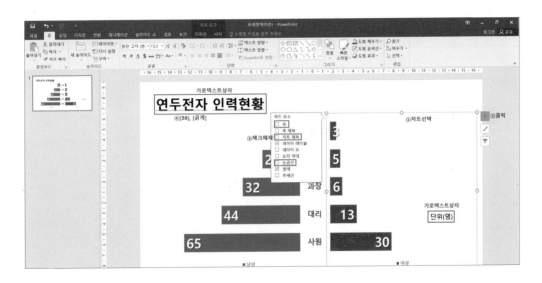

인포그래픽으로 정보 표현하기 I

인포그래픽이란 정보(Information)와 그래픽(Graphic)을 합친 용어로, 그래픽을 이용하여 복잡한 정보를 쉽고 명확하게 시각화한 것을 말한다.

도형과 도넛 차트를 활용하여 스마트폰 상태 정보를 한눈에 알아볼 수 있는 슬라이드를 작성해보자.

STEP 1 도넛 차트 삽입하기

❶ 슬라이드를 [제목만] 레이아웃으로 변경한다. [삽입] → [일러스트레이션] 그룹 → [차트]를 클릭하여 [차트 삽입] 창에서 [원형] → [도넛형] 차트를 선택한다.

❷ [데이터 편집] 창에서 데이터를 입력하여 도넛형 차트를 삽입한다.

❸ 차트의 데이터 계열을 더블클릭하여 [데이터 계열 서식] 창에서 [쪼개진 도넛]은 '10%', [도넛 구멍 크기]는 '90%'를 입력한다.

❹ 차트를 선택하고 [차트 요소(✚)] → [차트 제목], [범례]를 체크 해제한다.

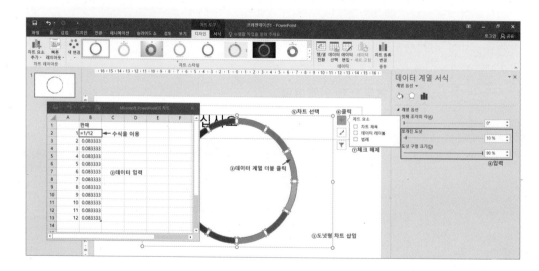

STEP 2 도넛 차트를 도형으로 바꾸기

❶ 차트를 복사하고 [홈] → [클립 보드] 그룹 → [붙여넣기] → [선택하여 붙여넣기]를 클릭한다.

❷ [선택하여 붙여넣기] 창에서 [그림(windows 메타파일)]을 선택한다. 차트가 그림으로 붙여넣기 된다.

❸ [Alt]+[F10]을 눌러 선택창이 나타나면 차트 개체를 선택하고 [Delete]를 누른다. [Shift]+[Ctrl]을 누른 채 크기 조절 버튼을 드래그하여 크기를 적당히 줄인다.

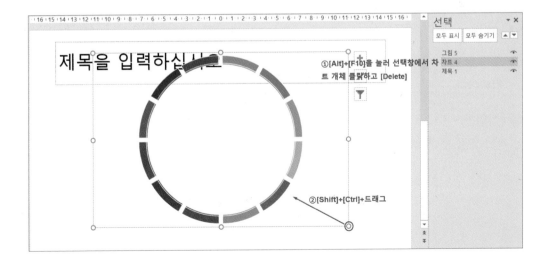

❹ 그림을 도형과 같은 그리기 개체로 변환하기 위해서 마우스 오른쪽 버튼을 클릭하여 [그룹화] → [그룹 해제]를 클릭한다.

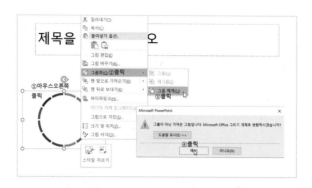

❺ 도형으로 변환된 개체는 마우스 오른쪽 버튼을 클릭하여 [그룹화] → [그룹 해제]한다. 도형 그룹이 해제 되면서 조각으로 분리된다. 사각형 개체는 필요하지 않으므로 선택하여 [Delete]키로 지운다.

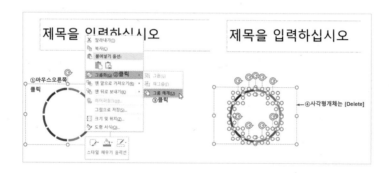

STEP 3 정보 표현하기

❶ [삽입] → [일러스트레이션] 그룹 → [도형] → [기본도형] → [타원] 도형을 삽입한다.

❷ 도형을 모두 선택하고 [도형 채우기]는 [파랑, 강조5], [도형 윤곽선]은 [윤곽선 없음]을 선택한다.

❸ [삽입] → [텍스트] 그룹 → [텍스트상자] → [가로텍스트상자]를 삽입하여 그림과 같이 텍스트를 입력한다.

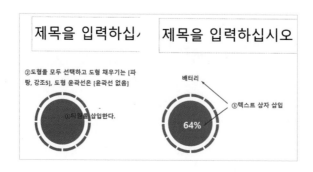

❹ 도형을 모두 선택하고 [Ctrl]+[Shift]+드래그하여 2번 복사한다. 두 번째 도형과 세 번째 도형의 채우기 색은 각각 [주황, 강조2], [녹색, 강조6]으로 지정한다.

❺ 텍스트 내용을 그림과 같이 수정한다.

❻ 필요한 부분만 남기고 [Delete]를 눌러 도형을 완성한다.

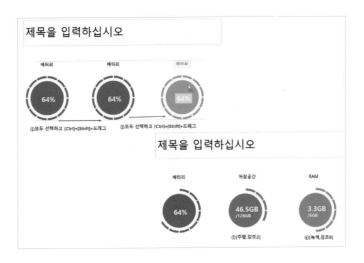

STEP 4 **완성하기**

❶ 제목 텍스트 상자에 '나의 스마트 폰 상태는?'을 입력하고 [홈] → [글꼴] 그룹에서 [글꼴]은 [휴먼둥근헤드라인], [글꼴 크기]는 [40pt], [글꼴 색]은 [청회색, 텍스트2], [가운데 맞춤]한다.

❷ [삽입] → [일러스트레이션] 그룹 → [선] → [선]을 삽입하고 [그리기 도구] → [서식] → [도형 스타일] 그룹 → [도형 윤곽선]에서 [테마 색]은 [청회색, 텍스트2, 60% 더 밝게], [두께]는 [4½pt]로 지정한다.

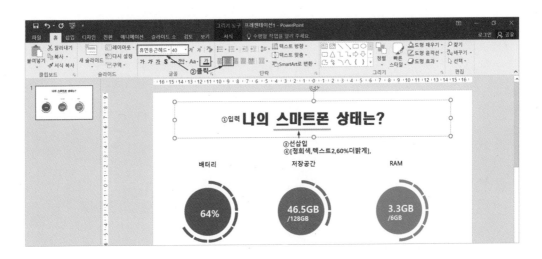

응용 프로젝트   **인포그래픽으로 정보 표현하기 II**

도형, 그림, 텍스트 상자를 이용하여 정보를 한눈에 보기 쉽게 표현해보자.

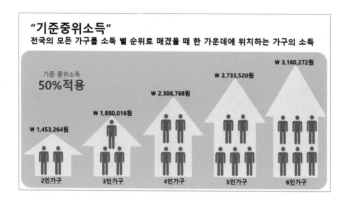

STEP 1   도형 삽입하기

❶ [삽입] → [일러스트레이션] 그룹 → [도형]에서 [모서리가 둥근 직사각형]과 [위쪽 화살표] 도형 5개를 삽입한다.

❷ 삽입한 도형은 조절점을 이용하여 크기와 모양을 조절한다.

❸ 도형의 색은 [그리기 도구] → [서식] → [도형 채우기]에서 [회색, 25%, 배경2, 10% 더 어둡게]와 [황금색, 강조4, 80% 더 밝게]로 한다.

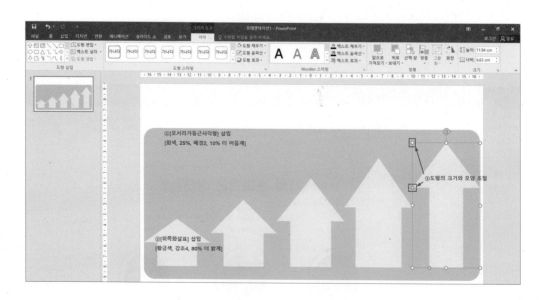

STEP 2   그림 삽입하기

❶ [삽입] → [이미지] 그룹 → [그림]을 클릭하여 '사람.png' 파일을 삽입한다.

❷ 삽입한 그림은 복사하여 다음 그림과 같이 배치한다.

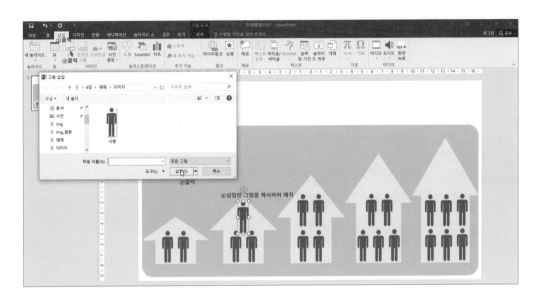

STEP 3   텍스트 상자 삽입하기

❶ [삽입] → [텍스트] 그룹 → [텍스트상자] → [가로텍스트상자]를 삽입한다.

❷ 삽입한 텍스트 상자는 그림과 같이 배치하고 서식을 적용하여 완성한다.

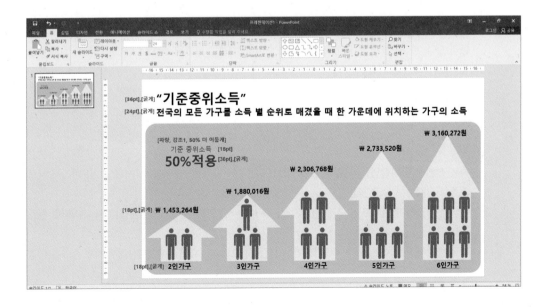

(1) 표 삽입하기

- 표는 많은 내용을 요약, 분류하여 행과 열에 맞춰 정리한 것이다. [삽입] → [표] 그룹 → [표]를 선택하고 목록에서 행의 개수와 열의 개수를 마우스로 드래그하여 삽입한다.
- 표 크기, 열 너비 행 높이는 마우스를 이용하여 변경할 수 있다.

(2) 표 편집하기

- 행과 열 삽입/삭제하기 : [표 도구] → [레이아웃] → [행 및 열] 그룹에서 행과 열을 삽입하거나 삭제 한다.
- 셀 병합/분할하기 : [표 도구] → [레이아웃] → [병합] 그룹에서 [셀 병합], [셀 분할]을 이용하여 셀을 하나로 병합하거나 여러 개의 셀로 분할할 수 있다.
- 표의 데이터 정렬하기 : [표 도구] → [레이아웃] → [맞춤] 그룹에서 가로 방향 또는 세로 방향으로 정렬할 방식을 선택한다.
- 행 높이를 같게/ 열 너비를 같게 : [표 도구] → [레이아웃] → [셀 크기] 그룹에서 [행 높이를 같게], [열 너비를 같게]로 여러 개의 행 높이나 열 너비를 한 번에 동일하게 지정한다.

(3) 표 꾸미기

- 표 스타일 및 표 스타일 옵션 : [표 도구] → [디자인]에서 [표 스타일]과 [표 스타일 옵션]을 선택 한다.
- 테두리 스타일 지정하기 : [표 도구] → [디자인]에서 [테두리 그리기]와 [테두리]로 테두리 스타일을 지정한다.
- 표 또는 셀 채우기 : [표 도구] → [디자인] → [표 스타일] 그룹 → [음영]에서 테마 색, 그림, 그라데이션, 질감, 표 배경 등 다양한 서식을 지정한다.

(4) 차트 종류와 구성요소

- 차트 종류 : 차트란 수치 데이터를 한눈에 보기 쉽게 나타낸 그래프나 다이어그램을 말하며, 차트 종류로는 막대형, 꺾은선형, 원형, 가로 막대형, 영역형, 분산형, 주식형, 표면형, 방사형, 콤보 차트 등이 있다. 파워포인트 2016에서는 트리맵, 선버스트, 히스토그램, 상자 수염 그림, 폭포 등의 새로운 차트가 추가되었다.
- 차트 구성요소 : 차트 영역, 그림 영역, 차트 제목, 가로(항목) 축, 세로(값) 축, 데이터 계열, 범례, 눈금선, 데이터 레이블이 있다.

(5) 차트 만들기

- 차트 삽입하기 : [삽입] → [일러스트레이션] 그룹 → [차트]를 클릭하여 [차트 삽입] 창에서 차트 종류를 선택하여 삽입한다.
- 데이터 편집하기 : [차트 도구] → [디자인] → [데이터] 그룹 → [데이터 편집]에서 데이터를 편집 한다.
- 차트 변경하기 : [차트 도구] → [디자인] → [종류] 그룹 → [차트 종류 변경]에서 차트 종류를 변경 한다.

(6) 차트 편집하기

- 차트 레이아웃 : [차트 도구] → [디자인] → [차트 레이아웃] 그룹 → [빠른 레이아웃]에서 선택한다.
- 범례 위치 변경하기 : [차트 요소(+)] → [범례]에서 위치를 변경한다.
- 축 서식 편집하기 : [축 서식] 창을 이용하여 축에 대한 다양한 편집이 가능하다.
- 데이터 레이블 표시하기 : [차트 요소(+)] → [데이터 레이블]에서 표시한다.

※ 다음 슬라이드를 작성하여 '생활민원기동처리반.pptx'로 저장한다.

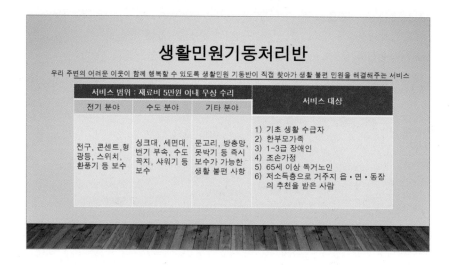

작성 조건

1. [제목 및 내용] 슬라이드, '갤러리' 테마를 사용한다.
2. 슬라이드의 모든 글꼴은 [돋움]으로 지정한다.
3. 제목 텍스트는 [굵게], 글꼴 크기는 [40pt], [가운데 맞춤]으로 지정한다.
4. 제목 텍스트 아래에 [가로 텍스트 상자]를 삽입하여 텍스트를 입력하고 글꼴 크기는 [16pt]로 지정한다.
5. [4x3 표]를 삽입하고 다음과 같이 지정한다.
   (1) 표의 높이는 '10'으로 고정한다.
   (2) 1, 2, 3열의 셀 너비는 '5'로 고정한다.
   (3) 위의 그림을 참조하여 셀 병합한다.
   (4) 표 안의 제목 텍스트는 [가운데 맞춤], [세로 가운데 맞춤]을 적용한다.
   (5) 표 안의 내용 텍스트는 [왼쪽 맞춤], [세로 가운데 맞춤]을 적용한다.

※ 다음 슬라이드를 작성하여 '인력계획.pptx'로 저장한다.

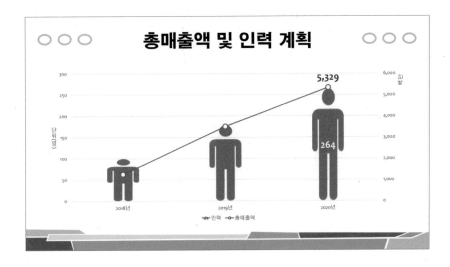

〈입력 데이터〉

	총매출액	인력
2018년	1,245,000,000	99
2019년	3,499,000,000	178
2020년	5,329,000,000	264

작성 조건

1. [제목 및 내용] 슬라이드, '교육' 테마를 사용한다.
2. 제목 텍스트 상자는 다음과 같이 지정한다.
   (1) '총매출액 및 인력 계획'을 입력한다.
   (2) 글꼴은 [HY견고딕], 글꼴 크기는 [40pt]로 지정한다.
3. 콤보 차트를 삽입한다.
   (1) 총매출액은 [표식이 있는 꺾은선형] 차트, 인력은 [묶은 세로 막대형] 차트로 삽입한다.
   (2) 묶은 세로 막대형 차트의 데이터 계열은 '사람.png' 파일로 변경한다.

(3) 꺾은선형 차트는 [보조 축]을 지정하고 다음과 같이 지정한다.

선	색 – '빨강', 두께 – '2pt'
표식	표식 옵션 : 형식 – 'O', 크기 – 12 채우기 – '흰색, 배경1' 테두리 색 – '빨강', 테두리 두께 – '2pt'

4. 차트 제목, 축 제목, 축 서식, 데이터 레이블을 다음과 같이 지정한다.

(1) 차트 제목은 삭제한다.

(2) 축 제목은 기본 세로만 표시하고 '단위(명)' 입력, 텍스트 방향은 [세로]로 한다.

(3) [보조 세로 (값) 축]의 축 서식의 표시 단위는 [백만]으로 표시한다.

(4) 2020년 데이터 계열만 데이터 레이블을 나타내고 글꼴 크기는 [24pt], [굵게]로 지정한다.

※ 입사 지원을 할 때 일반적으로는 한글이나 워드로 이력서를 제출하지만 기업에 따라서는 파워포인트로 이력서를 받는 경우도 있어 구직자 스스로 개성 넘치는 파워포인트 이력서를 만들어 자신의 매력을 어필할 수도 있다. '이력서.pptx' 파일을 불러와서 일반적인 형태의 한글 이력서로부터 표와 차트를 이용하여 깔끔하면서도 눈에 띄는 파워포인트 이력서를 완성해보자.

[이력서 한글파일]   [완성 결과]

작성 조건

1. CONTACT 완성하기
   (1) [2x2 표] 삽입하고 내용을 입력한다.
   (2) [표 스타일 옵션]에서 [머리글 행], [줄무늬 행] 선택을 해제한다.
   (3) [밝은 스타일1 – 강조 3] 표 스타일을 적용한다.
   (4) [높이]는 '2', [너비]는 '6'로 표 크기를 지정하고 열 너비는 마우스로 조절한다.
   (5) 글꼴 색을 [흰색, 배경1]로 변경하고 슬라이드 내에 적절히 위치한다.

2. ADDRESS 완성하기
   (1) 위에서 작성한 표를 복사하여 붙여넣기 한다.
   (2) 열과 행을 삭제하여 [1x1 표]로 변경하고 기존 내용을 주소로 수정한다.

(3) [높이]는 '2', [너비]는 '6'로 표 크기를 지정하고 [세로 가운데 맞춤] 한다.

(4) 슬라이드 내에 적절히 위치한다.

3. EDUCATION 완성하기

(1) [2x3 표] 삽입하고 내용을 입력한다.

(2) [표 스타일 옵션]에서 [머리글 행], [줄무늬 행] 선택을 해제한다.

(3) [밝은 스타일1 – 강조 1] 표 스타일을 적용한다.

(4) [높이]는 '4', [너비]는 '11'로 표 크기를 지정하고 열 너비는 마우스로 조절한다.

(5) 텍스트를 [세로 가운데 맞춤]을 하고 작성한 표는 슬라이드 내에 적절히 위치한다.

4. WORK EXPERIENCE 완성하기

(1) 위에서 작성한 표를 복사하여 붙여넣기 한다.

(2) 2행을 삭제하여 [2x1 표]로 변경하고 기존 내용을 수정한다.

(3) 슬라이드 내에 적절히 위치한다.

5. LICENSE 완성하기

(1) 위에서 작성한 표를 복사하여 붙여넣기 한다.

(2) [셀 병합], [셀 분할]을 하여 [1x2 표]로 변경하고 기존 내용을 수정한다.

(3) 텍스트를 [가운데 맞춤]을 하고 작성한 표는 슬라이드 내에 적절히 위치한다.

6. SKILL 완성하기

(1) 다음의 데이터로 [묶은 가로 막대형] 차트를 삽입한다.

	MS Office	CAD	영어
항목1	10	7	10

(2) [레이아웃 2]로 [빠른 레이아웃]을 적용하고 [차트 요소]에서 모든 선택을 해제한다.

(3) 차트의 크기를 마우스로 조절하고 슬라이드 내에 적절히 위치한다.

(4) 차트 스타일의 색을 [단색형] → [색 5]로 변경한다.

(5) [가로 텍스트 상자] 6개를 삽입하여 각각 'MS OFFICE(Excel, Word, Powerpoint', '상', 'AutoCAD, SolidWorks', '중', 'Toeic 850점', '상' 텍스트를 입력하고 차트 내에 적절히 배치한다.

6

멀티미디어 삽입

CHAPTER 6

학습목표

- 오디오를 삽입하고 편집하는 방법에 대해 알아보자.

- 비디오를 삽입하고 편집하는 방법에 대해 알아보자.

- 하이퍼링크 삽입에 대해 알아보자

6.1   오디오 삽입

프레젠테이션에 오디오를 삽입하면 슬라이드 쇼 실행 시에 오디오를 함께 재생할 수 있다.
오디오는 미리 준비된 파일을 삽입하거나 메뉴에서 직접 녹음하여 삽입한다.

6.1.1 오디오 재생 도구

(1)   재생 : 삽입한 오디오를 재생하여 미리 확인한다.
(2)   책갈피 추가/제거 : 오디오의 특정 위치에 책갈피를 추가하거나 제거할 수 있다. 오디오 재생 시 책갈피를 클릭하
      면 지정된 위치로 이동한다.
(3)   오디오 트리밍 : 오디오에서 일부만 재생하고자 할 때 시작 지점과 끝 지점을 지정하여 잘라낼 수 있다.
(4)   페이드인 : 오디오가 점점 커지면서 재생이 시작되는 시간을 지정한다.
(5)   페이드아웃 : 오디오가 점점 작아지면서 재생이 종료되는 시간을 지정한다.
(6)   볼륨 : 오디오의 볼륨을 [낮음], [중간], [높음], [음소거] 중에서 선택한다.
(7)   시작 : 오디오가 실행되는 방법을 정하는 것으로, [자동 실행]은 슬라이드 쇼 시작 시 바로 실행되고, [클릭할 때]
      는 마우스 클릭 시 실행된다.
(8)   모든 슬라이드에서 실행 : 오디오가 삽입된 슬라이드 뿐 아니라 모든 슬라이드에서 오디오가 재생된다.
(9)   반복 재생 : 오디오를 반복 재생하도록 설정한다.
(10) 쇼 동안 숨기기 : 슬라이드 쇼가 실행되는 동안에는 오디오 클립 아이콘(◀)이 보이지 않게 한다.
(11) 자동 되감기 : 오디오 재생이 끝나면 처음으로 되돌아간다.
(12) 스타일 없음 : 오디오 재생 옵션이 모두 초기화된다. [시작]이 [클릭할 때]로 변경되고, [모든 슬라이드에서 실행],
      [반복재생], [쇼 동안 숨기기] 옵션이 모두 체크해제 된다.
(13) 백그라운드에서 재생 : 오디오가 모든 슬라이드에 걸쳐 배경 음악처럼 계속 재생된다. [시작]이 [자동 실행]으로
      변경되고, [모든 슬라이드에서 실행], [반복재생], [쇼 동안 숨기기] 옵션이 모두 체크된다.

6.1.2 오디오 삽입

❶ 내 PC의 오디오 삽입

내 컴퓨터에 있는 오디오 파일을 프레젠테이션에 삽입한다. 삽입된 오디오는 프레젠테이
션 파일에 포함되어 저장된다. '사랑의인사.pptx' 파일을 불러와서 오디오를 삽입해보자.

❶ [삽입] → [미디어] 그룹 → [오디오] → [내 PC의 오디오]를 선택한다.

❷ [오디오 삽입] 창에서 오디오 파일을 선택하고 [삽입]을 클릭한다.

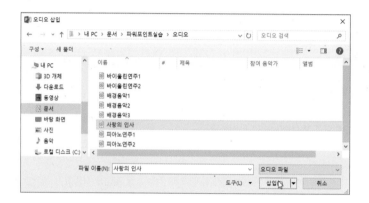

❸ 슬라이드에 오디오 클립 아이콘(🔊)이 나타난다. [오디오도구] → [재생] → [미리보기]
그룹 → [재생]을 클릭하면 삽입한 오디오가 재생된다.

2 오디오 녹음

오디오 파일을 삽입하는 대신, 직접 녹음하여 오디오를 삽입할 수 있다.

❶ [삽입] → [미디어] 그룹 → [오디오] → [오디오 녹음]을 선택한다.

❷ [소리 녹음]창에서 녹음을 하고 [확인]을 클릭하면 녹음한 오디오가 삽입된다.

참고 모든 슬라이드에서 오디오 실행

슬라이드 쇼를 실행하면 기본적으로 오디오가 삽입된 슬라이드에서만 오디오가 실행되고 다음 슬라이드로 넘어갈 때 자동으로 멈추게 된다. [모든 슬라이드에서 재생] 옵션을 이용하면 모든 슬라이드에 걸쳐서 오디오를 재생할 수 있다.

참고 지원되는 오디오 파일 형식

파일형식	확장자
AIFF 오디오파일	.aiff
AU 오디오 파일	.au
MIDI 파일	.mid 또는 .midi
MP3 오디오 파일	.mp3
Advanced Audio Coding - MPEG-4 오디오 파일	.m4a, .mp4
Windows 오디오 파일	.wav
Windows Media 오디오 파일	.wma

6.1.3 오디오 편집

1 책갈피

오디오의 특정 위치에 책갈피를 추가하여 지정된 위치에서부터 오디오를 재생할 수 있다.
'연주회.pptx' 파일을 불러와서 책갈피를 추가하고 제거해보자.

■ 책갈피 추가

① 오디오 클립 아이콘(🔊)을 선택하고 [오디오 도구] → [재생] → [미리보기] 그룹 → [재생]을 클릭한다.

② 오디오가 재생될 때 원하는 시점이 되면 [책갈피 추가]를 클릭한다. 이 위치에 책갈피가 추가되면서 오디오 재생이 중지된다. 책갈피를 더 추가하려면 다시 [재생]을 클릭하여 원하는 위치에서 책갈피를 추가한다.

■ 책갈피 실행

① [재생]을 클릭하여 원하는 책갈피를 선택한다. 선택한 책갈피는 노란색 원으로 표시된다.

② 선택한 지점부터 음악이 재생된다.

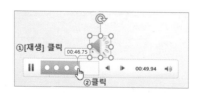

■ 책갈피 제거

① 제거할 책갈피를 선택하고 [오디오 도구] → [재생] → [책갈피] 그룹 → [책갈피 제거]를 클릭한다.

❷ 선택한 책갈피가 제거된다.

2 트리밍

트리밍이란 오디오에서 원하는 구간을 잘라내어 그 부분만 재생하는 기능이다. 시작 지점과 끝 지점을 지정하여 원하는 구간을 잘라낼 수 있다.

녹색 표식(❙)은 트리밍 시작 시간을, 빨간색 표식(❙)은 트리밍 종료 시간을 나타낸다.

❶ 오디오 클립 아이콘(🔊)을 선택하고 [오디오 도구] → [재생] → [편집] 그룹 → [오디오 트리밍]을 클릭한다.

❷ [오디오 맞추기] 창에서 [시작 시간]은 '12', [종료 시간]은 '80'을 입력한다.

> **TIP** 녹색 표식(❙)과 빨간색 표식(❙)을 마우스로 드래그하여 시작 시간과 종료 시간을 정할 수 있다.

❸ [재생]을 클릭하면 트리밍된 구간만 오디오가 재생된다.

3 페이드 인/페이드 아웃

오디오 페이드 인은 소리가 서서히 커지면서 들리는 효과를 말하며, 페이드 아웃은 소리가 점점 줄어들면서 사라지는 효과를 말한다.

❶ 오디오 클립 아이콘(🔊)을 선택하고 [오디오 도구] → [재생] → [편집] 그룹 → [페이드 지속시간]에서 [페이드 인]과 [페이드 아웃]에 '5'를 입력한다.

❷ [재생]을 클릭하면 처음 5초 동안 소리가 서서히 커지며 재생되고, 마지막 5초 동안에는 소리가 점점 줄어들며 종료된다.

4 오디오 클립 아이콘 숨기기

오디오를 삽입하면 슬라이드 쇼가 진행되는 동안 오디오 클립 아이콘(🔊)이 표시된다. 아이콘을 클릭하여 오디오를 실행하는 것이 아니라면 굳이 청중들에게 보여줄 필요가 없기 때문에 숨겨놓는 것이 좋다. [쇼 동안 숨기기] 기능을 이용하여 오디오 클립 아이콘을 숨겨보자.

❶ 오디오 클립 아이콘(🔊)을 선택하고 [오디오 도구] → [재생] → [오디오 옵션] 그룹에서 [시작]은 [자동 실행]을 선택한다.

❷ [오디오 도구] → [재생] → [오디오 옵션] 그룹에서 [쇼 동안 숨기기]를 체크 한다.

TIP   [쇼 동안 숨기기]를 체크한 상태에서 오디오 [시작] 방법을 [클릭할 때]로 설정하면 슬라이드 쇼 실행 시 오디오 클립 아이콘이 보이지 않아 클릭할 수가 없다. 따라서 [쇼 동안 숨기기]를 체크한 경우에는 [시작] 방법을 [자동 실행]으로 설정해야 오디오를 재생할 수 있다.

> **참고**
>
> 오디오 클립 아이콘(🔊)을 슬라이드 밖에 위치하면 슬라이드 쇼 실행 시 아이콘을 숨길 수 있다.

6.2 비디오 삽입

필요시 슬라이드에 비디오를 적절히 삽입하면 보다 생동감 있고 효과적인 프레젠테이션을 할 수 있다. 다양한 형식의 비디오 파일을 삽입할 수 있고, 오디오와 마찬가지로 트리밍 기능을 통해 원하는 부분만 잘라내어 재생할 수 있다.

6.2.1 비디오 도구

1 비디오 재생 도구

(1) 재생 : 삽입한 비디오를 재생하여 미리 확인한다.

(2) 책갈피 추가/제거 : 비디오의 특정 위치에 책갈피를 추가하거나 제거할 수 있다. 비디오 재생 시 책갈피를 클릭하면 지정된 위치로 이동한다.

(3) 비디오 트리밍 : 비디오에서 일부만 재생하고자 할 때 시작 지점과 끝 지점을 지정하여 잘라낼 수 있다.

(4) 페이드인 : 비디오 화면이 서서히 나타나며 재생이 시작되는 시간을 지정한다.

(5) 페이드아웃 : 비디오 화면이 점점 사라지며 재생이 종료되는 시간을 지정한다.

(6) 볼륨 : 비디오의 볼륨을 [낮음], [중간], [높음], [음소거] 중에서 선택한다.

(7) 시작 : 비디오가 실행되는 방법을 정하는 것으로, [자동 실행]은 슬라이드 쇼 시작 시 바로 실행되고, [클릭할 때]는 마우스 클릭 시 실행된다.

(8) 전체 화면 재생 : 슬라이드 쇼 실행 시 전체화면에 꽉 찬 상태로 재생한다.

⑼ 재생하지 않을 때 숨기기 : 슬라이드 쇼에서 비디오를 재생하지 않을 때 비디오 클립 이미지를 숨긴다. 이 옵션을 선택한 상태에서 비디오 [시작] 방법을 [클릭할 때]로 설정하면 슬라이드 쇼 실행 시 비디오 클립 이미지가 보이지 않아 클릭할 수가 없다. 이 경우 [시작] 방법을 [자동 실행]으로 설정해야 비디오를 재생할 수 있다.

⑽ 반복 재생 : 비디오를 반복 재생하도록 설정한다.

⑾ 자동 되감기 : 비디오 재생이 끝나면 처음으로 되돌아간다.

2 비디오 서식 도구

⑴ 수정 : 동영상의 밝기 또는 대비를 조정한다.

⑵ 색 : 동영상의 색상을 조정한다.

⑶ 포스터 틀 : 비디오 클립의 미리보기 이미지를 지정한다.

⑷ 디자인 다시 설정 : 비디오 클립에 적용된 모든 서식을 취소한다.

⑸ 비디오 스타일 : 미리 등록된 비디오 스타일로 비디오 클립을 꾸며준다.

⑹ 비디오 셰이프 : 선택한 도형의 모양으로 비디오 클립을 변경한다.

⑺ 비디오 테두리 : 비디오 클립의 윤곽선, 두께, 선 스타일을 지정한다.

⑻ 비디오 효과 : 비디오 클립에 그림자, 반사, 네온, 입체 효과, 3차원 회전 효과를 지정한다.

6.2.2 비디오 삽입

1 내 PC의 비디오 삽입

내 컴퓨터에 있는 비디오 파일을 프레젠테이션에 삽입한다. 슬라이드에 비디오 파일을 삽입해보자.

❶ [삽입] → [미디어] 그룹 → [비디오] → [내 PC의 비디오]를 클릭한다.

❷ [비디오 삽입] 창에서 비디오 파일을 선택하고 [삽입]을 클릭한다.

❸ 슬라이드에 비디오 클립 이미지가 나타나며 비디오 파일이 삽입된다.

2 온라인 비디오 삽입

[YouTube]의 동영상을 삽입하거나 웹 페이지 동영상을 Embed 태그를 통해 삽입할 수 있다. [YouTube]에서 원하는 동영상을 검색하여 슬라이드에 삽입해보자.

❶ [삽입] → [미디어] 그룹 → [비디오] → [온라인 비디오]를 클릭한다.

❷ [비디오 삽입]창에서 [YouTube] 검색창에 검색어를 입력하고 원하는 비디오를 선택하여 삽입한다.

참고 지원되는 비디오 파일 형식	
파일형식	**확장자**
Windows Media 파일	.asf
Windows Video 파일	.avi
MP4 Video 파일	.mp4, .m4v, .mov
동영상파일	.mpg 또는 .mpeg
Adobe Flash Media	.swf
Windows Media Video 파일	.wmv

참고 **동영상 파일에 연결**

슬라이드에 동영상 파일을 삽입하면 기본적으로 동영상 파일이 프레젠테이션 파일에 포함되어 저장된다. 용량이 큰 동영상 파일을 삽입하면 프레젠테이션 파일의 크기가 커져서 파일 전송이나 공유가 어려울 수 있다. 이러한 경우 [삽입] 대신에 [파일에 연결] 옵션을 이용하면 동영상 파일을 포함하지 않고 저장되기 때문에 프레젠테이션 파일의 크기가 커지지 않는다. 이 옵션을 이용할 때 동영상 파일은 프레젠테이션 파일과 같은 폴더에 위치하는 것이 좋다.

참고 **비디오 최적화 저장**

[정보] → [미디어 압축] 기능을 통해 동영상을 압축하여 저장하는 것도 프레젠테이션 파일의 크기를 줄일 수 있는 방법이다. 압축된 동영상의 품질에 따라서 파일 크기가 달라지며, 프레젠테이션 품질, 인터넷 품질, 저품질 순으로 품질과 함께 파일 크기가 줄어든다.

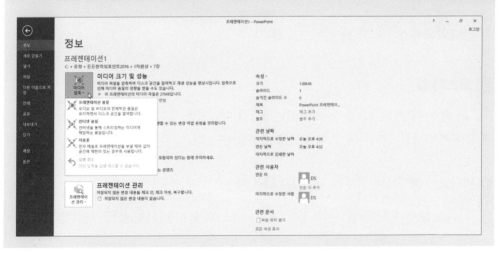

6.2.3 비디오 서식

1 비디오 색

삽입된 동영상의 색상 톤을 조정할 수 있다. '동물원.pptx' 파일을 불러와서 [색] 옵션을 적용해보자.

❶ 비디오 개체를 선택하고 [비디오 도구] → [서식] → [조정] 그룹 → [색]에서 [청회색, 텍스트 색 2 어둡게]를 선택한다.

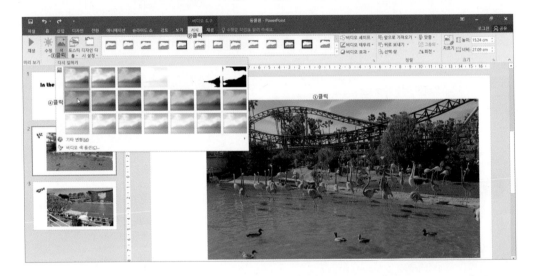

❷ 비디오 개체가 선택한 색상 톤으로 변경된다.

2 포스터 틀

포스터 틀은 해당 비디오를 대표하는 미리보기 이미지를 말한다. 비디오를 구성하는 이미지 중에서 하나를 선택하여 포스터 틀로 지정할 수 있다.

❶ 비디오를 재생하여 원하는 이미지가 나올 때 [중지]를 클릭한다.

❷ [비디오 도구] → [서식] → [조정] 그룹 → [포스터 틀] → [현재 틀]을 클릭한다.

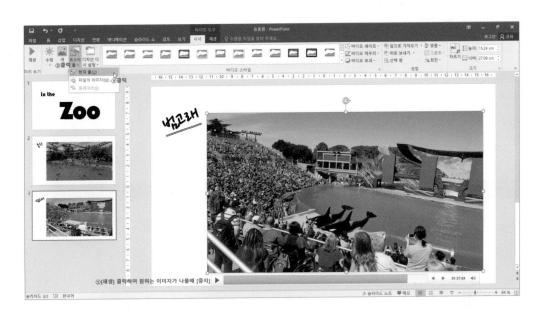

❸ 선택된 이미지로 비디오의 포스터 틀이 변경된다.

> **TIP** [비디오 도구] → [서식] → [조정] 그룹 → [포스터 틀] → [파일의 이미지]를 클릭하여 선택한 이미지 파일로 포스터 틀을 지정할 수도 있다.

3 비디오 스타일

삽입한 비디오는 미리 등록된 비디오 스타일을 이용하여 다양하게 꾸밀 수 있다.

❶ 비디오 개체를 선택하고 [비디오 도구] → [서식] → [비디오 스타일] 그룹 → [일반 프레임, 검정]을 선택한다.

❷ 비디오 개체가 검정 프레임이 추가된 스타일로 변경된다.

4 비디오 셰이프

비디오 개체의 기본적인 형태는 직사각형이지만, 비디오 셰이프를 이용하면 다양한 도형 모양으로 변경할 수 있다.

❶ 비디오 개체를 선택하고 [비디오 도구] → [서식] → [비디오 스타일] 그룹 → [비디오 셰이프] → [타원]을 선택한다.

❷ 비디오 개체가 타원 모양으로 변경된다.

6.2.4 비디오 편집

1 책갈피

특정 시간 위치를 등록해두고 지정된 위치로 바로 이동할 수 있는 기능이다. '퍼레이드.pptx' 파일을 불러와서 책갈피를 추가해보자.

❶ 비디오 개체를 선택하고 [비디오 도구] → [재생] → [미리 보기] 그룹 → [재생]을 클릭한다.

❷ 비디오가 재생되면 원하는 시점이 되었을 때 [책갈피 추가]를 클릭한다. 책갈피가 추가되면서 비디오의 재생이 중지된다.

❸ 계속해서 책갈피 추가를 하려면 [재생]을 클릭하여 원하는 지점에서 책갈피를 추가한다.

2 트리밍

비디오의 시작 시간과 종료 시간을 지정하여 원하는 부분만 재생 할 수 있다.

❶ 비디오 개체를 선택하고 [비디오 도구] → [재생] → [편집] 그룹 → [비디오 트리밍]을 클릭한다.

❷ [비디오 맞추기] 창에서 [시작 시간]은 '75', [종료 시간]은 '170'을 입력한다.

> **TIP**   녹색 표식(❘)과 빨간색 표식(❘)을 마우스로 드래그하여 시작 시간과 종료 시간을 정할 수 있다.

❸ [재생]을 클릭하면 트리밍된 구간만 비디오 영상이 재생된다.

③ 페이드 인/페이드 아웃

비디오 페이드 인은 포스터 틀의 이미지와 화면이 겹친 상태에서 서서히 나타나는 효과를 말하며 페이드 아웃은 포스터 틀의 이미지와 화면이 서서히 겹쳐지면서 끝나는 효과를 말한다.

❶ 비디오 개체를 선택하고 [비디오 도구] → [재생] → [편집] 그룹 → [페이드 지속시간]에서 [페이드 인]과 [페이드 아웃]에 '5'를 입력한다.

❷ 비디오 시작과 종료 시 5초 동안 화면이 겹쳐지면서 서서히 화면이 나타나고 사라진다.

> **참고 전체화면 재생**
>
> 동영상을 전체 화면으로 재생하고자 할 때 [비디오 도구] → [재생] → [비디오 옵션] 그룹 → [전체 화면 재생]을 체크한다.
>
>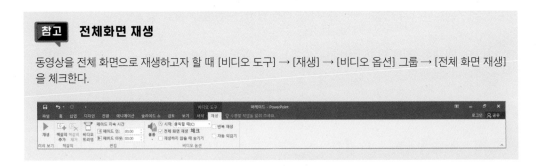

6.3 하이퍼링크 삽입

하이퍼링크는 슬라이드 쇼 실행 시 같은 파일 내에서 다른 슬라이드로 이동하거나 웹 페이지 또는 다른 파일로 연결할 수 있는 기능이다. 하이퍼링크가 삽입된 개체 위에 마우스를 가져가면 포인터가 손바닥 모양으로 바뀌며 하이퍼링크로 연결 되었다는 것을 표시해준다.

6.3.1 하이퍼링크 삽입

1️⃣ 다른 슬라이드로 연결

'반려견.pptx' 파일을 불러와서 하이퍼링크를 이용하여 다른 슬라이드로 연결해보자.

❶ 슬라이드2에서 '반려견이란?'을 마우스로 선택한다.

❷ [삽입] → [링크] 그룹 → [하이퍼링크]를 클릭하여 [하이퍼링크 삽입] 창에서 [연결 대상] 으로 [현재 문서]를 선택한다. [이 문서에서 위치 선택]은 [3.반려견이란?]을 선택한다.

❸ 하이퍼링크를 통해 해당 슬라이드로 연결된다.

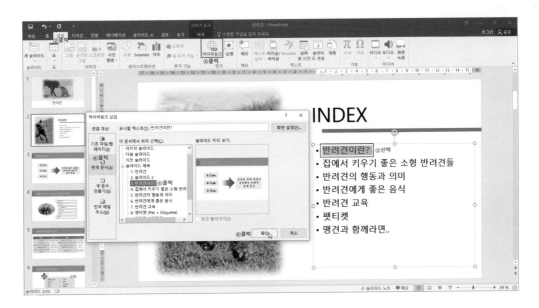

❹ 같은 방법으로 각 제목 문자열과 해당 슬라이드를 하이퍼링크로 연결해보자.

2️⃣ 웹페이지로 연결

텍스트를 클릭 시 해당 웹페이지로 연결되도록 하이퍼링크를 설정해보자.

❶ 슬라이드9에서 '동물보호관리시스템'을 마우스로 범위 지정한다.

❷ [삽입] → [링크] 그룹 → [하이퍼링크]를 클릭하여 [하이퍼링크 삽입] 창에서 [연결 대 상]을 [기존 파일/웹 페이지]를 선택한다.

❸ [주소]에 'www.animal.go.kr' 웹 페이지 주소를 입력하고 [확인]을 클릭한다.

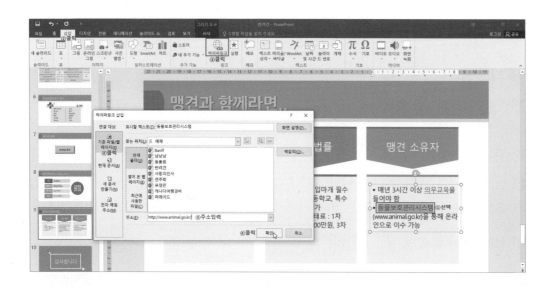

3 YouTube 동영상 주소로 연결

슬라이드에 동영상을 직접 삽입할 수도 있지만 YouTube와 같은 온라인 동영상을 하이퍼링크로 연결할 수도 있다. 도형 클릭 시 해당 YouTube 동영상으로 연결되도록 하이퍼링크를 설정해보자.

❶ 인터넷 브라우저를 열고 YouTube 사이트(http://www.youtube.com)에 접속한다.

❷ 검색창에 '반려견교육'을 입력하고, 검색 결과 목록에서 원하는 동영상을 선택한다.

❸ 해당 동영상의 주소를 복사한다.

④ 슬라이드7에서 'YouTube 링크' 도형을 선택하고 [삽입] → [링크] 그룹 → [하이퍼링크] 를 클릭한다.

⑤ [하이퍼링크 삽입] 창에서 [연결 대상]을 [기존 파일/웹 페이지]를 선택한다.

⑥ [주소]에 복사한 주소를 붙여넣기하고 [확인]을 클릭한다.

⑦ 슬라이드 쇼 실행 시 도형을 클릭하면 해당 YouTube 동영상이 재생된다.

참고   하이퍼링크 화면 설명 설정

슬라이드 쇼 실행 시 하이퍼링크 위로 마우스를 가져갈 때 나타나는 화면 설명 텍스트를 설정하려면 [하이퍼링크 삽입] 창의 [화면 설명] 기능을 이용한다.

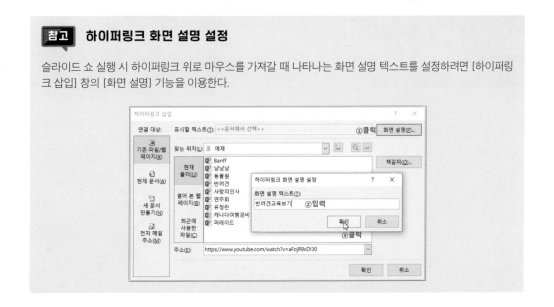

6.3.2 하이퍼링크 편집

1 하이퍼링크 수정

삽입된 하이퍼링크를 수정하려면 [하이퍼링크 편집] 창을 이용하여 슬라이드 위치 또는 웹 페이지 주소를 변경한다. 텍스트에 설정된 하이퍼링크 주소를 변경해보자.

❶ 슬라이드9에서 '동물보호관리시스템'을 마우스로 선택하고 [삽입] → [링크] 그룹 → [하이퍼링크]를 클릭한다.

❷ [하이퍼링크 편집] 창에서 [주소]에 'https://apms.epis.or.kr' 웹 페이지 주소를 수정하고 [확인]을 클릭한다.

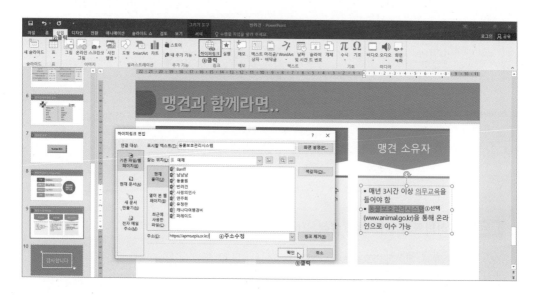

2 하이퍼링크 제거

삽입된 하이퍼링크를 제거해보자.

❶ 슬라이드9에서 '의무교육'을 마우스로 선택하고 [삽입] → [링크] 그룹 → [하이퍼링크]
를 클릭한다.

❷ [하이퍼링크 편집] 창에서 [링크 제거]를 클릭한다.

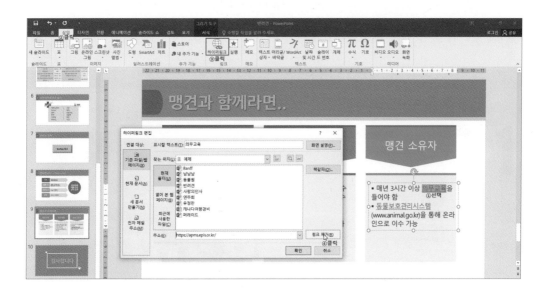

기본 프로젝트   **멀티미디어 개체를 삽입하여 슬라이드 완성하기**

※ 'Banff.pptx' 파일에 오디오, 비디오, 하이퍼링크를 삽입하여 슬라이드를 완성해보자.

STEP 1   오디오 삽입하기

❶ [삽입] → [미디어] 그룹 → [오디오] → [내 PC의 오디오]를 선택한다.

❷ [오디오 삽입] 창에서 '배경음악1' 오디오 파일을 선택하고 [삽입]을 클릭한다.

❸ [오디오 도구] → [재생]에서 [백그라운드에서 재생]과 [볼륨] → [낮음]을 클릭한다. 선택한 오디오가 배경음악으로 잔잔히 재생된다.

STEP 2 비디오 삽입하기

❶ 슬라이드5를 클릭하고 [삽입] → [미디어] 그룹 → [비디오] → [내 PC의 비디오]를 선택한다.

❷ [비디오 삽입] 창에서 '야생곰.mp4' 비디오 파일을 선택하고 [삽입]을 클릭한다.

❸ [비디오 도구] → [서식] → [크기] 그룹 → [자르기]를 클릭하고 마우스로 조절점을 드래그하여 필요하지 않은 영역은 제거한다.

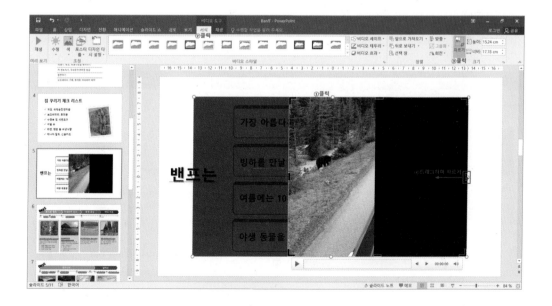

❹ [비디오 스타일]에서 [단순형 프레임, 흰색]을 클릭하고, [음소거]를 클릭하여 소리가
나지 않는 동영상으로 설정한다.

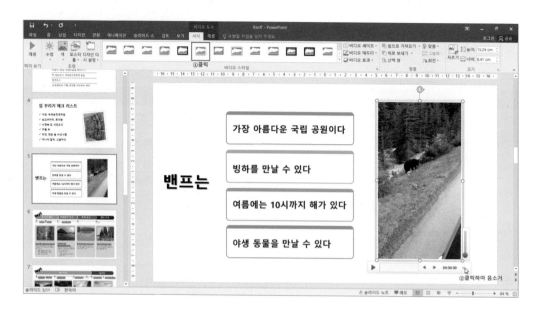

STEP 3 하이퍼링크 삽입 및 제거하기

❶ 슬라이드2에서 '준비 사항'은 슬라이드3, '여행 일정'은 슬라이드6, '여행 경비'는 슬라이
드10으로 각각 하이퍼링크를 삽입해보자. '여행 일정'을 선택하고 [삽입] → [링크] 그룹
→ [하이퍼링크]를 클릭하여 [하이퍼링크 삽입] 창에서 연결대상을 [현재 문서]로 지정,
[6.슬라이드6]를 선택한다.

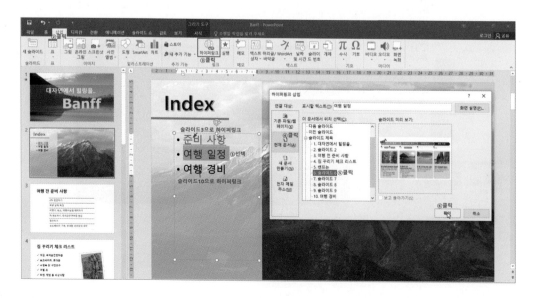

❷ 슬라이드10에서 '여행경비'에 '캐나다여행경비.xlsx' 파일을 하이퍼링크 해보자. '여행경비'를 범위로 지정한 후 [삽입] → [링크] 그룹 → [하이퍼링크]를 클릭하고 [하이퍼링크 삽입] 창에서 [기존 파일/웹페이지] → [현재 폴더]를 클릭한 후, '캐나다여행경비.xlsx' 파일을 선택한다.

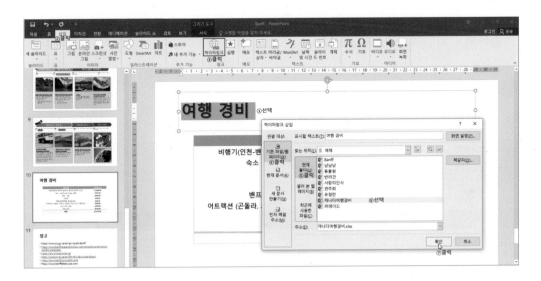

❸ 슬라이드에 삽입된 하이퍼링크를 제거해보자. 하이퍼링크가 설정된 텍스트 전체를 마우스로 드래그하여 선택한다. [삽입] → [링크] 그룹 → [하이퍼링크]를 클릭하여 [하이퍼링크 편집] 창에서 [링크 제거]를 클릭한다.

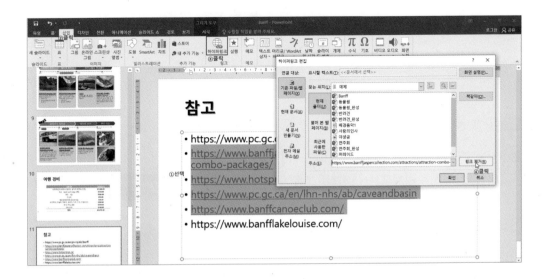

파워포인트로 동영상 편집하고 저장하기

※ 파워포인트에서도 간단한 동영상 편집, 저장 기능을 제공하기 때문에 별도의 동영상 편집 프로 그램이 없어도 간편하게 동영상을 재구성할 수 있다. 파워포인트에 기존 동영상을 삽입하고 수 정한 후 다시 동영상으로 저장해보자.

STEP 1 슬라이드에 동영상 삽입하기

❶ 파워포인트를 실행하고 [빈 화면] 슬라이드 3개를 삽입한다.

❷ 슬라이드1에는 '고양이1.mp4', 슬라이드2는 '고양이2.mp4', 슬라이드3에는 '고양이 3.mp4' 비디오 파일을 각각 삽입한다.

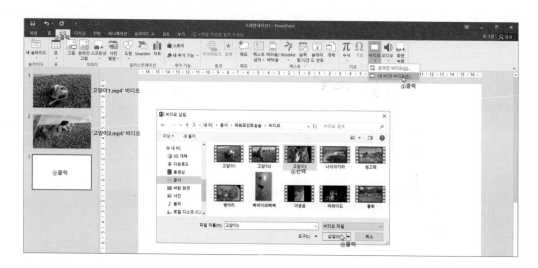

STEP 2 동영상 트리밍 하기

❶ 슬라이드1의 '고양이1.mp4' 비디오 개체를 선택하고 [비디오 도구] → [재생] → [편집] 그룹 → [비디오 트 리밍]을 클릭한다. [비디오 맞추기] 창에서 [종료 시 간]은 '13'을 입력한다.

❷ 슬라이드2의 '고양이2.mp4' 비디오 개체를 선택하고 [비디오 도구] → [재생] → [편집] 그룹 → [비디오 트리밍]을 클릭한다. [비디오 맞추기] 창에서 [종료 시간]은 '22'를 입력한다.

❸ 슬라이드3의 '고양이3.mp4' 비디오 개체를 선택하고 [비디오 도구] → [재생] → [편집] 그룹 → [비디오 트리밍]을 클릭한다. [비디오 맞추기] 창에서 [시작 시간]은 '15'를 입력한다.

STEP 3   배경음악 삽입하기

❶ 모든 비디오 영상의 소리를 제거해보자. 비디오 개체를 선택하고 [비디오 도구] → [재생] → [비디오 옵션] 그룹 → [볼륨]을 [음소거]를 클릭한다.

❷ 같은 방법으로 슬라이드2, 슬라이드3의 비디오 영상 볼륨을 [음소거]한다.

❸ [삽입] → [미디어] 그룹 → [오디오] → [내 PC의 오디오]를 선택하고 [오디오 삽입] 창에서 '배경음악2' 오디오 파일을 삽입한다.

❹ 삽입한 오디오 클립 아이콘(🔊)을 클릭하여 슬라이드 밖에 위치한다.

> **TIP** 오디오 클립 아이콘이 슬라이드 내에 있으면 저장된 동영상에도 나타나므로 이를 숨기기 위해 아이콘을 슬라이드 밖에 위치시킨 후 저장한다. 한편 [쇼 동안 숨기기] 기능은 슬라이드 쇼 실행 시에만 아이콘을 숨기는 기능이므로 이 기능을 이용해도 동영상에는 아이콘이 포함되어 저장된다.

❺ [오디오 도구] → [재생] → [편집] 그룹 → [페이드 지속시간]에서 [페이드 인]과 [페이드 아웃]에 '3'을 입력한다.

❻ [오디오 도구] → [재생] → [오디오 옵션] 그룹에서 시작은 [자동 실행], [모든 슬라이드에서 실행], [반복 재생]을 체크한다.

STEP 4 **자막 삽입하기**

❶ [삽입] → [텍스트] 그룹 → [텍스트 상자] → [가로 텍스트 상자]를 삽입하여 텍스트를 입력하고 [홈] → [글꼴] 그룹에서 글꼴 서식을 지정한다.

❷ 삽입한 텍스트 상자를 나머지 슬라이드에도 복사하여 붙여 넣고 각 동영상에 적합한 자막을 입력한다.

STEP 5 비디오로 저장하기

❶ [파일]을 클릭하고 [내보내기] → [비디오 만들기] → [비디오 만들기]를 클릭한다.

❷ [다른 이름으로 저장] 창에서 [파일 이름]을 입력하고 [저장]을 클릭한다.

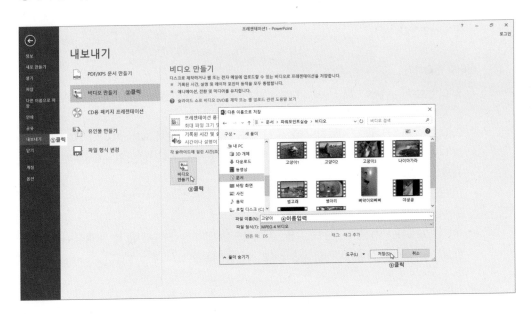

❸ 파워포인트 창 하단에 비디오가 생성되는 과정을 진행율과 함께 확인할 수 있다.

❹ 해당 폴더에 '고양이.mp4' 비디오가 만들어진다.

(1) 오디오 삽입하기

- [삽입] → [미디어] 그룹 → [오디오] → [내 PC의 오디오]를 선택하여 내 컴퓨터에 있는 오디오 파일을 프레젠테이션에 삽입한다.
- [삽입] → [미디어] 그룹 → [오디오] → [오디오 녹음]을 선택하여 오디오 파일을 직접 녹음하여 프레젠테이션에 삽입한다.

(2) 오디오 편집하기

- [오디오 도구] → [재생] → [미리보기] 그룹 → [재생]을 클릭하면 삽입한 오디오가 재생된다.
- [오디오 도구] → [재생] → [책갈피] 그룹에서 책갈피를 추가하여 지정된 위치에서부터 오디오를 재생할 수 있다.
- [오디오 도구] → [재생] → [편집] 그룹 → [오디오 트리밍]으로 시작 시간과 종료 시간을 지정하여 원하는 구간만 재생할 수 있다.
- [오디오 도구] → [재생] → [편집] 그룹 → [페이드인/페이드아웃]에서 오디오가 점점 커지면서 재생이 시작되거나 점점 작아지면서 종료되는 시간을 지정한다.

(3) 비디오 삽입하기

- [삽입] → [미디어] 그룹 → [비디오] → [내 PC의 비디오]를 선택하여 내 컴퓨터에 있는 비디오 파일을 프레젠테이션에 삽입한다.
- [삽입] → [미디어] 그룹 → [비디오] → [온라인 비디오]를 선택하여 온라인 비디오를 프레젠테이션에 삽입한다.

(4) 비디오 편집하기

- [비디오 도구] → [서식] 메뉴에서 비디오의 밝기/대비, 색상, 비디오 스타일, 비디오 세이프등 다양한 서식을 설정한다.
- [비디오 도구] → [서식] → [조정] 그룹 → [포스터 틀]에서 비디오의 미리보기 이미지를 정한다.
- [비디오 도구] → [재생] → [책갈피] 그룹에서 책갈피를 추가하여 지정된 위치에서부터 비디오를 재생할 수 있다.
- [비디오 도구] → [재생] → [편집] 그룹 → [비디오 트리밍]으로 시작 시간과 종료 시간을 지정하여 원하는 구간만 비디오를 재생할 수 있다.
- [비디오 도구] → [재생] → [편집] 그룹 → [페이드인/페이드아웃]에서 비디오가 점점 나타나면서 재생이 시작되거나 점점 사라지면서 종료되는 시간을 지정한다.

(5) 하이퍼링크

- [삽입] → [링크] 그룹 → [하이퍼링크]를 클릭하여 같은 파일 내에서 다른 슬라이드로 이동하거나 웹 페이지 또는 다른 파일로 하이퍼링크 할 수 있다.
- 하이퍼링크가 지정된 개체를 선택하고 [삽입] → [링크] 그룹 → [하이퍼링크]를 클릭하여 [하이퍼링크 편집] 창에서 하이퍼링크를 수정하거나 제거 한다.

※ '냠냠냠.pptx' 파일에 비디오, 오디오, 하이퍼링크를 삽입하여 슬라이드를 완성해보자.

작성 조건

1. 슬라이드1에 오디오 파일을 삽입하고 다음과 같이 편집한다.
   (1) '배경음악3.m4a' 오디오 파일을 삽입한다.
   (2) [페이드인]과 [페이드아웃]을 '5'초로 지정한다.
   (3) 오디오가 [백그라운드에서 재생]이 되게 한다.

2. 슬라이드2에 비디오 파일을 삽입하고 다음과 같이 편집한다.

   (1) '라쿤.mp4' 비디오 파일을 삽입하고 [볼륨]을 [음소거]한다.

   (2) [비디오 트리밍]으로 [시작 시간]은 '5', [종료 시간]은 '30'을 지정하여 지정 구간만 재생되도록 한다.

   (3) 슬라이드2에서 [자동 실행]으로 재생 되도록 한다.

3. 슬라이드3에 비디오 파일을 삽입하고 서식을 다음과 같이 설정한다.

   (1) '냠냠.mp4' 비디오 파일을 삽입하고 [볼륨]을 [음소거]한다.

   (2) 비디오의 [색]은 [세피아], [비디오 스타일]은 [회전, 그라데이션]으로 지정한다.

   (3) [비디오 셰이프]는 [모서리가 둥근 직사각형]으로 지정한다.

4. 슬라이드3의 [왼쪽 화살표]는 슬라이드2로 하이퍼링크를 지정하고 '이전 페이지로' [화면 설명]을 입력한다.

※ 다음과 같은 내용을 바탕으로 작성한 '유정란.pptx' 파일에 동영상을 삽입하여 완성해보자.

> 과연 마트에서 구입한 유정란은 병아리가 될까? 궁금증을 해결하기 위해 유정란을 부화해보기로 했다.
>
> 계란을 부화하려면 온도와 습도가 매우 중요하다. 온도는 35~38도, 습도는 50~60%을 유지한다.
>
> 산란 방법은 부화기를 이용하면 '전란'을 자동으로 해준다. 전란이란 어미 닭이 매일 여러 번씩 부리로 알을 굴려주는 것을 말한다. 부화기는 1시간에 한번씩 계란을 굴려주며, 전란은 부화하기 3~4일 전까지 해준다.
>
> 21일째 병아리가 부화하기 시작하며, 2~3시간 동안 껍질을 깨고 나온다.

※위의 내용을 이용하여 작성한 예제는 다음과 같다.

[슬라이드1]

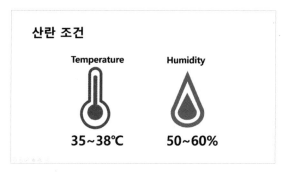

[슬라이드2]

[슬라이드3]

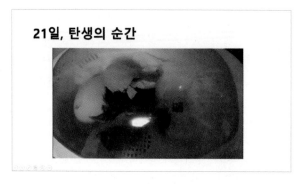

[슬라이드4]

[슬라이드5]

작성 조건

1. 슬라이드4에 비디오 파일을 삽입하고 다음과 같이 편집한다.
   (1) '병아리.mp4' 비디오 파일 삽입하고 높이를 '13cm'로 지정한다.
   (2) [비디오 트리밍]으로 [시작 시간]은 '370', [종료 시간]은 '400'을 지정하여 지정 구간
       만 재생되도록 한다.
   (3) 삽입한 비디오는 슬라이드4에서 [자동 실행]으로 재생 되도록 한다.
2. 슬라이드5에 비디오 파일을 삽입하고 다음과 같이 편집한다.
   (1) '삐약이와삐삐.mp4' 비디오 파일을 삽입한다.
   (2) [비디오 스타일]은 [입체 프레임, 그라데이션]으로 지정한다.
3. [정보] → [미디어압축] → [프레젠테이션 품질]로 비디오를 최적화하여 저장한다.

7

애니메이션과
화면 전환 효과

CHAPTER 7

학습목표

- 텍스트, 그림, 스마트아트, 차트 등의 개체에 애니메이션 효과를 적용하는 방법에 대해
  알아보자.
- 애니메이션 효과를 추가, 복사, 제거하는 방법에 대해 알아보자.
- 슬라이드에 화면 전환 효과를 적용하고 제거하는 방법에 대해 알아보자.

7.1   애니메이션

애니메이션 기능은 보다 역동감 있는 프레젠테이션을 만들 수 있어서 청중의 관심과 시선을 집중시키는 데 효과적으로 사용할 수 있다. 슬라이드에 삽입되는 텍스트, 그림, 도형, 표, 스마트아트 그래픽 등 각 개체 별로 애니메이션 효과를 줄 수 있다.

7.1.1 애니메이션 도구 모음

1 애니메이션 도구

애니메이션 도구에는 개체에 적용할 수 있는 애니메이션 종류, 효과, 타이밍, 애니메이션 순서를 바꿀 수 있는 명령들이 있다. 애니메이션 도구를 이용하면 개체나 슬라이드에 애니메이션 효과를 손쉽게 적용할 수 있다.

(1) 미리보기 : 슬라이드에 적용된 애니메이션을 미리 확인한다.

(2) 애니메이션 : 나타내기, 강조, 끝내기, 이동 경로 4 종류의 애니메이션이 있다.

(3) 효과 옵션 : 방향이나 색 등 다양한 효과 옵션을 지정한다.

(4) 애니메이션 추가 : 애니메이션이 적용된 개체에 추가로 애니메이션을 적용한다.

(5) 애니메이션 창 : 슬라이드 오른쪽에 표시되며 개체에 적용된 애니메이션 목록과 진행 시간 표시 막대가 표시된다.

(6) 트리거 : 애니메이션이 적용되어 있는 개체를 다른 개체에 연결하여 선택적으로 애니메이션을 실행할 수 있는 기능이다.

(7) 애니메이션 복사 : 개체에 적용된 애니메이션을 다른 개체에 복사한다.

(8) 시작 : 애니메이션의 시작 방법을 [클릭할 때], [이전 효과와 함께], [이전 효과 다음에] 등에서 선택한다.

(9) 재생시간 : 애니메이션이 재생되는 속도를 지정한다.

(10) 지연 : 애니메이션이 재생된 후 다음 애니메이션이 시작될 때까지의 지연 시간을 지정한다.

(11) 애니메이션 순서 바꾸기 : 애니메이션이 적용된 순서를 변경한다.

2 애니메이션 효과 종류

[애니메이션] → [애니메이션] 그룹에서 자세히(▽)를 클릭하면 다양한 애니메이션 목록이 나타난다. 나타내기, 강조하기, 끝내기, 이동 경로 등 4종류의 기본 애니메이션 효과가 표시되며, [추가 나타내기 효과]와 같은 추가 효과를 클릭하면 다양한 애니메이션 효과를 선택할 수 있다.

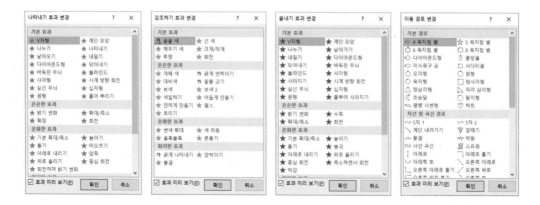

- 나타내기 : 개체가 슬라이드에 나타나는 효과이다.

- 강조하기 : 개체를 강조하며 표시하는 효과이다.

- 끝내기 : 개체가 슬라이드에서 사라지는 효과이다.

- 이동 경로 : 개체가 지정된 경로를 따라 이동하는 효과이며, 이동 경로를 사용자가 직접 그릴 수 있다.

참고   애니메이션 창

[애니메이션] → [고급 애니메이션] 그룹 → [애니메이션 창]을 클릭하면 슬라이드 오른쪽에 [애니메이션 창]이 나타난다. 애니메이션 목록과 진행 시간 표시 막대가 표시되며, 개체에 적용된 애니메이션을 편집하거나 실행 순서를 변경한다.

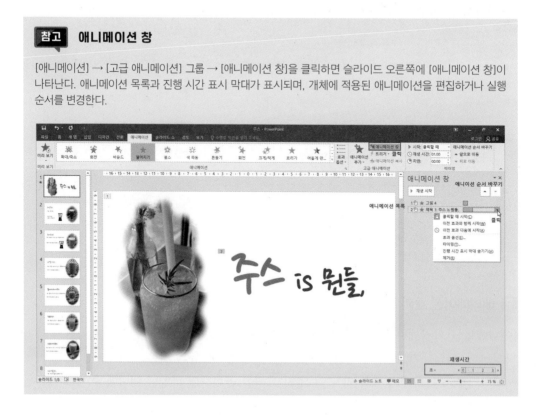

7.1.2 애니메이션 설정

1 애니메이션 효과 적용

슬라이드에 삽입된 개체를 선택한 뒤 애니메이션 효과를 적용하면 적용된 개체마다 숫자가 부여되며, 이는 애니메이션이 실행되는 순서를 나타낸다. [효과옵션], [타이밍] 메뉴를 이용하여 개체에 지정된 애니메이션 효과의 세부 설정을 변경 할 수 있다.

'주스.pptx' 파일을 불러와서 [나타내기] → [날아오기] 애니메이션을 적용하고 효과 옵션을 변경해보자.

❶ 텍스트 상자 개체를 선택하고 [애니메이션] → [애니메이션] 그룹 → [날아오기] 나타내기 애니메이션을 적용한다.

❷ [효과 옵션]에서 [방향]은 [왼쪽에서], [시퀀스]는 [하나의 개체로]를 선택한다. 텍스트 상자의 단락들이 하나의 개체로 나타난다.

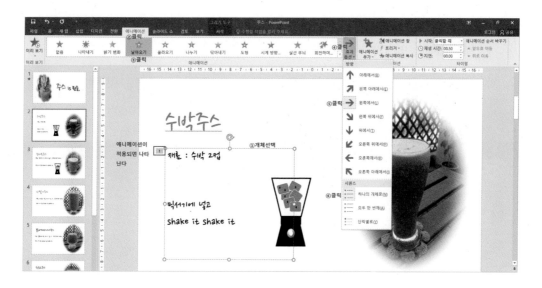

2 애니메이션 효과 추가 적용

개체에 하나의 애니메이션이 적용된 상태에서 다른 애니메이션을 적용하면 기존 애니메이션이 새로 적용한 애니메이션으로 대체된다. 기존 애니메이션에 새 애니메이션을 추가하려면 [애니메이션 추가] 메뉴를 이용해야 한다.

❶ 도형 개체를 선택하고 [애니메이션] → [애니메이션] 그룹 → [날아오기] 나타내기 애니메이션을 적용한다. [효과 옵션]에서 [방향]을 [위에서]로 변경한다.

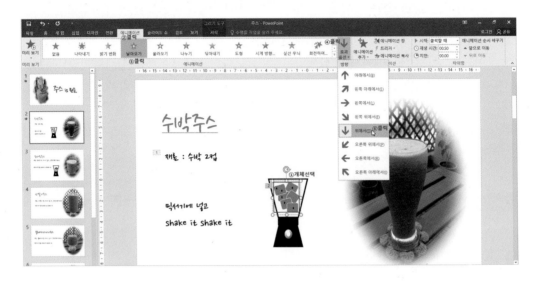

❷ 모든 도형 개체를 선택하고 [애니메이션] → [고급 애니메이션] 그룹 → [애니메이션 추가] → [흔들기] 강조 애니메이션을 적용한다. 추가 애니메이션을 적용하면 하나의 개체에 애니메이션 번호가 두 개 표시된다.

❸ [애니메이션] → [타이밍] 그룹 → [재생 시간]에 '3'을 입력하여 3초로 지정한다. 3초 동안 [흔들기] 애니메이션이 재생된다.

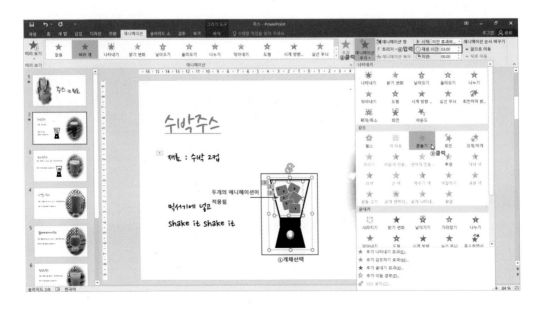

7.1.3 애니메이션 편집

1 애니메이션 복사

다른 개체에 지정되어 있는 애니메이션과 동일한 애니메이션을 지정하고자 할 때 애니메이션 복사하기 기능을 이용하면 편리하다. 애니메이션을 복사해서 사용해보자.

❶ 애니메이션이 적용된 텍스트 상자 개체를 선택한다. [애니메이션] → [고급 애니메이션] 그룹 → [애니메이션 복사]를 클릭하면 마우스 포인터 모양이 🔓▲로 바뀐다.

❷ 애니메이션을 적용할 개체를 마우스로 클릭한다. 선택한 개체에 애니메이션이 복사된다.

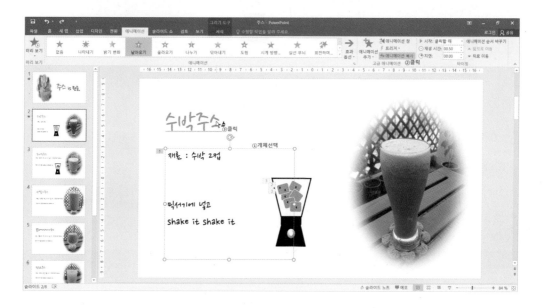

2 애니메이션 순서 바꾸기

슬라이드에 적용된 애니메이션 실행 순서는 언제든지 변경할 수 있다.

❶ 애니메이션 순서를 바꿀 개체를 선택하고 [애니메이션] → [타이밍] 그룹 → [애니메이션 순서 바꾸기]에서 애니메이션 순서가 1번이 될 때까지 [앞으로 이동]을 클릭한다.

❷ 다음과 같이 애니메이션 번호가 '4'번에서 '1'번으로 바뀐다.

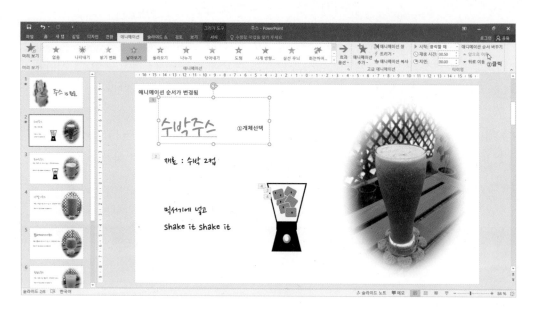

3 애니메이션 제거

애니메이션이 적용된 개체를 선택하고 [애니메이션] → [애니메이션] 그룹 → [없음]을 선택한다. 애니메이션 실행 순서를 나타내는 숫자를 클릭하고 [Delete]키를 이용하여 애니메이션을 삭제할 수도 있다.

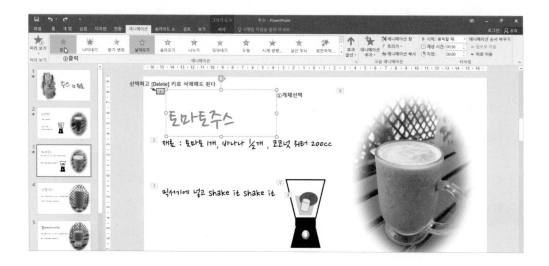

참고 애니메이션 창에서 애니메이션 한 번에 제거하기

애니메이션 창을 이용하면 손쉽게 애니메이션을 제거할 수 있다. 애니메이션 창에서 하나의 애니메이션을 클릭하거나 [Ctrl], [Shift]키를 이용하여 다수의 애니메이션을 선택한다. 선택된 애니메이션은 [마우스 오른쪽 클릭] → [제거] 또는 [Delete]키를 이용하여 삭제한다.

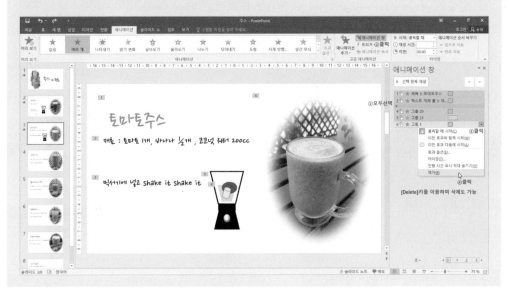

참고 모든 애니메이션 실행하지 않기

애니메이션을 일일이 제거하기보다 [슬라이드 쇼] → [슬라이드 쇼 설정]을 클릭하여 [쇼 설정] 대화 상자에서 [애니메이션 없이 보기]를 체크하면 현재 프레젠테이션에서 적용된 애니메이션이 실행되지 않는다.

7.1.4 스마트아트 애니메이션

스마트아트도 다른 개체와 마찬가지로 애니메이션 효과를 적용할 수 있다. 애니메이션이 표시되는 단위는 [하나의 개체로], [모두 한번에], [개별적으로] 중에서 선택한다. 애니메이션을 적용한 후 [추가 효과 옵션 표시(⌐)]를 클릭하면 효과 옵션 대화 상자에서 방향이나 소리, 애니메이션 후 효과 등 추가적인 세부 옵션을 설정할 수 있다. '가로수.pptx' 파일을 불러와서 스마트아트에 애니메이션 효과를 지정해보자.

❶ 스마트아트 개체를 선택하고 [애니메이션] → [애니메이션] 그룹 → [닦아내기] 나타내기 애니메이션을 적용한다. [추가 효과 옵션 표시(⌐)]를 클릭한다.

❷ [닦아내기] 창의 [효과] 탭에서 [방향]은 [위에서], [소리]는 [바람 가르는 소리]를 선택한다.

❸ [닦아내기] 창의 [SmartArt 애니메이션] 탭에서 [그래픽 묶는 단위]는 [개별적으로]를 선택한다.

❹ 슬라이드 쇼를 실행하고 마우스를 클릭하면 스마트아트를 구성하는 개체가 개별적으로 나타난다.

7.1.5 차트 애니메이션

차트도 다른 개체와 마찬가지로 애니메이션 효과를 적용할 수 있다. 애니메이션이 표시되는 단위는 [하나의 개체로], [항목별로], [계열별로] 등 차트 구성요소 기반으로 설정한다. '차트.pptx' 파일을 불러와서 차트에 애니메이션 효과를 지정해보자.

❶ 차트를 선택하고 [애니메이션] → [애니메이션] 그룹 → [나누기] 나타내기 애니메이션을 적용한다.

❷ [효과 옵션]을 클릭하여 [가로 바깥쪽으로], [계열별로]를 선택한다.

❸ [추가 효과 옵션 표시(⌐⌐)]를 클릭한다. [나누기] 창의 [타이밍] 탭에서 [재생 시간]을 [2초 중간]을 선택한다.

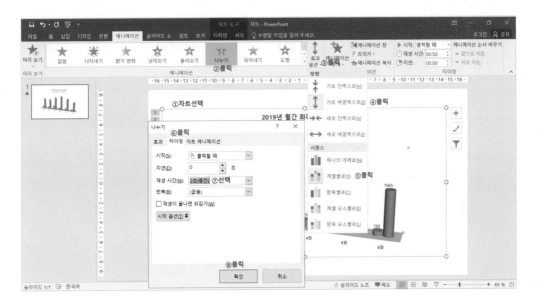

❹ 슬라이드 쇼를 실행하고 마우스를 클릭하면 차트를 구성하는 요소가 계열별로 나타난다.

7.1.6 트리거

애니메이션 효과 설정 시 트리거를 지정하면 애니메이션 시작하는 방법을 정할 수 있다. '생활영어.pptx' 파일을 불러와서 'click' 도형을 클릭할 때 정답이 이동하도록 애니메이션을 설정해보자.

❶ '②into'를 선택하고 [애니메이션] → [애니메이션] 그룹 → [이동 경로] → [선]을 클릭한
다. [효과 옵션] → [위쪽]을 클릭하고 이동 경로를 마우스로 지정한다.

❷ 애니메이션이 적용된 '②into' 개체를 선택하고 [애니메이션] → [고급 애니메이션] 그룹
→ [트리거] → [클릭할 때]에서 [그룹6]을 클릭한다.

❸ 트리거를 지정하면 개체 왼쪽에 ⚡ 기호가 나타난다. 슬라이드 쇼를 실행한 후 'click'
도형을 클릭하면 적용된 애니메이션이 실행된다.

7.2 화면 전환 효과

화면 전환 효과는 한 슬라이드에서 다른 슬라이드로 이동할 때 실행되는 애니메이션 효과이다. 일반 애니메이션처럼 텍스트, 도형, 차트 등의 개체에 적용되는 것이 아니라 슬라이드 전체에 적용된다.

7.2.1 화면 전환 도구 모음

1 화면 전환 도구

화면 전환 도구에는 슬라이드에 적용할 수 있는 화면 전환 종류, 효과 옵션, 소리 등의 명령들이 있다.

(1) 미리 보기 : 슬라이드에 적용된 효과를 미리 확인한다.
(2) 슬라이드 화면 전환 : 은은한 효과, 화려한 효과, 동적 콘텐츠 3종류의 화면 전환 효과가 있다.
(3) 효과 옵션 : 선택한 전환 효과에 방향 등의 옵션을 추가로 지정할 수 있다.
(4) 소리 : 슬라이드 전환 시 적용할 소리 효과를 선택한다.
(5) 기간 : 슬라이드 전환 속도를 지정한다.
(6) 모두 적용 : 선택한 전환 효과를 여러 슬라이드에 모두 적용한다.
(7) 화면 전환 : 마우스를 클릭하거나 시간을 지정하여 지정된 시간에 전환하도록 지정한다.

2 화면 전환 효과 종류

[전환] → [슬라이드 화면 전환] 그룹에서 자세히(▾)를 클릭하면 다양한 전환 효과 목록이 나타난다. 화면 전환 효과 종류에는 은은한 효과, 화려한 효과, 동적 콘텐츠 등이 있다.

7.2.2 화면 전환 효과 설정

1 화면 전환 효과 지정

'커피.pptx' 파일을 불러와서 화면 전환 효과를 지정해보자.

❶ 슬라이드를 선택하고 [전환] → [슬라이드 화면 전환] 그룹 → [창문] 효과를 선택한다.

❷ [전환] → [타이밍] 그룹에서 [소리]는 [바람], [기간]은 '2'를 입력하고 [모두 적용]을 클릭한다. 모든 슬라이드에 동일한 효과가 적용된다.

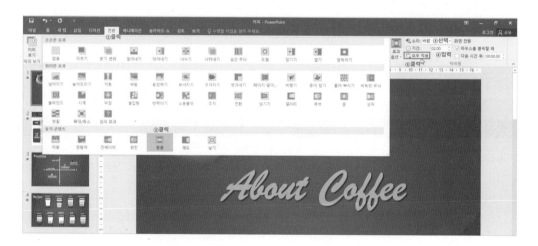

❸ 슬라이드4를 선택한다. [전환] → [슬라이드 화면 전환] 그룹 → [회전] 효과를 선택하고 [효과옵션] → [위에서]로 변경한다. 해당 슬라이드만 화면 전환 효과가 변경된다.

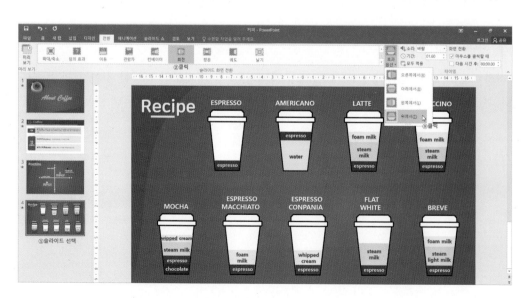

❹ [슬라이드 쇼] → [슬라이드 쇼 시작] 그룹 → [처음부터]를 클릭하면 슬라이드 쇼가 진행되면서 지정한 화면 전환 효과가 나타난다.

참고 슬라이드 자동 전환

마우스 클릭 없이 슬라이드를 자동으로 전환하고자 할 때는 [전환] → [타이밍] 그룹에서 [다음 시간 후] 옵션을 이용하여 전환되는 시간을 설정한다.

❶ 슬라이드를 선택하고 [전환] → [당기기] 화면 전환 효과를 적용한다.
❷ [타이밍] 그룹에서 [마우스를 클릭할 때] 체크는 해제하고 [다음 시간 후]를 체크한다. '2'를 입력하고 [모두 적용]을 클릭한다.

❸ 모든 슬라이드가 2초마다 자동으로 화면 전환이 된다.

2 화면 전환 효과 제거

슬라이드를 선택하고 [전환] → [슬라이드 화면 전환] 그룹 → [없음]을 클릭한다. 화면 전환 효과만 제거하면 소리는 남게 되므로 소리까지 제거하기 위해서 [전환] → [타이밍] 그룹 → [소리]는 [소리 없음]을 선택하고 [모두 적용]을 클릭한다.

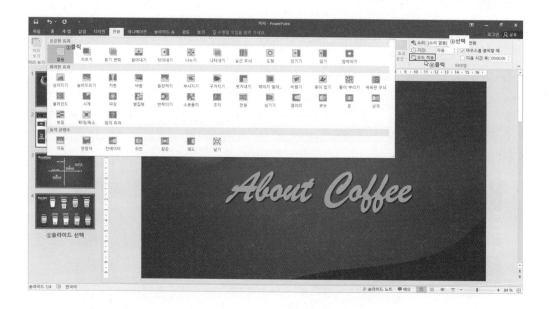

기본 프로젝트　**애니메이션과 화면 전환 효과 적용하기**

※ '스트레스.pptx' 파일에 애니메이션과 화면 전환 효과를 사용하여 슬라이드를 완성해보자.

STEP 1　텍스트 상자 개체에 애니메이션 효과 적용하기

❶ 제목 개체를 선택하고 [애니메이션] → [애니메이션] 그룹 → [나타내기] 나타내기 애니
메이션을 적용한다.

❷ [추가 효과 옵션 표시( )]를 클릭하여 [나타내기] 창의 [효과] 탭에서 [소리]는 [타자
기], [텍스트 애니메이션]은 [문자 단위로]를 선택한다.

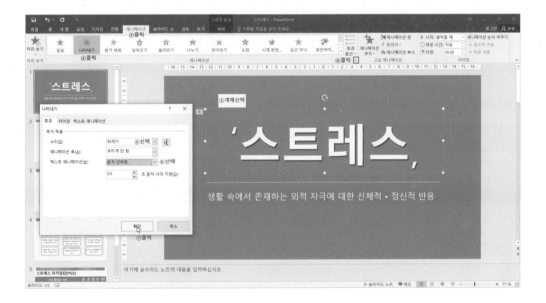

❸ 부제목 개체를 선택하고 [애니메이션] → [애니메이션] 그룹 → [밝기 변화] 나타내기
애니메이션을 적용한다.

❹ [타이밍] 그룹에서 [시작]을 [이전 효과 다음에], [재생 시간]은 '2'를 입력하여 2초로 지
정한다.

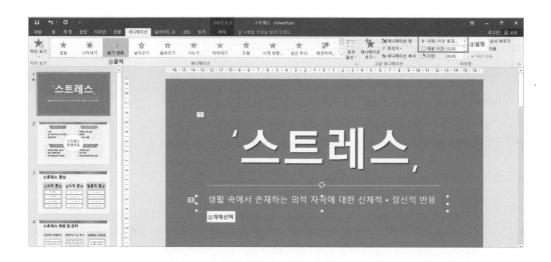

STEP 2 도형에 애니메이션 효과 적용하기

❶ 타원 도형 개체를 선택하고 [애니메이션] → [애니메이션] 그룹 → [크게/작게] 강조 애니메이션을 적용한다.

❷ [추가 효과 옵션 표시(⬕)]를 클릭하여 [크게/작게] 창의 [효과] 탭에서 [크기]는 [200%], [애니메이션 후] → [애니메이션 후 숨기기]를 선택한다. 타원 도형 개체는 강조 애니메이션이 실행 된 후 사라진다.

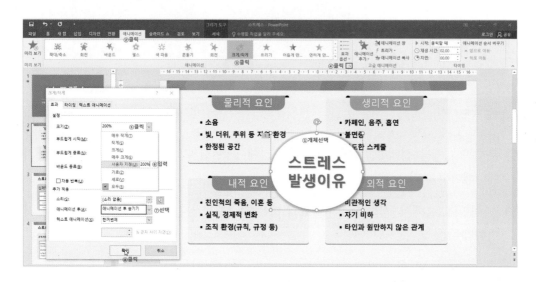

❸ [Shift] 또는 [Ctrl]키를 누른 채 4개의 도형 개체를 시계 방향으로 선택하고 [애니메이션] → [애니메이션] 그룹 → [밝기 변화] 나타내기 애니메이션을 적용한다.

> **TIP** 선택한 순서대로 애니메이션이 실행된다.

❹ [타이밍] 그룹에서 [시작]을 [이전 효과 다음에], [재생 시간]은 '2'를 입력하여 2초로 지정한다. 각 개체는 2초 동안 애니메이션 효과와 함께 나타난다.

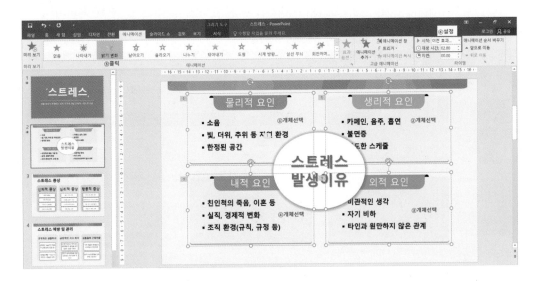

STEP 3 스마트아트에 애니메이션 효과 적용하기

❶ 스마트아트 개체를 선택하고 [애니메이션] → [애니메이션] 그룹 → [날아오기] 나타내기 애니메이션을 적용한다.

❷ [효과 옵션]에서 [방향]은 [왼쪽에서], [시퀀스]는 [수준 (한번에)]를 선택한다.

❸ [타이밍] 그룹에서 [재생 시간]은 '2'를 입력하여 2초로 지정한다.

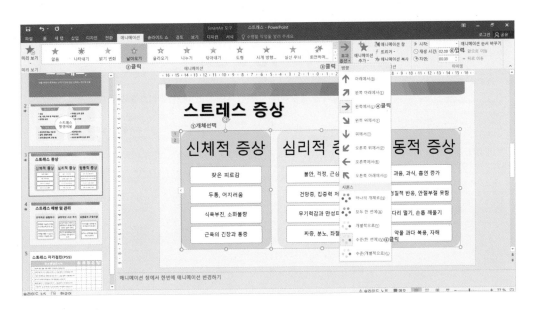

애니메이션 효과 복사하기

❶ 슬라이드3에서 지정한 애니메이션을 복사해서 슬라이드4의 개체에 적용해보자. 개체를 선택하고 [애니메이션] → [고급 애니메이션] 그룹 → [애니메이션 복사]를 클릭한다.

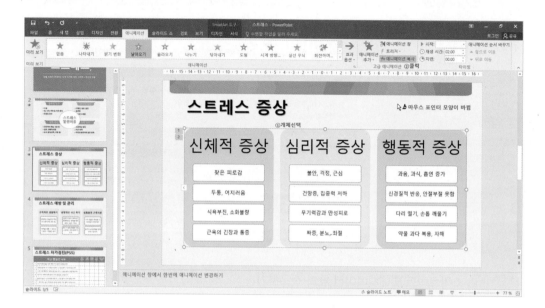

❷ 마우스 포인터가 ⬚⬚로 바뀌면 슬라이드4의 애니메이션을 적용할 개체를 마우스로 클릭한다. 동일한 애니메이션이 복사된다.

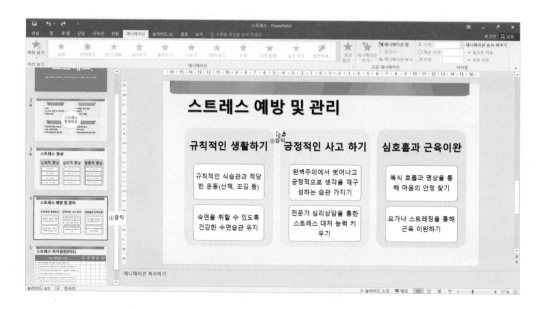

STEP 5 화면 전환 효과 적용하기

❶ 슬라이드5를 선택하고 [전환] → [슬라이드 화면 전환] 그룹 → [늘어뜨리기] 화려한 효과를 선택한다.

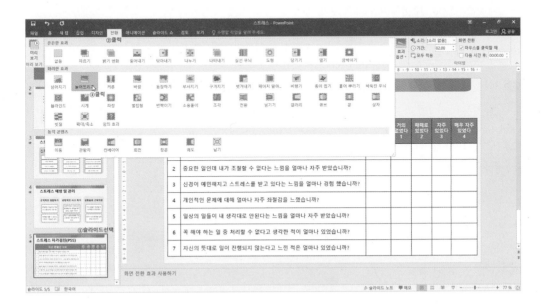

❷ [슬라이드 쇼] → [슬라이드 쇼 시작] 그룹 → [처음부터]를 클릭하여 애니메이션과 화면 전환 효과를 확인한다.

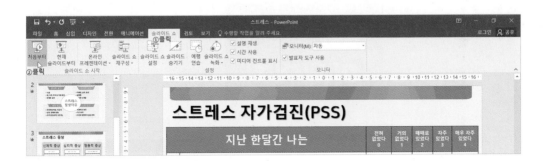

응용 프로젝트 **애니메이션 및 화면 전환 효과로 슬라이드 완성하기**

※ '미세먼지.pptx' 파일에 애니메이션과 화면 전환 효과를 사용하여 슬라이드를 완성해보자.

STEP 1 **텍스트 상자 개체에 애니메이션 적용하기**

❶ 제목 개체를 선택하고 [애니메이션] → [애니메이션] 그룹 → [도형] 끝내기 애니메이션
을 적용하고 [효과 옵션] 목록을 클릭하여 [도형]을 [다이아몬드]로 선택한다.

❷ [추가 효과 옵션 표시( )]를 클릭하여 [다이아몬드형] 창의 [효과] 탭에서 [소리]는 [바
람]을 선택한다.

❸ [타이밍] 그룹에서 [시작]은 [이전 효과와 함께], [재생 시간]은 '1.5'로 지정한다.

> **TIP** [다이아몬드형] 창의 [타이밍] 탭에서 [시작]과 [재생 시간]을 지정하여도 결과는 같다.

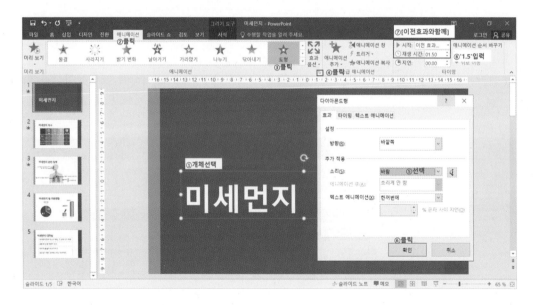

STEP 2 **화면 전환 효과 적용하기**

❶ 슬라이드2를 선택하고 [전환] → [슬라이드 화면 전환] 그룹 → [소용돌이] 화려한 효과
를 적용한다.

❷ [타이밍] 그룹에서 [소리]는 [바람], [기간]은 '2'를 입력하여 2초로 지정한다.

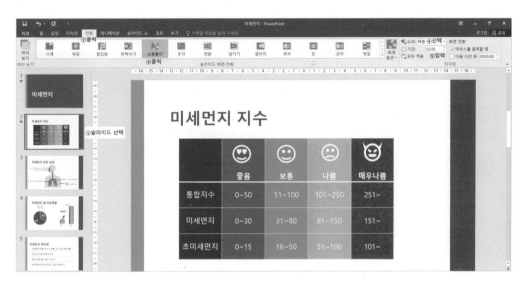

STEP 3 **애니메이션 복사하기**

❶ 그림 개체를 선택하고 [애니메이션] → [애니메이션] 그룹 → [닦아내기] 나타내기 애니
메이션을 적용하고 [효과 옵션]에서 [방향]은 [왼쪽에서]를 선택한다.

❷ [타이밍] 그룹에서 [재생 시간]을 '2'를 입력하여 2초로 지정한다.

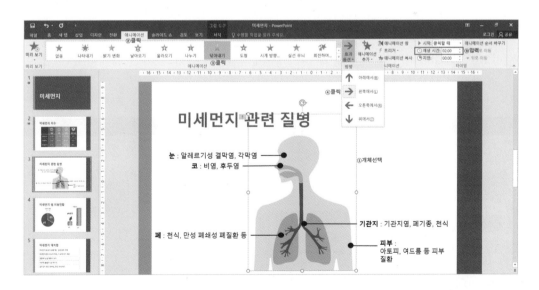

❸ 그림 개체에 적용한 애니메이션을 복사하여 다른 개체에 적용해보자. 그림 개체를 선택
하고 [고급 애니메이션] 그룹 → [애니메이션 복사]를 클릭한다.

❹ 마우스 포인터가 🖑🔺로 바뀌면 '눈 : 알레르기성 결막염, 각막염' 텍스트 상자를 마우스로 클릭한다.

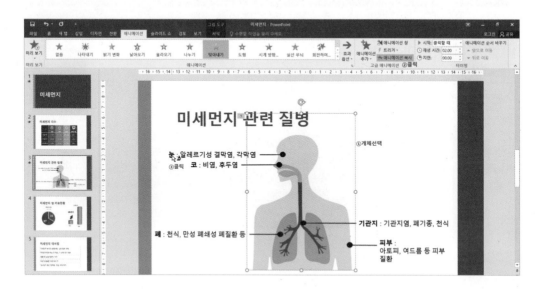

❺ 같은 방법으로 '코 : 비염 후두염', '기관지 : 기관지염, 폐기종, 천식', '폐 : 천식, 만성 폐쇄성 폐질환 등', '피부 : 아토피, 여드름 등 피부 질환'에 동일한 애니메이션을 적용한다.

❻ [애니메이션 창]을 이용하여 개체에 적용된 애니메이션을 편집해보자. [고급 애니메이션] 그룹 → [애니메이션 창]을 클릭한다.

❼ [Ctrl] 또는 [Shift]키를 누른 채 2~6번 애니메이션을 선택하고 ▼를 클릭하여 [이전 효과 다음에 시작]을 선택한다.

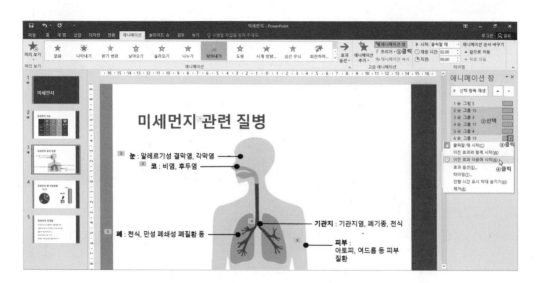

❽ 2~6번 애니메이션 번호가 모두 1로 변경된다. 슬라이드 쇼를 실행하고 마우스를 클릭하면 1번 애니메이션이 실행되며, 나머지 애니메이션은 1번 애니메이션이 실행된 후 순차적으로 자동 실행된다.

STEP 4 **차트에 다양한 애니메이션 효과 적용하기**

❶ 원형 차트 개체를 선택하고 [애니메이션] → [애니메이션] 그룹 → [확대/축소] 나타내기 애니메이션을 적용한다.

❷ [효과 옵션]을 클릭하여 [슬라이드 센터], [항목별로]를 선택한다.

❸ [고급 애니메이션] 그룹에서 [애니메이션 추가] → [펄스] 강조 애니메이션 효과를 적용하여 애니메이션을 추가한다.

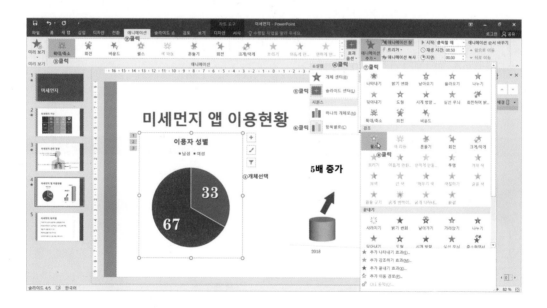

❹ [애니메이션 창]에서 6번 애니메이션을 선택하고 ▼를 클릭하여 [타이밍]을 선택한다. 목록이 표시되지 않으면 확장버튼(⌄⌄)을 클릭한다.

❺ [펄스] 창에서 [반복]에 [3]을 선택한다. 애니메이션 효과가 3번 반복된다.

❻ 4, 5번 애니메이션은 [Delete]키로 제거한다. '여성' 항목에만 [펄스] 효과가 적용된다.

> TIP 차트에 항목별로 애니메이션이 적용된 상태에서 추가로 애니메이션을 지정하면 전체 항목에 동시에 적용된다. 특정 항목에만 추가 애니메이션이 적용되도록 하려면 나머지 항목에 지정된 애니메이션을 삭제하면 된다.

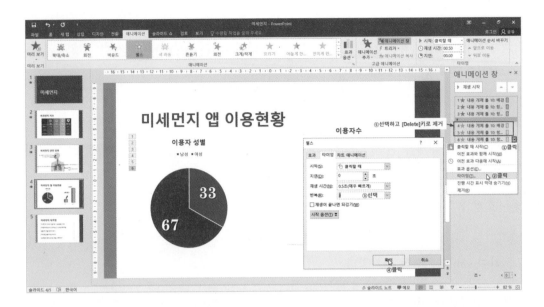

❼ 세로 막대형 차트 개체를 선택하고 [애니메이션] → [애니메이션] 그룹 → [올라오기] 나타내기 애니메이션을 적용한다.

❽ [효과 옵션]을 클릭하여 [항목별로]를 선택한다.

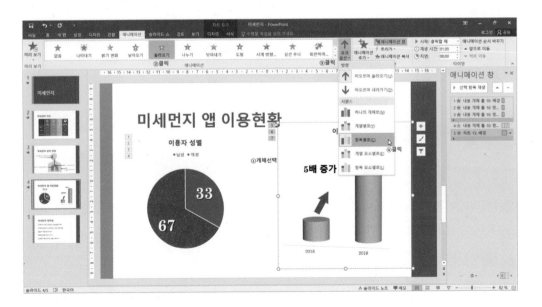

❾ 화살표 도형 개체에 [나타내기]와 [이동경로] 애니메이션을 적용해보자. 화살표 도형 개체를 선택하고 [애니메이션] 그룹 → [나타내기] 나타내기 애니메이션을 적용한다. [고급 애니메이션] 그룹 → [애니메이션추가] → [추가 이동경로]를 클릭하여 [오른쪽 위로]를 선택한다.

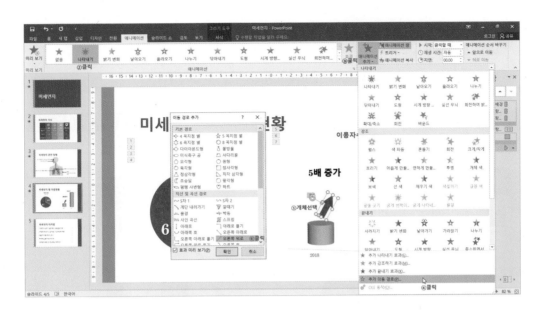

⑩ 도형의 위치 조정점을 드래그하여 이동경로를 설정하고 ▼를 클릭하여 [효과 옵션]을 선택한다.

⑪ [오른쪽 위로] 창에서 [애니메이션 후] → [애니메이션 숨기기]를 선택한다.

⑫ '5배 증가' 텍스트 상자 개체는 [애니메이션] 그룹 → [밝기변화] 나타내기 애니메이션을 적용한다.

⑬ 8, 9, 10번 애니메이션을 선택하고 [애니메이션 창]에서 ▲를 한번 클릭하면 애니메이션의 순서가 7, 8, 9번으로 바뀐다. 차트의 두 번째 막대 그래프가 나타나기 전에 화살표와 텍스트 개체가 나타나도록 애니메이션 순서를 수정하였다.

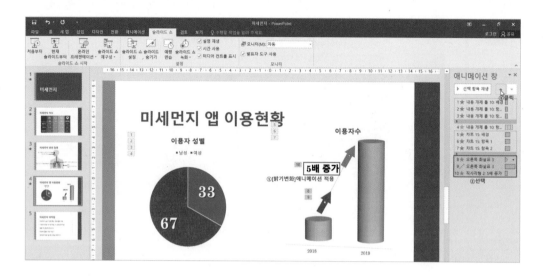

STEP 5   **스마트아트에 애니메이션 효과 적용하고 트리거 지정하기**

❶ 스마트아트 개체를 선택하고 [애니메이션] → [애니메이션] 그룹 → [채우기 색] 강조 애니메이션을 적용한다.

❷ [효과 옵션]에서 [연한 파랑]을 선택한다.

❸ [고급 애니메이션] 그룹에서 [트리거] → [클릭할 때] → [제목1]을 선택한다.

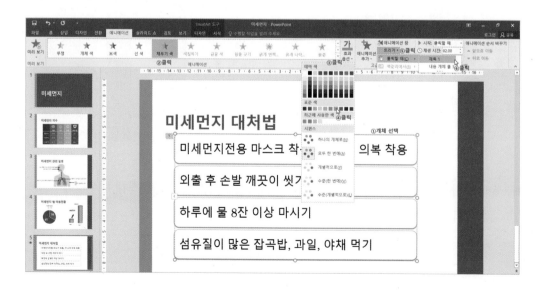

❹ [슬라이드 쇼]를 실행하면 '미세먼지 대처법' 제목을 클릭할 때에만 강조 애니메이션이
실행된다.

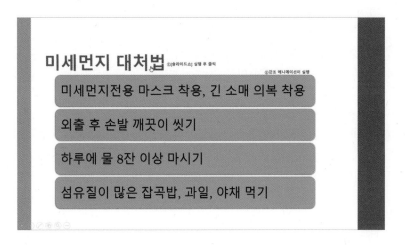

(1) 애니메이션 효과

- 텍스트, 그림, 도형, 표, 스마트아트 그래픽 등 개체 별로 애니메이션 효과를 줄 수 있다.
- 나타내기 : 개체가 슬라이드에 나타나는 효과이다.
- 강조하기: 개체를 강조하며 표시하는 효과이다.
- 끝내기 : 개체가 슬라이드에서 사라지는 효과이다.
- 이동 경로 : 개체가 지정된 경로를 따라 이동하는 효과이며, 이동 경로를 사용자가 직접 그릴 수 있다.

(2) 애니메이션 효과 적용하기

- 개체를 선택하고 [애니메이션] → [애니메이션] 그룹에서 애니메이션을 적용한다.
- [효과옵션], [타이밍] 메뉴를 이용하여 애니메이션 효과의 세부 설정을 변경한다.
- 기존 애니메이션에 새 애니메이션을 추가하려면 [애니메이션 추가] 메뉴를 이용한다.

(3) 애니메이션 편집하기

- [애니메이션] → [고급 애니메이션] 그룹 → [애니메이션 복사]로 다른 개체에 지정되어 있는 애니메이션을 복사해서 사용할 수 있다.
- [애니메이션] → [타이밍] 그룹 → [애니메이션 순서 바꾸기]에서 슬라이드에 적용된 애니메이션 실행 순서를 변경한다.
- [애니메이션] → [애니메이션] 그룹 → [없음]을 클릭하여 애니메이션 효과를 제거한다.

(4) 스마트아트 애니메이션

- [하나의 개체로], [모두 한번에], [개별적으로] 등 애니메이션 실행 단위를 설정할 수 있다.

(5) 차트 애니메이션

- [하나의 개체로], [항목별로], [계열별로] 등의 차트 구성요소를 기반으로 애니메이션 실행 단위를 설정할 수 있다.

(6) 트리거

- 트리거를 지정하여 애니메이션 시작하는 방법을 정한다.

(7) 화면 전환 효과

- 한 슬라이드에서 다른 슬라이드로 이동할 때 실행되는 애니메이션 효과이다.
- 은은한 효과, 화려한 효과, 동적 콘텐츠로 구성된다.

(8) 화면 전환 효과 설정하기

- [전환] → [슬라이드 화면 전환] 그룹에서 적용한다.
- [타이밍] 그룹에서 [소리]와 [기간]등 세부 설정을 한다.
- [전환] → [슬라이드 화면 전환] 그룹 → [없음]을 클릭하여 화면 전환 효과를 제거한다.

※ '酒님활용법.pptx' 파일에 애니메이션과 화면 전환 효과를 사용하여 슬라이드를 완성해보자.

작성 조건

1. 슬라이드1의 애니메이션을 다음과 같이 지정한다.
   (1) 그림 : [날아오기] 나타내기 애니메이션 효과, [효과 옵션]은 [왼쪽에서]
   (2) 텍스트 상자 : [떨어지기] 나타내기 애니메이션 효과, [시작]은 [이전 효과 다음에]

2. 슬라이드2의 스마트아트 개체에 애니메이션 지정한다.
   (1) [밝기변화] 나타내기 애니메이션 효과, [효과 옵션]은 [개별적으로]
   (2) [시작]은 [이전 효과 다음에], [재생 시간]은 1초

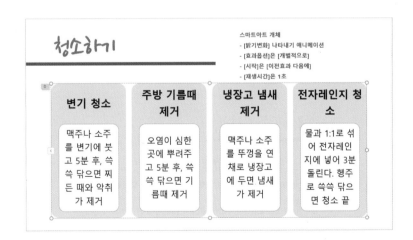

3. 슬라이드2에서 적용한 애니메이션을 슬라이드3의 스마트아트 개체에 복사한다.

4. 슬라이드4의 애니메이션을 다음과 같이 지정한다.
   (1) '돼지고기~', '딱딱한~' 도형에 [밝기변화] 나타내기 애니메이션 효과
   (2) '요리 Tip!!' 오각형 도형을 트리거 지정

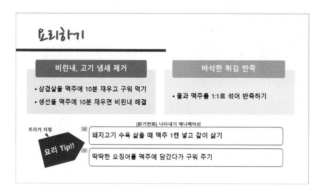

5. 슬라이드5의 텍스트 상자 개체에 애니메이션을 다음과 같이 지정한다.
   (1) [날아오기] 나타내기 애니메이션 효과, [효과 옵션]은 [왼쪽에서], [하나의 개체로]
   (2) [시작]은 [이전 효과 다음에], [재생 시간]은 3초

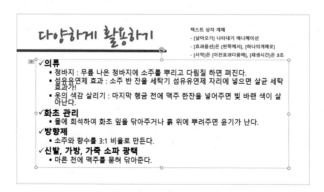

6. 모든 슬라이드에 [회전] 화면 전환 효과를 사용한다.

응용실습문제

※ 여행지에서 촬영한 사진들을 묶어서 나만의 추억앨범을 만들고 싶을 때 파워포인트의 애니메이션과 화면 전환 효과를 이용하면 비디오 화면 같은 동적인 연출이 가능하다. '석양.pptx' 파일을 이용하여 첫 화면에서 동영상 로딩 장면과 같은 애니메이션이 실행된 후, 풍경 사진들이 물결치듯 나타나는 생동감 있는 앨범을 완성해보자.

작성 조건

1. 동영상 로딩 장면과 같은 연출을 위해 슬라이드1의 개체에 애니메이션을 설정해보자.
   (1) 12개의 도형 조각들을 선택하여 [밝기변화] 나타내기 애니메이션 효과를 적용한다. [애니메이션 창]에서 첫 번째 애니메이션을 제외한 나머지 애니메이션을 모두 선택한 후 [시작] → [이전 효과 다음에]를 클릭한다.

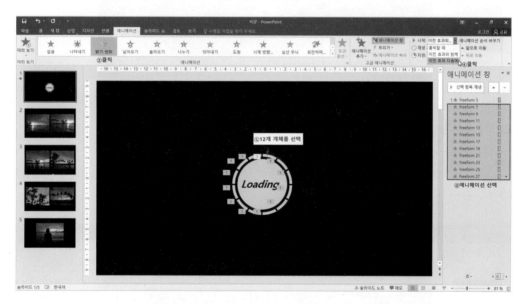

   (2) 첫 번째 애니메이션을 선택하고 [시작] → [이전 효과와 함께]를 클릭한다.

(3) 모든 도형 개체를 선택한다. [사라지기] 끝내기 애니메이션을 추가 적용하고 [시작]
   을 [이전 효과 다음에]로 설정한다.

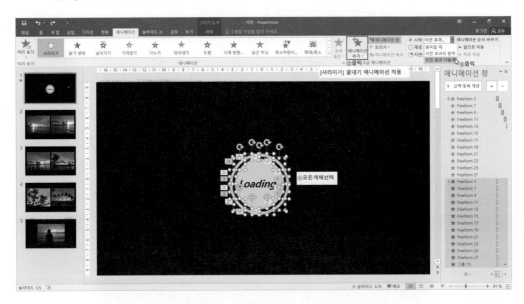

2. 모든 슬라이드에 화면 전환효과를 다음과 같이 지정한다.
   (1) [파장] 슬라이드 화면 전환, [효과 옵션]은 [왼쪽 위에서]를 선택한다.
   (2) [타이밍] 그룹에서 화면 전환을 2초 후에 실행되도록 지정한다.
   (3) 모든 슬라이드에 적용한다.

8

슬라이드 쇼

CHAPTER 8

학습목표

■ 슬라이드 쇼의 다양한 옵션을 설정하고 재구성해보자.

■ 슬라이드 쇼 실행 시 사용할 수 있는 다양한 기능에 대해 알아보자.

8.1 슬라이드 쇼

슬라이드 쇼는 프레젠테이션을 하기 위해 슬라이드의 내용을 전체 화면에 보여 주는 기능이다. 실제 프레젠테이션을 진행하기 전에 슬라이드 쇼 기능을 이용하여 청중들에게 보일 슬라이드의 내용과 애니메이션 효과 등을 미리 확인하는 것이 중요하다.

8.2 슬라이드 쇼 도구 모음

슬라이드 쇼 도구를 이용하여 슬라이드 쇼를 시작하고, 슬라이드 쇼에 대한 다양한 옵션을 설정할 수 있다.

8.2.1 슬라이드 쇼 도구

(1) 처음부터 : 첫 번째 슬라이드부터 슬라이드 쇼가 실행된다.
(2) 현재 슬라이드부터 : 현재 선택된 슬라이드부터 슬라이드 쇼가 실행된다.
(3) 슬라이드 쇼 재구성 : 전체 슬라이드 중 일부 슬라이드만 추려서 슬라이드 쇼를 구성할 수 있다.
(4) 슬라이드 쇼 설정 : 프레젠테이션을 표시하는 방법을 지정한다.
(5) 슬라이드 숨기기 : 선택한 슬라이드를 슬라이드 쇼 실행 시에 숨긴다.
(6) 예행연습 : 각 슬라이드를 진행하는데 필요한 시간 등을 기록하여 프레젠테이션 진행 시 참고할 수 있다.

8.2.2 슬라이드 쇼 설정

[슬라이드 쇼] → [설정] 그룹 → [슬라이드 쇼 설정]을 클릭하여 [쇼 설정] 창에서 필요한 옵션을 지정한다. [쇼 설정] 창에는 [쇼 형식], [표시 옵션], [슬라이드 표시], [화면 전환], [복수 모니터] 등의 옵션이 있다.

(1) 쇼 형식

- 발표자가 진행(전체화면) : 슬라이드 쇼 보기 상태에서 발표자가 [Enter]나 마우스를 이용하여 프레젠테이션 하는 방법으로 가장 일반적인 방법이다.
- 웹 형식으로 진행 : 슬라이드 쇼를 읽기용 보기로 진행하며 웹 페이지처럼 표시한다.
- 대화형 자동 진행(전체화면) : 진행자 없이 자동으로 진행되며 [Enter]나 마우스 클릭은 할 수 없다.

(2) 슬라이드 표시

- 모두 : 전체 슬라이드가 표시된다.
- 시작 : 시작 및 종료 슬라이드를 지정한다.
- 재구성한 쇼 : 재구성한 쇼에서 구성한 슬라이드로만 표시된다.

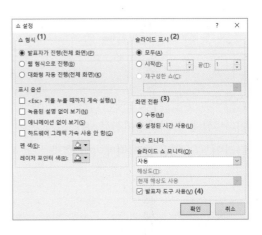

(3) 화면 전환

- 수동 : 화면 전환을 발표자가 직접 한다.
- 설정된 시간 사용 : 화면 전환 시간을 지정하여 지정된 시간에 화면전환이 된다.

(4) 발표자 도구 사용 : 모니터가 2대 이상일 경우 주 모니터에서 슬라이드 쇼를 실행하고 다른 모니터에서 발표자용 화면을 볼 수 있다.

참고 **발표자 도구**

발표자 도구를 사용하면 빔 프로젝터와 같은 외부 디스플레이 장치에는 전체 슬라이드 쇼 화면이 나타나며, 발표용 컴퓨터 모니터에는 발표자용 화면이 나타난다. 발표자용 화면에는 현재 슬라이드뿐만 아니라 다음 슬라이드 화면과 슬라이드 노트 내용이 함께 나타난다. 발표자는 컴퓨터 모니터에 띄워지는 발표자용 화면을 보면서 스크린을 볼 때보다 청중들을 더 자주 바라볼 수 있게 되고 보다 매끄럽게 발표를 진행할 수 있다.

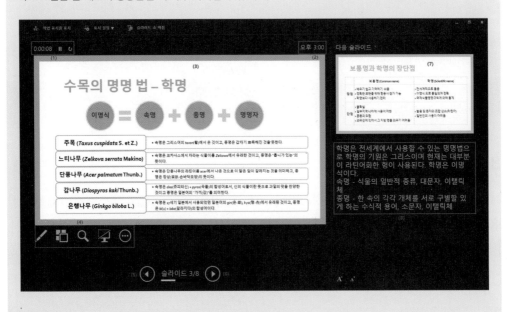

(1) 타이머 : 타이머, 타이머 일시 중지, 타이머 다시 시작 버튼이 있다.
(2) 현재 시간 : 현재 시간이 표시된다.
(3) 현재 슬라이드 : 프레젠테이션이 진행 중인 슬라이드가 표시된다.
(4) 슬라이드 쇼 도구 : 펜 및 레이저 포인터, 모든 슬라이드 보기, 슬라이드 확대, 슬라이드 쇼를 검정색으로 설정하거나 취소, 슬라이드 쇼 옵션 더 보기로 구성된다.
(5) 이전 슬라이드로 이동한다.
(6) 다음 슬라이드로 이동한다.
(7) 다음 슬라이드 : 다음 슬라이드를 미리 볼 수 있다. 미리 보기 창의 크기를 마우스로 조정하면 보여 질 슬라이드 수도 조절할 수 있다.
(8) 슬라이드 노트 : 슬라이드 노트에 입력한 내용이 표시된다. 창 아래에 있는 `A A` 버튼을 이용하여 텍스트 크기를 조정한다.

8.3 슬라이드 쇼 실행

슬라이드 쇼를 실행하기 위해 [슬라이드 쇼] → [슬라이드 쇼 시작] 그룹 → [처음부터]를 클릭한다. 슬라이드 쇼 실행에 사용되는 단축키는 다음과 같다.

- [F5] : 처음부터 슬라이드 쇼를 실행한다.
- [Shift] + [F5] : 현재 슬라이드부터 실행한다.
- [Esc] : 슬라이드 쇼를 중지한다.

참고 슬라이드 쇼 도구

(1) 다음 슬라이드로 이동
(2) 이전 슬라이드로 이동
(3) 펜 도구 : 레이저 포인터, 펜, 형광펜, 지우개 등을 선택한다.
(4) 모든 슬라이드 보기 : 슬라이드가 여러 슬라이드 보기 상태로 나타난다.
(5) 슬라이드 확대 : 슬라이드의 일부 영역을 확대한다.
(6) 슬라이드 쇼 옵션 더 보기 : 발표자 도구 표시, 화면 설정, 화살표 옵션, 도움말, 쇼 마침 등을 선택할 수 있다.

'조경수목.pptx' 파일을 불러와서 슬라이드 쇼를 실행하고 다양한 기능들을 적용해보자.

8.3.1 슬라이드 이동

슬라이드 쇼 실행 후 [Enter], [Space] 또는 마우스를 클릭하면 다음 슬라이드로 이동한다. 슬라이드 리스트를 이용하거나 단축키를 이용해서 특정 슬라이드로 이동할 수도 있다.

❶ [F5]를 눌러 슬라이드 쇼를 실행하고 🔘 클릭한다.

❷ 모든 슬라이드를 한눈에 볼 수 있는 창이 나타난다. 원하는 슬라이드를 선택하면 해당 슬라이드로 이동한다.

> **TIP** 해당 슬라이드의 페이지 번호를 알고 있을 경우, 슬라이드 번호 + [Enter]를 눌러 빠르게 이동할 수 있다.

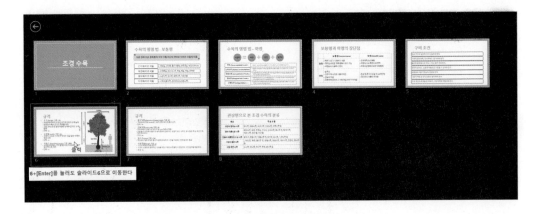

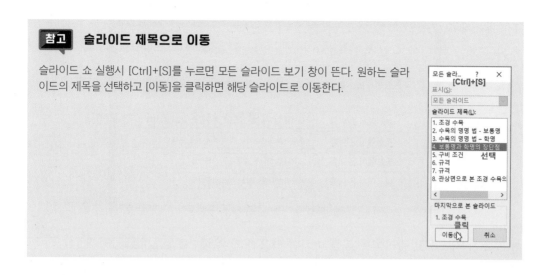

8.3.2 잉크 주석

슬라이드 쇼를 진행하는 중에 잉크 주석의 펜 도구를 이용하면 밑줄을 그어 내용을 강조하거나 부연 설명을 추가할 수 있다. 펜 도구에 있는 레이저 포인터 기능을 이용하면 별도의 레이저 포인터가 없어도 마우스 조작을 통해 레이저 포인터를 사용하는 것과 같은 효과를 줄 수 있다. 펜 도구 메뉴를 사용하기 위해서는 슬라이드 쇼 도구의 ⊘ 를 클릭한다. 펜 도구 기능을 해제하려면 [Esc]키를 누른다.

(1) 레이저 포인터 : 레이저 포인터 효과를 이용하여 슬라이드에서 원하는 곳을 가리키고자 할 때 사용한다.
(2) 펜 : 펜을 이용하여 슬라이드 위에 내용을 추가한다.
(3) 형광펜 : 형광펜을 이용하여 강조하고자 하는 곳에 사용한다.
(4) 지우개 : 펜이나 형광펜으로 작성한 내용을 지울 때 사용한다.
(5) 슬라이드의 모든 잉크 삭제 : 펜이나 형광펜으로 작성한 잉크 주석을 모두 삭제한다.
(6) 잉크 색 : 펜이나 형광펜의 색상을 바꾼다.

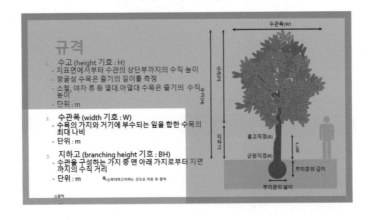

펜 도구를 사용하고 슬라이드 쇼를 마치면 다음과 같은 메시지 창이 뜬다. [예]를 누르면 적용한 잉크 주석이 슬라이드에 함께 표시된다. 잉크 주석은 하나의 개체로 인식되기 때문에 삭제를 원할 경우 클릭하여 삭제 할 수 있다.

참고 **슬라이드 쇼 도중에 사용되는 펜 기능 단축키**

- [Ctrl] + [P] : 마우스 포인트가 펜으로 변경된다.
- [Ctrl] + [A] : 다시 마우스 포인트로 변경된다.
- [Ctrl] + [E] : 마우스 포인트가 지우개로 변경된다.

8.3.3 특정 영역 확대하여 쇼 실행

슬라이드 쇼를 진행하는 도중에 화면의 특정 영역을 확대하여 표시할 수 있다. 쇼 도구의
◎를 클릭하여 원하는 슬라이드 부분을 확대한다.

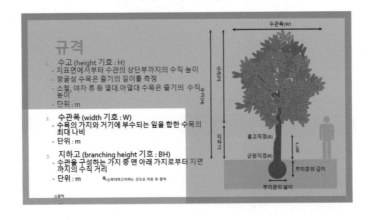

8.4 슬라이드 숨기기

슬라이드 숨기기는 실제 프레젠테이션 파일에는 남아 있지만, 슬라이드 쇼 보기를 실행할 때만 숨기는 기능이다.

슬라이드를 선택하고 [슬라이드 쇼] → [설정] 그룹 → [슬라이드 숨기기]를 클릭한다. [슬라이드 숨기기]를 취소하려면 [슬라이드 숨기기]를 적용했던 슬라이드를 선택하고 [슬라이드 쇼] → [설정] 그룹 → [슬라이드 숨기기]를 한 번 더 클릭하면 다시 슬라이드가 나타난다.

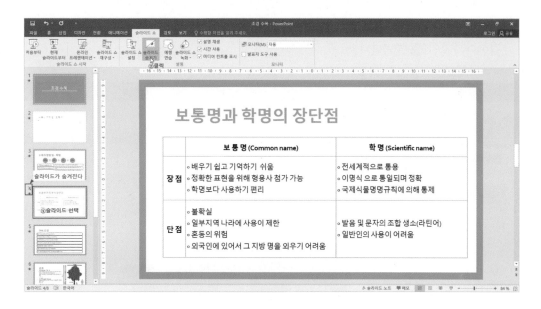

8.5 슬라이드 쇼 재구성

슬라이드 쇼 재구성은 하나의 프레젠테이션 파일을 이용하여 관심사가 서로 다른 청중을 대상으로 여러 곳에서 발표를 해야 하는 경우에 유용하게 사용된다. 보여주고자 하는 슬라이드만 선택하여 순서를 재구성할 수 있고, 슬라이드 숨기기와는 달리 여러 개의 재구성 결과를 저장할 수도 있다. 재구성한 쇼는 슬라이드 쇼뿐만 아니라 인쇄 시에도 사용할 수 있다.

'청과물유통.pptx' 파일을 불러와서 다음의 작업을 실행해보자.

8.5.1 슬라이드 쇼 재구성

수급구조, 유통구조 슬라이드만 선택하여 쇼를 재구성 해보자.

❶ [슬라이드 쇼] → [슬라이드 쇼 시작] 그룹 → [슬라이드 쇼 재구성] → [쇼 재구성]을 선택한다.

❷ [쇼 재구성] 창에서 [새로 만들기]를 클릭한다. [쇼 재구성 하기] 창에서 [슬라이드 쇼 이름]은 '청과물구조'를 입력한다. 슬라이드3부터 슬라이드6까지 선택하고 [추가]를 클릭한다. [확인]을 클릭한다.

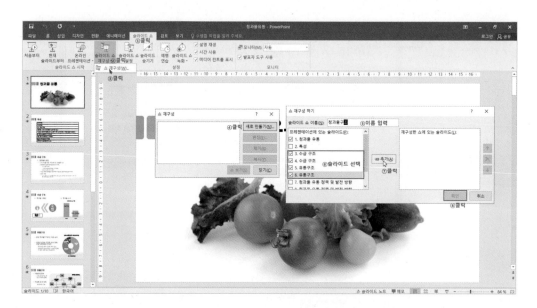

❸ [쇼 재구성] 창에 쇼 이름이 나타나면 [닫기]를 클릭한다.

8.5.2 재구성한 쇼 실행

[F5]키를 누르면 모든 슬라이드가 쇼 보기가 된다. 재구성한 슬라이드만 쇼 보기를 실행하려면 [슬라이드 쇼] → [슬라이드 쇼 시작] 그룹 → [슬라이드 쇼 재구성]에서 재구성한 슬라이드 쇼 이름인 [청과물구조]를 클릭한다.

참고 [F5]키로 재구성한 쇼 실행

[슬라이드 쇼] → [슬라이드 쇼 시작] 그룹 → [슬라이드 쇼 설정]을 클릭하여 [쇼 설정]창에서 [슬라이드 표시]를 [재구성한 쇼]로 선택하면 [F5]를 눌렀을 때 재구성한 쇼로 슬라이드 쇼가 실행된다. [F5]를 눌렀을 때 모든 슬라이드를 표시하려면 [쇼 설정]창에서 [슬라이드 표시]를 [모두]로 선택해주어야 한다.

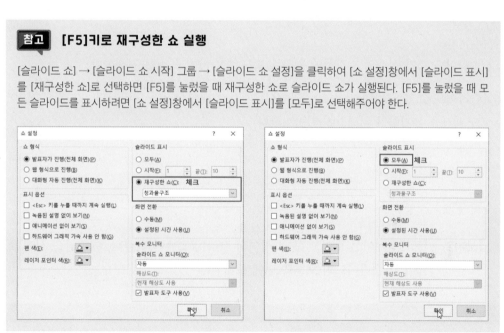

8.6 예행연습

실제 프레젠테이션을 하기 전에 예행연습 기능을 통해 발표에 소요되는 시간을 정확하게 파악하는 것이 필요하다. 특히 제한시간이 있는 발표의 경우에는 주어진 시간을 넘지 않도록 점검하고 연습하는 것이 중요하다. 예행연습 기능을 이용하면 슬라이드 쇼 실행에 걸린 '각 슬라이드별 소요시간'과 '총 소요시간'이 표시된다.

(1)　현재 슬라이드를 프레젠테이션 하는데 걸린 시간을 표시한다.
(2)　전체 프레젠테이션 하는데 걸린 시간을 표시한다.

❶ [슬라이드 쇼] → [설정] 그룹 → [예행연습]을 선택한다.

❷ 슬라이드 쇼가 실행되면 자신이 원하는 속도로 슬라이드 쇼를 진행한다.

❸ 슬라이드 쇼가 끝나면 다음 그림과 같은 메시지 대화상자가 나타난다. 기록된 슬라이드 시간을 유지하기 위해 [예]를 클릭한다.

❹ [보기] → [프레젠테이션 보기] 그룹 → [여러 슬라이드]를 선택한다. 예행연습 시에 소요된 시간들이 각 슬라이드의 오른쪽 밑에 표시된다.

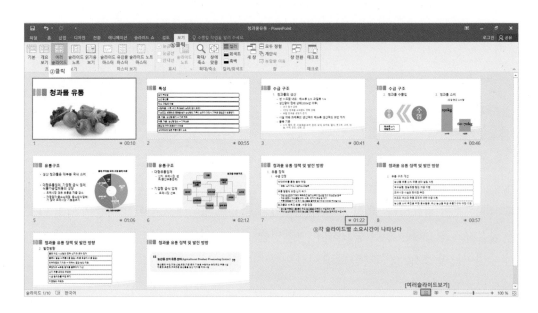

기본 프로젝트 **다양한 효과로 슬라이드 쇼 실행하기**

※ '농산물 품질관리.pptx' 파일을 불러와서 다음의 작업을 실행해보자.

STEP 1 현재 슬라이드부터 슬라이드 쇼 실행하기

① 슬라이드4를 선택하고 [슬라이드 쇼] → [슬라이드 쇼 시작] 그룹 → [현재 슬라이드부터]를 클릭한다.

② 슬라이드4부터 슬라이드 쇼가 진행된다. [Shift]+[F5]를 눌러도 결과는 같다.

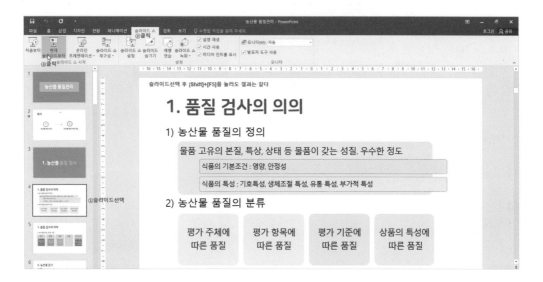

STEP 2 특정 슬라이드로 이동하기

① 슬라이드 쇼 실행 중 [11]+[Enter]를 누른다.

② 슬라이드11로 이동한다.

STEP 3 형광펜으로 밑줄 긋기

❶ 슬라이드 쇼 실행 중 ✐를 클릭하여 [형광펜]을 선택한다.

❷ 원하는 부분을 마우스로 드래그 하여 밑줄을 긋는다.

❸ 형광펜 모드를 해제하려면 [Esc]를 누른다.

STEP 4 슬라이드 숨기기

❶ [Ctrl]키와 함께 슬라이드8, 9, 10을 선택한다.

❷ [슬라이드 쇼] → [설정] 그룹 → [슬라이드 숨기기]를 클릭한다. 슬라이드8, 9, 10이 숨 겨진다.

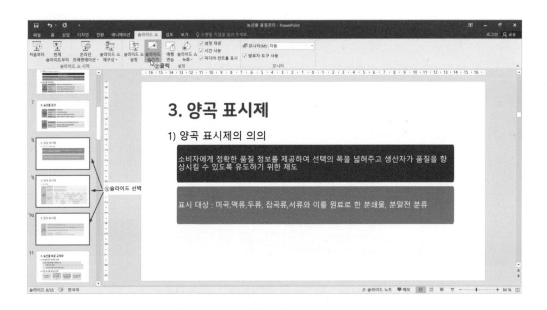

STEP 5 슬라이드 쇼 재구성하기

❶ [슬라이드 쇼] → [슬라이드 쇼 시작] 그룹 → [슬라이드 쇼 재구성] → [쇼 재구성]을 선택한다.

❷ [쇼 재구성] 창에서 [새로 만들기]를 클릭한다. [쇼 재구성 하기] 창에서 [슬라이드 쇼 이름]을 '농산물품질인증제도'를 입력한다.

❸ 슬라이드17에서 슬라이드35까지 모두 선택하고 [추가]를 클릭한다. [확인]을 클릭한다.

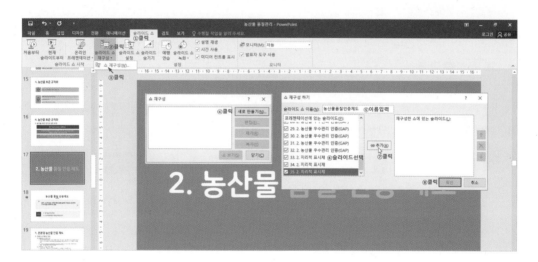

STEP 6 재구성한 쇼로 예행연습하기

❶ [슬라이드 쇼] → [설정] 그룹 → [슬라이드 쇼 설정]을 클릭한다.

❷ [쇼 설정] 창에서 [재구성한 쇼]를 체크한다.

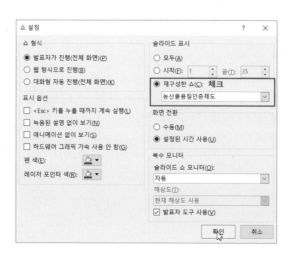

❸ [슬라이드 쇼] → [설정] 그룹 → [예행연습]을 클릭하여 프레젠테이션을 연습한다.

❹ [보기] → [프레젠테이션 보기] 그룹 → [여러 슬라이드]를 선택하여 예행연습 시에 소요된 시간을 확인한다.

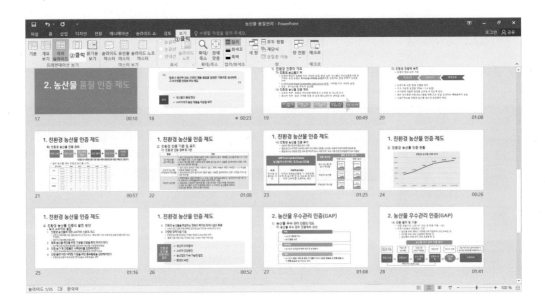

자동으로 반복 재생되는 프레젠테이션 만들기

※ 슬라이드 쇼 설정 기능을 활용하여 전시회 부스나 회의장 등에서 주로 사용하는 자동 재생 프레젠테이션을 만들 수 있다. 마우스 클릭 없이 자동으로 재생하기 위해서는 애니메이션이나 화면 전환이 특정 시간이 지난 후에 실행되도록 미리 설정해야 한다.

'라스베가스.pptx' 파일을 불러와서 슬라이드 쇼가 반복 재생되게 설정해보자.

STEP 1 화면 전환 효과 설정하기

❶ [전환] → [슬라이드 화면 전환] 그룹에서 [블라인드]를 선택한다.

❷ [전환] → [타이밍] 그룹에서 [마우스를 클릭할 때] 체크를 해제한다.

❸ [다음 시간 후]를 체크 하고 '2'를 입력하고 [모두 적용]을 클릭하여 전환 효과와 타이밍을 설정한다.

STEP 2 슬라이드 쇼 설정하기

❶ [슬라이드 쇼] → [설정] 그룹 → [슬라이드 쇼 설정]을 클릭한다.

❷ [쇼 설정] 창에서 [대화형 자동 진행]를 선택한다.

STEP 3 슬라이드 쇼 실행하기

[F5]를 눌러 슬라이드 쇼를 실행한다. [ESC]를 누를 때까지 슬라이드 쇼는 반복 재생된다.

(1) 슬라이드 쇼 설정

- [슬라이드 쇼] → [슬라이드 쇼] 그룹 → [슬라이드 쇼 설정]을 클릭하여 다양한 옵션을 지정한다.

(2) 슬라이드 쇼 실행하기

- 첫 번째 슬라이드부터 실행 : [슬라이드 쇼] → [슬라이드 쇼 시작] 그룹 → [처음부터]를 누르거나 [F5]를 누른다.
- 현재 슬라이드부터 실행 : [슬라이드 쇼] → [슬라이드 쇼 시작] 그룹 → [현재 슬라이드부터]를 누르거나 [Shift] + [F5]를 누른다.
- 슬라이드 쇼 마침 : [ESC]를 누른다.
- 슬라이드 쇼 실행 중 특정 슬라이드 이동 : 슬라이드 번호 + [Enter]를 누른다.

(3) 잉크 주석

- 슬라이드 쇼 실행 중 ✎를 클릭하여 다양한 색상의 펜, 형광펜으로 밑줄을 긋거나 글자를 적을 수 있다.

(4) 슬라이드 숨기기

- [슬라이드 쇼] → [설정] 그룹 → [슬라이드 숨기기]를 클릭하여 슬라이드 쇼 실행 시 슬라이드를 숨길 수 있다.
- [슬라이드 쇼] → [설정] 그룹 → [슬라이드 숨기기]를 한번 더 클릭하면 슬라이드 숨기기가 취소된다.

(5) 슬라이드 쇼 재구성

- [슬라이드 쇼] → [슬라이드 쇼 시작] 그룹 → [슬라이드 쇼 재구성] → [쇼 재구성]을 통해 전체 슬라이드 중 일부만 슬라이드 쇼로 구성할 수 있다.
- 재구성한 쇼를 슬라이드 쇼로 실행하려면 [슬라이드 쇼] → [슬라이드 쇼 시작] 그룹 → [슬라이드 쇼 재구성] → [재구성한 쇼 이름]을 클릭한다.

(6) 예행연습

- [슬라이드 쇼] → [설정] 그룹 → [예행연습]을 실행하여 슬라이드 발표에 소요되는 시간을 체크 해 볼 수 있다.

※ '조경제도용구사용법.pptx' 파일을 불러와서 다음의 작업을 수행해보자.

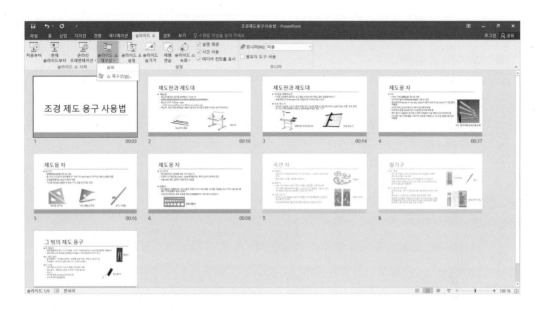

작성 조건

1. 슬라이드7과 슬라이드8은 [슬라이드 숨기기] 한다.

2. 다음과 같이 [슬라이드 쇼 재구성] 한다.

   (1) 슬라이드 쇼 이름 : 요약

   (2) 재구성한 슬라이드 : 슬라이드1, 슬라이드2, 슬라이드3, 슬라이드4, 슬라이드9

3. 슬라이드 쇼를 처음부터 실행한다.

   (1) 형광펜으로 슬라이드에 밑줄 긋기

   (2) 잉크 주석을 유지

4. 예행연습하기

※ 파워포인트의 슬라이드 쇼 기능을 통해 제한 시간 내에 정답을 맞히는 퀴즈 게임을 만들고자
  한다. 아래와 같이 '영어.pptx' 파일을 이용하여 빈칸을 포함한 영어 문제를 제시하고 5초 후에
  답이 나타나도록 퀴즈 게임을 완성해보자.

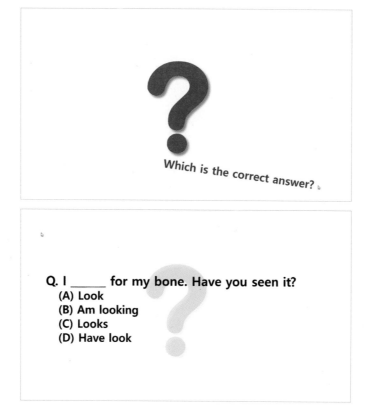

작성 조건

1. 슬라이드3~슬라이드11에 적용된 애니메이션 타이밍을 다음과 같이 수정한다.
   (1) [시작] : [이전 효과 다음에]
   (2) [재생시간] : [2.00]
   (3) [지연] : [5.00]
2. [쇼 설정] 창에서 [웹 형식으로 진행]을 선택한다.
3. [F5]를 눌러 슬라이드 쇼를 실행한다.

9

인쇄 및 다양한 슬라이드 저장 방법

CHAPTER 9

학습목표

- 프레젠테이션 인쇄에 대해 알아보자.

- 이미지 품질향상 및 문서 속성 확인에 대해 알아보자.

- 여러 가지 슬라이드 저장방법에 대해 알아보자.

9.1 인쇄

9.1.1 인쇄 창

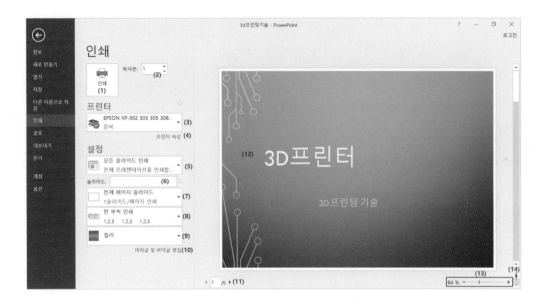

(1) 인쇄 : 설정이 끝난 프레젠테이션을 프린터로 출력한다.
(2) 복사본 : 인쇄 매수를 지정한다.
(3) 프린터 : 출력할 프린터를 선택한다.
(4) 프린터 속성 : 설치된 프린터의 속성을 설정한다.
(5) 인쇄 범위 : 모든 슬라이드 인쇄, 선택 영역 인쇄, 현재 슬라이드 인쇄, 범위 지정 인쇄 , 숨겨진 슬라이드 인쇄 등 인쇄 범위를 선택한다.
(6) 슬라이드 : 인쇄하고자 하는 슬라이드 번호를 직접 입력한다. 1페이지부터 3페이지, 6페이지를 인쇄하려면 '1-3,6'이라 입력하면 된다.
(7) 인쇄 모양 : 슬라이드, 유인물, 슬라이드 노트 등 인쇄할 모양을 선택한다.
(8) 한 부씩 인쇄 : [복사본]항목에서 설정한 매수를 인쇄할 때 한 장씩 인쇄할지, 한 부씩 인쇄할지 선택한다.
(9) 인쇄 색상 : 컬러, 회색조, 흑백으로 인쇄한다.
(10) 머리글 및 바닥글 편집 : 머리글/바닥글 창을 표시한다.
(11) 슬라이드 이동 단추 : 미리 보기에 표시할 슬라이드를 검색한다.
(12) 미리 보기 : 프레젠테이션이 어떻게 인쇄될지를 미리 보여 준다.
(13) 확대/축소 : 미리 보기 창에 확대 또는 축소 값을 지정하여 볼 수 있다.
(14) 페이지 확대/축소 : 미리 보기 창에 프레젠테이션을 창 크기에 맞춰 보여준다.

9.1.2 인쇄 범위 지정

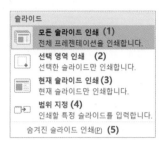

(1) 모든 슬라이드 인쇄 : 모든 슬라이드를 인쇄한다.
(2) 선택 영역 인쇄 : 슬라이드 창에서 인쇄할 슬라이드를 먼저 선택하여 인쇄한다.
(3) 현재 슬라이드 인쇄 : 미리 보기 창에 표시된 내용이 인쇄된다.
(4) 범위 지정 : 인쇄할 슬라이드 번호를 직접 지정한다.
(5) 숨겨진 슬라이드 인쇄 : 체크를 표시하면 숨겨진 슬라이드를 포함해서 인쇄한다.

9.1.3 인쇄 모양 지정

슬라이드, 유인물, 슬라이드 노트, 개요 중에서 선택하여 인쇄한다.

(1) 전체 페이지 슬라이드 : 슬라이드가 한 장씩 프린터로 출력된다.
(2) 슬라이드 노트 : 슬라이드 노트가 한 장씩 프린터로 출력된다.
(3) 개요 : 슬라이드의 텍스트만 인쇄한다.
(4) 유인물 : 유인물 한 장에 표시할 슬라이드 수를 목록에서 선택한다.
(5) 슬라이드 테두리 : 슬라이드에 테두리를 표시한다.
(6) 용지에 맞게 크기 조정 : 화면 크기와 용지 크기가 다를 경우 원하는 모양으로 출력할 때 사용하면 좋다.

참고 **슬라이드 크기**

- [표준 (4:3)] : 슬라이드 크기의 가로와 세로 비율이 4:3이다.
- [와이드스크린 (16:9)] : 슬라이드 크기의 가로와 세로의 비율이 16:9이다.
- [사용자 지정 슬라이드 크기] : 슬라이드 크기 창에서 크기를 선택하거나 직접 지정한다.

❶ [디자인] → [사용자 지정] 그룹 → [슬라이드 크기] → [사용자 지정 슬라이드 크기]를 클릭한다.
❷ [슬라이드 크기] 창에서 크기를 선택한다.

❸ 콘텐츠의 크기를 자동으로 조정할 수 없는 경우 다음 두 가지 옵션을 표시하는 창이 나타난다.

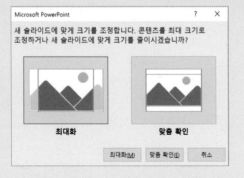

- 최대화 : 슬라이드 크기를 확대할 때 슬라이드 콘텐츠의 크기도 확대되나 콘텐츠가 슬라이드에 맞지 않을 수도 있다.

● 맞춤 확인: 슬라이드 크기가 축소되면서 콘텐츠의 크기도 함께 축소되어 슬라이드에 전체 콘텐츠가 표시된다.

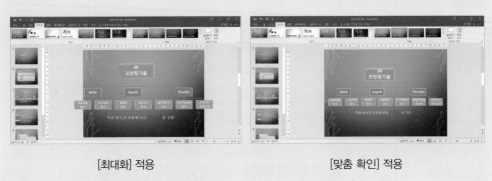

[최대화] 적용   [맞춤 확인] 적용

참고 슬라이드 방향

❹ [디자인] → [사용자 지정] 그룹 → [슬라이드 크기] → [사용자 지정 슬라이드 크기]를 클릭한다.
❺ [슬라이드 크기] 창에서 [슬라이드]와 [슬라이드 노트, 유인물, 개요]의 방향을 지정한다.

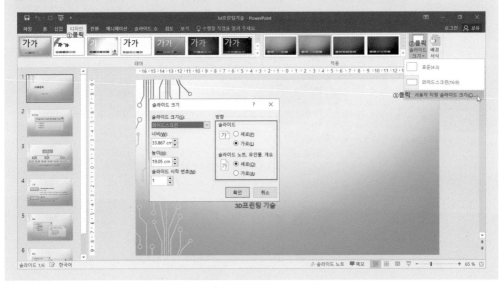

9.1.4 인쇄

전체 슬라이드를 출력해보자.

❶ [파일] → [인쇄]를 클릭한다.

❷ 인쇄 범위는 [모든 슬라이드 인쇄], 인쇄 모양은 [전체 페이지 슬라이드]로 지정하고
   [인쇄]를 클릭한다.

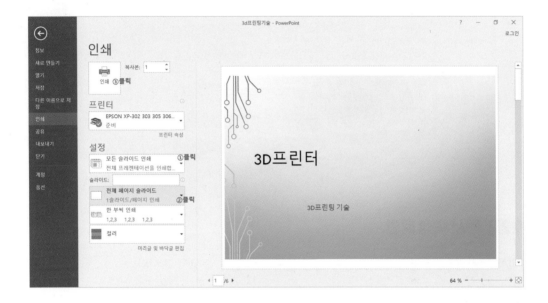

9.2 이미지 품질 향상 및 문서 속성

9.2.1 이미지 품질 향상

파워포인트에서는 파일의 크기를 줄이기 위해 기본적으로 이미지 파일이 압축되도록 설정
되어 있다. 파일의 크기가 커지더라도 이미지의 품질을 높이려면 이미지 압축을 해제하면
된다. [파일] → [옵션] → [고급]의 [이미지 크기 및 품질]에서 [파일의 이미지 압축 안 함]
에 체크를 표시한다.

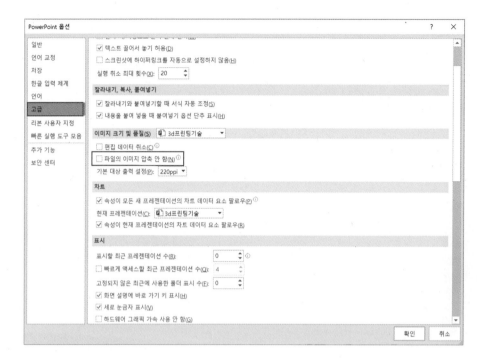

9.2.2 문서 속성 확인

[파일] → [정보]를 클릭하면 오른쪽 창에 문서와 관련된 속성이 표시된다.

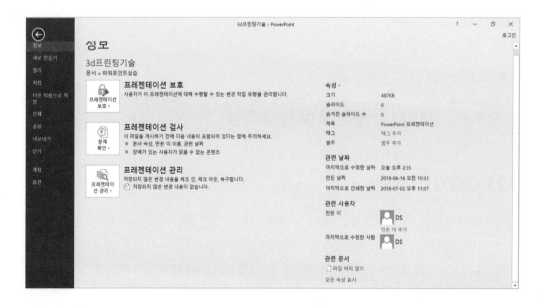

9.3 여러 가지 슬라이드 저장방법

9.3.1 PDF문서로 저장

❶ [파일] → [내보내기]를 클릭한다. [PDF/XPS 문서 만들기]를 클릭하고 오른쪽에서 [PDF/XPS 만들기]를 클릭한다.

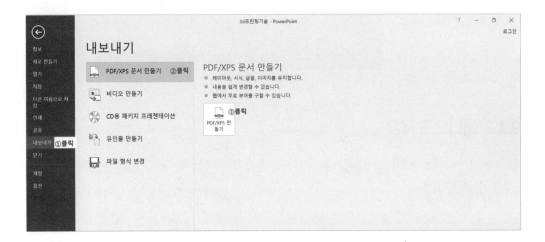

❷ [PDF 또는 XPS로 게시] 창에서 파일 이름을 입력하고 [옵션]을 클릭한다. [범위], [게시 대상]을 지정하고 [확인]을 클릭한다.

❸ [PDF 또는 XPS로 게시] 창이 나타나면 [게시]를 클릭한다.

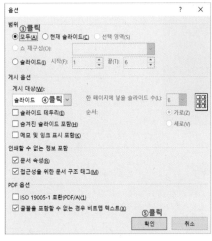

④ 게시가 끝나면 pdf 형식으로 저장된다.

9.3.2 비디오로 저장

❶ [파일] → [내보내기]를 선택한다. [비디오 만들기]를 클릭한 후 오른쪽에서 [비디오 만들기]를 클릭한다.

❷ [다른 이름으로 저장] 창에서 비디오 파일 이름을 입력하고 [저장]을 클릭한다.

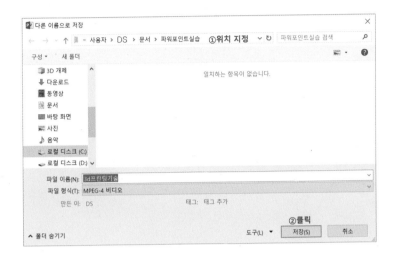

TIP 파일 형식은 MPEG–비디오(.mp4)나 Windows Media 비디오(.wmv) 중에서 선택한다.

❸ 상태 표시줄에 저장 과정이 표시되고 선택한 확장명으로 비디오 파일이 생성된다.

9.3.3 CD용 패키지 프레젠테이션

프레젠테이션을 작성한 컴퓨터에서 삽입했던 글꼴, 비디오, 오디오, 사진 등을 폴더나 CD에 패키지로 저장하면 프레젠테이션 실행시 누락된 파일이 없도록 예방 할 수 있다.

❶ [파일] → [내보내기]를 선택한다. [CD용 패키지 프레젠테이션]을 클릭하고 [CD용 패키지]를 클릭한다.

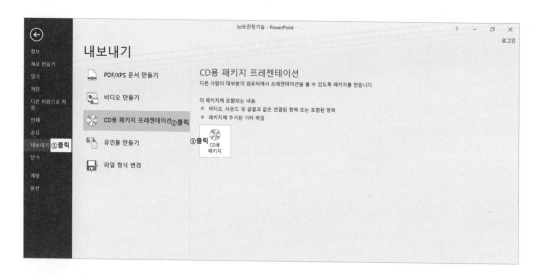

❷ [CD용 패키지]에서 [CD이름]에 파일명을 입력하고 [옵션]을 클릭하여 [연결된 파일], [포함된 트루타입 글꼴]에 체크를 표시한 후 [확인]을 클릭한다. [CD용 패키지]가 다시 나타나면 [폴더로 복사]를 클릭한다.

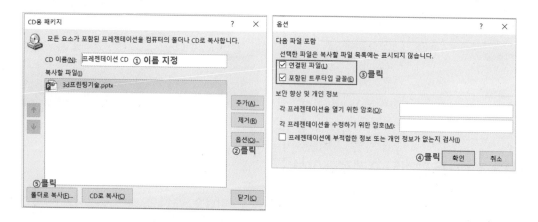

❸ 폴더 이름과 위치를 지정하고 [확인]을 클릭한다. [연결된 파일을 패키지에 포함하시겠습니까?] 묻는 창이 나타나면 [예]를 클릭한다.

❹ [CD용 패키지]가 다시 나타나면 [닫기]를 클릭한다. 폴더가 새로 생성되고 관련된 파일이 저장된다.

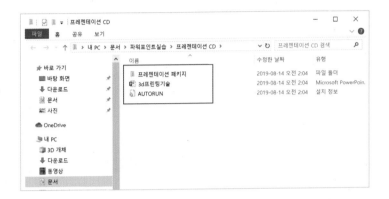

9.3.4 유인물 만들기

❶ [파일] → [내보내기] → [유인물 만들기] → [유인물 만들기]를 클릭한다.

❷ [Microsoft Word로 …] 창에 슬라이드 옆 또는 아래에 설명문이나 여백을 표시하거나 개요만 나타내는 페이지 레이아웃 목록이 나타난다. 원하는 레이아웃을 선택하고 [확인]을 클릭한다.

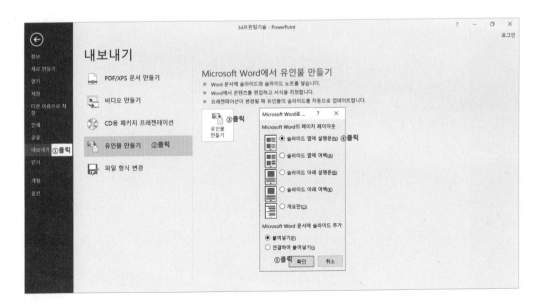

❸ [Microsoft Word] 프로그램이 실행되고 선택했던 레이아웃의 유인물이 만들어진다.

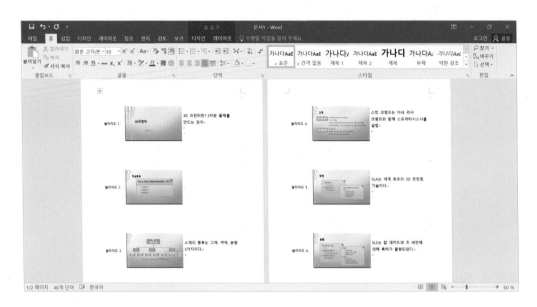

9.3.5 그림으로 저장

❶ [파일] → [내보내기] → [파일 형식 변경]을 클릭하면 오른쪽에 파일 형식 목록이 나타
난다. [이미지 파일 형식]에서 파일 형식을 선택하고 [다른 이름으로 저장]을 클릭한다.

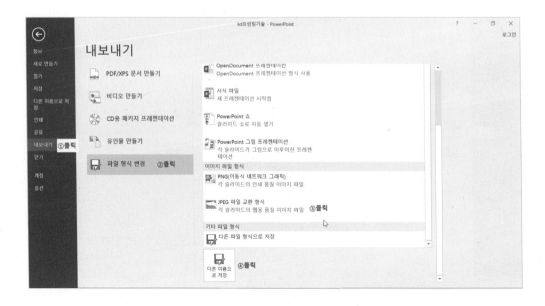

TIP [파일] → [다른 이름으로 저장]을 클릭하여 [파일 형식]에서 그림 형식을 선택해도 된다.

❷ [다른 이름으로 저장] 창에서 파일 이름을 입력하고 [저장]을 클릭한다. [Microsoft PowerPoint]창이 나타나면 [모든 슬라이드], [현재 슬라이드]중에서 선택한다. [모든 슬라이드]를 선택하면 새로운 폴더가 생기면서 그 안에 파일이 저장되며 [현재 슬라이드]를 선택하면 선택한 슬라이드만 저장된다.

❸ [모든 슬라이드]를 선택하면 다음의 창이 나타난다. [확인]을 클릭한다.

[모든 슬라이드]

❹ 저장했던 위치로 이동하면 그림으로 변환된 슬라이드가 나타난다.

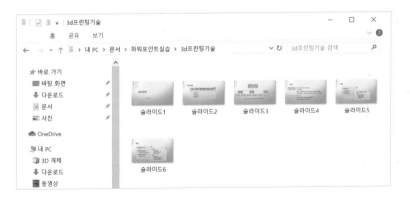

슬라이드 인쇄하기

※ '금융사고예방.pptx'의 슬라이드1과 슬라이드5를 인쇄해보자.

STEP 1 슬라이드 선택하기

프레젠테이션의 [슬라이드] 탭에서 [Ctrl]을 누른 채 슬라이드1과 슬라이드5를 선택한다.

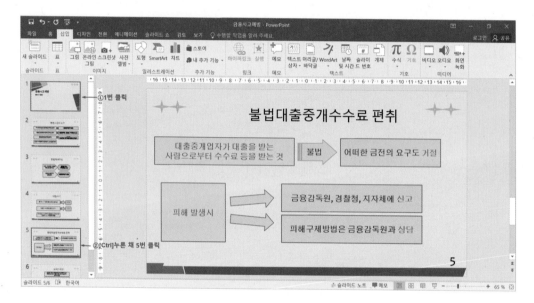

STEP 2 인쇄하기

[파일] → [인쇄]를 클릭하고 인쇄 범위를 [선택 영역 인쇄]로 선택한다. [인쇄]를 클릭한다.

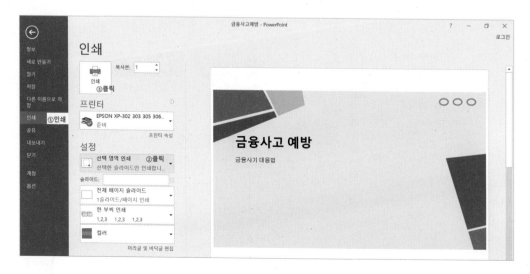

기본 프로젝트 ## PDF로 저장하기

※ 특정 범위의 슬라이드만 유인물로 만들어서 PDF 문서로 저장하는 방법을 알아보자.

STEP 1 **PDF 문서 만들기**

❶ [파일] → [내보내기] → [PDF/XPS 문서 만들기] → [PDF/XPS 만들기]를 클릭한다.

❷ [PDF 또는 XPS로 게시]창에서 [옵션]을 클릭한다.

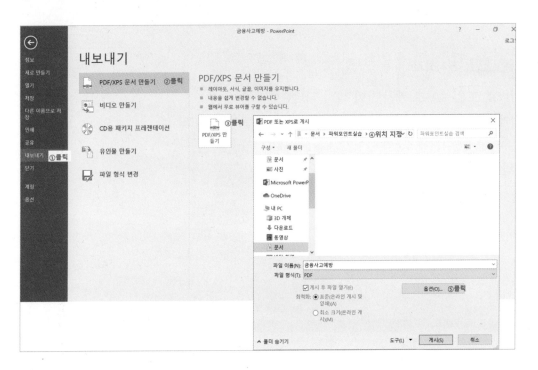

STEP 2 범위, 게시 대상 지정하기

❶ [옵션] 창에서 [범위]는 [슬라이드]로 선택하고 [시작]은 '1', [끝]은 '4'로 지정한다.

❷ [게시 대상]은 [유인물], [한 페이지에 넣을 슬라이드 수]는 '2'로 지정한다. [확인]을 클릭한다.

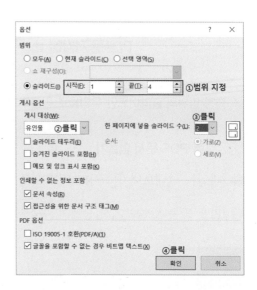

STEP 3 게시하기

[PDF 또는 XPS로 게시]창이 다시 나타나면 [게시]를 클릭한다. 1~4번까지의 슬라이드가 유인물 1페이지에 2장씩 들어가는 pdf문서가 만들어진다.

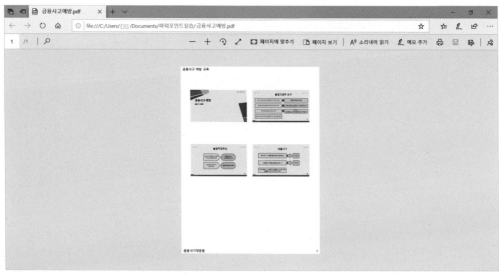

응용 프로젝트   슬라이드 노트 인쇄하기

※ '금융사고예방.pptx'의 슬라이드2,3의 노트를 인쇄해보자.

STEP 1   슬라이드 선택하기

프레젠테이션의 [슬라이드] 탭에서 [Shift]나 [Ctrl]을 누른 채 슬라이드2, 3을 선택한다.

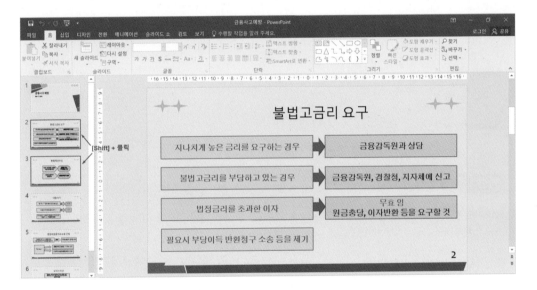

STEP 2   슬라이드 노트 인쇄하기

❶ [파일] → [인쇄]를 클릭한다. 인쇄 범위를 [선택 영역 인쇄]를 선택한다.

❷ 인쇄 모양은 [슬라이드 노트]를 클릭한다.

❸ [인쇄]를 클릭한다.

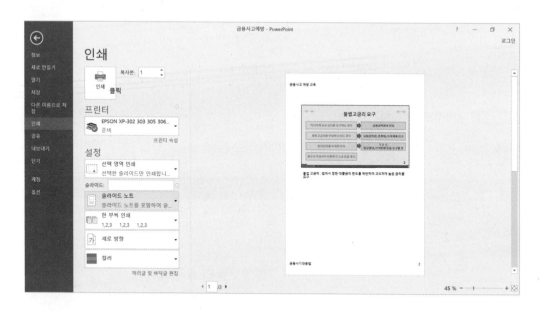

참고 특정 범위 인쇄하기

슬라이드 번호나 슬라이드 범위를 쉼표로 구분하여 인쇄할 수 있다. 슬라이드1~슬라이드3, 슬라이드6의 범위를 인쇄하려면 다음과 같이 하면 된다.

❶ [파일] → [인쇄]를 클릭하여 인쇄 범위를 [범위 지정]으로 지정한다.

❷ [슬라이드]란에 '1-3,6'이라 입력하고 인쇄 모양은 [전체 페이지 슬라이드]를 클릭한다.

❸ [인쇄]를 클릭한다.

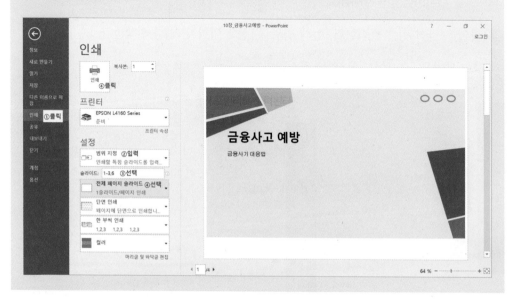

응용 프로젝트 **슬라이드 쇼로 저장하기**

※ '금융사고예방.pptx'를 슬라이드 쇼 형태로 저장해보자.

STEP 1 내보내기 및 다른 이름으로 저장하기

[파일] → [내보내기] → [파일 형식 변경] → [PowerPoint 쇼]를 클릭한 후 [다른 이름으로 저장]을 클릭한다.

STEP 2 위치 지정 및 저장하기

[다른 이름으로 저장]에서 저장위치와 파일명을 지정하고 [저장]을 클릭한다.

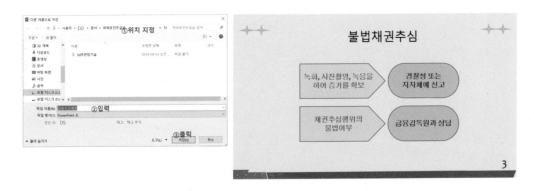

(1) 인쇄

- [파일] → [인쇄]를 클릭하면 오른쪽에 출력할 내용이 미리보기에 표시된다. 슬라이드, 슬라이드 노트, 유인물, 개요 등을 선택하여 출력한다.

(2) 이미지 품질 향상

- [파일] → [옵션] → [고급] → [이미지 크기 및 품질]에서 [파일의 이미지 압축 안 함]에서 체크를 해제한다.

(3) 여러 가지 슬라이드 저장방법

- PDF로 저장하기 : [파일] → [내보내기] → [PDF/XPS 문서 만들기] → [PDF/XPS 만들기]를 클릭한다.
- 비디오로 저장하기 : [파일] → [내보내기] → [비디오 만들기] → [비디오 만들기]를 클릭한다.
- CD용 패키지 프레젠테이션 : [파일] → [내보내기] → [CD용 패키지 프레젠테이션] → [CD용 패키지]를 클릭한다.
- 유인물 만들기 : [파일] → [내보내기] → [유인물 만들기] → [유인물 만들기]를 클릭한다.
- 그림으로 저장하기 : [파일] → [내보내기] → [파일 형식 변경]을 클릭한다. [이미지 파일 형식]에서 파일 형식을 선택하고 [다른 이름으로 저장]을 클릭한다.

■ 유인물로 출력하기

※ 유인물 1장에 슬라이드2와 슬라이드4를 출력해보자.

(참고 : 인쇄 창의 [슬라이드]에 '2, 4'를 입력, 인쇄 모양은 [2 슬라이드] 선택)

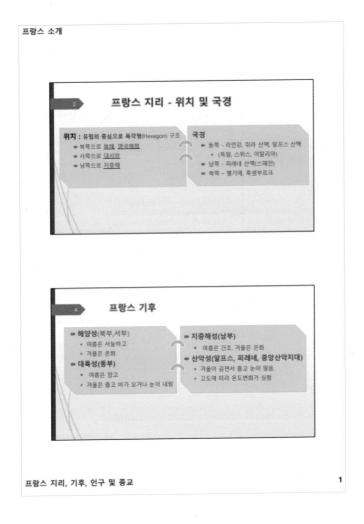

■ **선택한 슬라이드만 PDF 문서로 저장하기**

※ 슬라이드1, 3, 5, 8만 PDF 문서로 저장한다.

(참고 : 슬라이드 창에서 슬라이드1, 3, 5, 8을 선택 후 내보내기 실행, [옵션] 창에서 범위를 [선택영역]으로 선택)

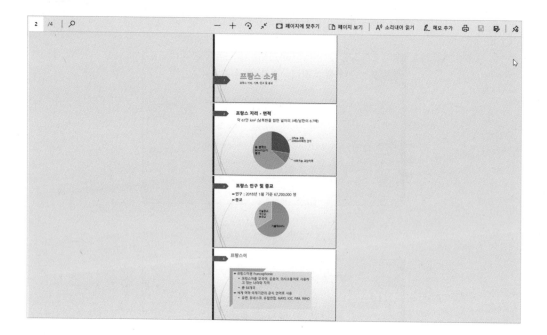

10

종합실습문제

CHAPTER 10

≫ 종합문제 1   다음과 같이 'Business Plan' 슬라이드를 작성하시오.

[슬라이드1]

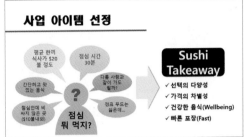

[슬라이드2]

[슬라이드3]

[슬라이드4]

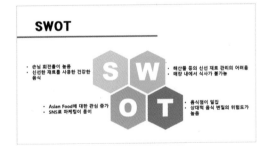

[슬라이드5]

[슬라이드6]

[슬라이드7]

[슬라이드8]

≫ 슬라이드 마스터

[제목만 레이아웃]에서 다음과 같이 지정한다.

세부 조건

① 글꼴 : 휴먼둥근헤드라인
② 선 삽입
  • 너비 : 20cm
  • 도형의 윤곽선 : [청회색, 텍스트 2]
  • 두께 : 6pt

≫ 슬라이드1   제목 슬라이드

그림과 텍스트 상자를 이용하여 슬라이드를 작성한다.

세부 조건

① 배경 그림 삽입 : 12Apostles.jpg
② 텍스트 상자
  • 부제목 텍스트 상자는 삭제

- 텍스트 작성
- 글꼴 : 96pt, 굵게
- 도형 스타일 : [반투명 – 검정, 어둡게 1, 윤곽선 없음]
- 크기를 슬라이드에 맞게 조절하고 슬라이드 아래에 위치

≫ 슬라이드2   '사업 아이템 선정' 슬라이드

1. 출력 형태와 같이 도형, 도형의 병합을 이용하여 슬라이드를 작성한다.
2. [제목만] 레이아웃 슬라이드에서 작성한다.
3. 언급하지 않은 세부 사항은 출력 형태를 참고한다.

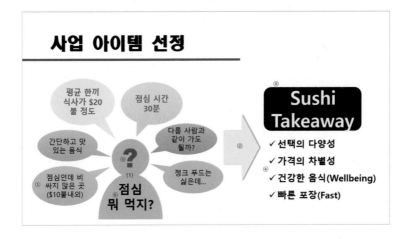

세부 조건

(1) 도형 병합

　① 도형 삽입 : [타원] 도형 2개, [직사각형] 도형 삽입

　② [도형 병합]을 이용하여 도형 완성

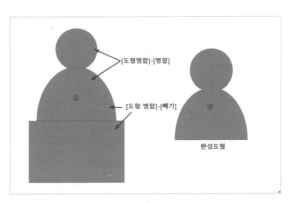

(2) 도형, 텍스트 상자 삽입

① [타원형 설명선] 도형 6개 삽입

- 텍스트 작성
- 도형 채우기

② [오른쪽 화살표] 도형 삽입

- 도형 채우기 : [회색-25%, 배경2]
- 그림자 효과 : [오프셋 오른쪽]

③ [모서리가 둥근 직사각형] 도형 삽입

- 텍스트 작성
- 글꼴 : 48pt, 굵게
- 도형 스타일 : [색 채우기 - 검정, 어둡게 1]

④ [가로 텍스트 상자] 삽입

- 텍스트 작성
- 글꼴 : 24pt, 굵게
- 글머리 기호 : √

⑤ [가로 텍스트 상자] 삽입

- 텍스트 작성
- 글꼴 : Arial Black, 66pt, 빨강

⑥ [가로 텍스트 상자] 삽입

- 텍스트 작성
- 글꼴 : 32pt, 굵게

≫ 슬라이드3 '창업 시 필수 고려사항' 슬라이드

1. 출력 형태와 같이 스마트아트, 도형을 이용하여 슬라이드를 작성한다.
2. [제목만] 레이아웃 슬라이드에서 작성한다.
3. 언급하지 않은 세부 사항은 출력 형태를 참고한다.

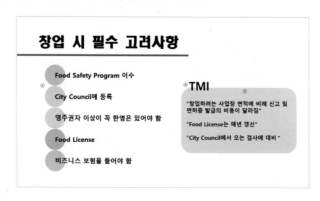

세부 조건

① [세로 원 목록형] 스마트 아트 삽입

- 글꼴 : 굵게

- 크기 : 높이 12cm, 너비 20cm

- 색 변경 : [색상형]–[강조색]

② [모서리가 둥근 직사각형] 도형 삽입

- 텍스트 작성

- 도형 채우기 : [청회색, 텍스트 2, 80% 더 밝게]

③ [가로 텍스트 상자] 삽입

- 텍스트 작성

- 글꼴 : 36pt, 굵게

» 슬라이드4   '위치 선정' 슬라이드

1. 출력 형태와 같이 그림, 텍스트 상자를 이용하여 슬라이드를 작성한다.

2. 애니메이션 효과를 적용한다.

3. [제목만] 레이아웃 슬라이드에서 작성한다.

4. 언급하지 않은 세부 사항은 출력 형태를 참고한다.

세부 조건

① 그림 파일 삽입

- 지도1.png : 애니메이션(종류–[나타내기], 시작–[클릭할 때])

- 지도2.png, 지도3.png, 지도4.png : 애니메이션(종류–[나타내기], 시작–[이전효과 다음에], 재생시간–[1초])

- 삽입한 그림은 '지도4.png' 그림이 가장 위에 오도록 차례대로 겹쳐 놓는다.

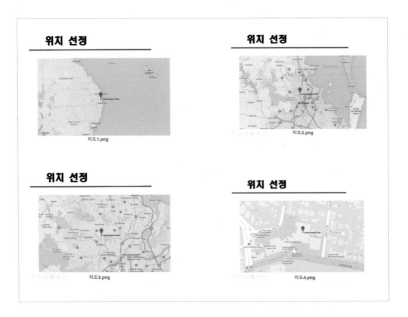

② [직사각형] 도형 삽입

- 텍스트 작성
- 애니메이션 : [나타내기], 시작은 [이전효과 다음에], 재생시간 [1초]
- 글꼴 : 24pt
- 도형 스타일 : [색 채우기 – 검정, 어둡게 1]

③ [가로 텍스트 상자] 삽입

- 텍스트 작성
- 글꼴 : 24pt
- 글머리 기호 : √
- 애니메이션 : [나타내기], 시작은 [이전효과 다음에], 재생시간 [1초]

≫ 슬라이드5 'SWOT' 슬라이드

1. 출력 형태와 같이 도형, 텍스트 상자를 이용하여 슬라이드를 작성한다.
2. [제목만] 레이아웃 슬라이드에서 작성한다.
3. 언급하지 않은 세부 사항은 출력 형태를 참고한다.

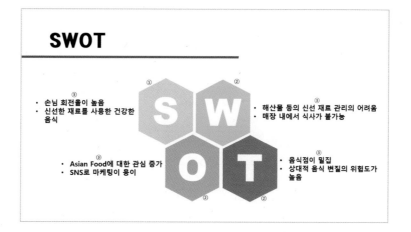

세부 조건

① [육각형] 도형 삽입

- 텍스트 작성
- 회전 : [왼쪽으로 90도 회전]
- 크기 : 높이 5cm, 너비 6cm
- 글꼴 : Arial Black, 96pt, 굵게
- 텍스트 방향 : 세로
- 도형 채우기 : [황금색, 강조 4, 40% 더 밝게]
- 도형 윤곽선 : 윤곽선 없음

② 위의 도형 3개 복사

- 텍스트 수정
- 도형 채우기 변경
- 슬라이드에 적절히 위치

③ [가로 텍스트 상자] 삽입

- 텍스트 작성
- 글꼴 : 굵게
- 글머리 기호 : · [속이 찬 둥근 글머리 기호]
- 슬라이드에 적절히 위치

>> 슬라이드6   'Menu' 슬라이드

[빈 화면] 레이아웃 슬라이드에서 작성한다.

세부 조건

① 그림 파일 삽입
- 메뉴.png
- 슬라이드에 맞게 크기 조절
- 전환 : [벗겨내기]

>> 슬라이드7   'Net Profit Chart' 슬라이드

1. 출력 형태와 같이 차트를 이용하여 슬라이드를 작성한다.
2. [제목만] 레이아웃 슬라이드에서 [표식이 있는 꺾은선형] 차트를 삽입한다.
3. 언급하지 않은 세부 사항은 출력 형태를 참고한다.

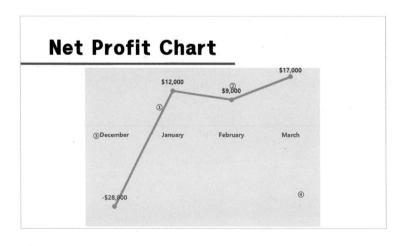

세부 조건

(1) 입력 데이터

	계열1
December	-28000
January	12000
February	9000
March	17000

(2) 빠른 레이아웃 : 레이아웃 2
(3) 차트 요소 : [차트 제목]과 [범례]는 체크 해제, [데이터 레이블]은 [위쪽]
① 선과 표식
- 선 두께 : 6pt
- 표식 옵션 : 형식은 [O], 크기는 [12]

② 데이터 레이블
- 글꼴 : 16pt, 굵게
- 표시 형식 : [통화], [$], 음수는 [-$1,234]

③ 가로 (항목) 축
- 글꼴 : 16pt, 굵게

④ 그림 영역 : 도형 채우기 [회색-25%, 배경 2]

≫ 슬라이드8 '10 Rules' 슬라이드

1. 출력 형태와 같이 스마트 아트를 이용하여 슬라이드를 작성한다.
2. [빈 화면] 레이아웃 슬라이드에서 작성한다.
3. 언급하지 않은 세부 사항은 출력 형태를 참고한다.

세부 조건

① [선이 그어진 목록형] 스마트 아트 삽입

- 텍스트 작성
- 글꼴 : 굵게
- 텍스트 맞춤 : 중간
- 크기 : 높이 15cm, 너비 15cm
- 색 변경 : [색상형]−[강조색]
- 슬라이드 왼쪽에 적절히 위치

② 위에서 작성한 스마트 아트 복사

- 텍스트 수정
- 슬라이드 오른쪽에 적절히 위치

③ 워드 아트 삽입

- [채우기, 검정, 텍스트1, 윤곽선−배경1, 진한 그림자−강조1]
- 텍스트 작성 : 10 Rules

④ 그림 파일 삽입

- 로고.png
- 자르기 기능 이용
- 슬라이드에 적절히 위치

≫ 종합문제 2 다음과 같이 '행사 포스터' 슬라이드를 작성하시오.

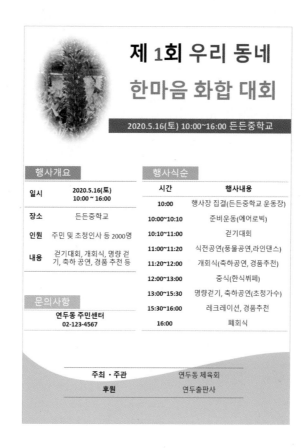

≫ 전체구성

1. 슬라이드 크기 및 방향 : 크기는 A4 용지, 슬라이드의 방향은 세로로 한다.
2. [빈 화면] 레이아웃 슬라이드에서 작성한다.
3. 언급하지 않은 세부 사항은 출력 형태를 참고한다.

≫ 그림 편집 및 제목 작성

제 1회 우리 동네
한마음 화합 대회

① ②

세부 조건

① 그림 삽입

- 꽃.jpg
- 크기 : 높이 6cm, 너비 8cm
- 자르기 : [타원] 도형
- 그림 효과 : [부드러운 가장자리]-[25 포인트]
- 슬라이드에 적절히 위치

② [가로 텍스트 상자] 삽입

- 텍스트 작성 : 제1회 우리 동네 한마음 화합 대회
- 글꼴 : 40pt, 굵게
- 글꼴 색 : '1'은 [빨강], '우리 동네'는 [자주], '한마음 화합 대회'는 [녹색, 강조 6, 25% 더 어둡게]
- 줄 간격 : 1.5

》 표 작성

일시	①	2020.5.16(토) 10:00 ~ 16:00	시간	②	행사내용
			10:00		행사장 집결(든든중학교 운동장)
장소		든든중학교	10:00~10:10		준비운동(에어로빅)
인원		주민 및 초청인사 등 2000명	10:10~11:00		걷기대회
내용		걷기대회, 개회식, 명랑 걷기, 축하 공연, 경품 추천 등	11:00~11:20		식전공연(풍물공연,라인댄스)
			11:20~12:00		개회식(축하공연, 경품추천)
			12:00~13:00		중식(한식뷔페)
			13:00~15:30		명랑걷기, 축하공연(초청가수)
③	연두동 주민센터 02-123-4567		15:30~16:00		레크레이션, 경품추천
			16:00		폐회식
주최·주관 후원	④	연두동 체육회 연두출판사			

세부 조건

① [2x4 표] 삽입

- 텍스트 작성
- 표 스타일 및 옵션 : [밝은 스타일 1-강조 2], [머리글 행], [첫째 열]만 체크

- 단락 : 가운데 맞춤, 텍스트 맞춤은 중간
- 크기 조절 후 슬라이드에 적절히 위치

② [2x10 표] 삽입

- 텍스트 작성
- 표 스타일 및 옵션 : [밝은 스타일 1-강조 3], [머리글 행], [첫째 열]만 체크
- 단락 : 가운데 맞춤, 텍스트 맞춤은 중간
- 크기 조절 후 슬라이드에 적절히 위치

③ [1x1 표] 삽입

- 텍스트 작성
- 표 스타일 및 옵션 : [밝은 스타일 1-강조 4], [머리글 행]만 체크
- 단락 : 가운데 맞춤
- 크기 조절 후 슬라이드에 적절히 위치

④ [2x2 표] 삽입

- 텍스트 작성
- 표 스타일 및 옵션 : [밝은 스타일 1-강조 5], [첫째 열]만 체크
- 단락 : 가운데 맞춤, 텍스트 맞춤은 중간
- 크기 조절 후 슬라이드에 적절히 위치

» 도형 편집 및 타이틀 작성

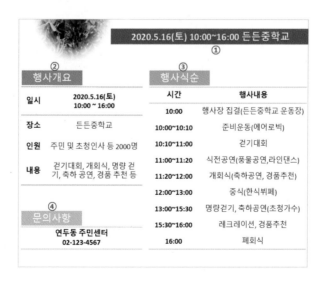

① [직사각형] 도형 삽입

- 크기 : 높이 1cm, 너비 13cm
- 도형 채우기 : [청회색, 텍스트 2]
- 도형 윤곽선 : 윤곽선 없음
- 텍스트 작성 : 2020.5.16(토) 10:00~16:00 든든중학교
- WordArt 스타일 : [채우기-흰색, 윤곽선 – 강조 1, 그림자]

② 직사각형 도형 삽입

- 크기 : 높이 1cm, 너비 4cm
- 텍스트 작성 : 행사 개요
- 도형 스타일 : [밝은 색 1 윤곽선, 색 채우기 – 주황, 강조 2]
- 슬라이드에 적절히 위치

③ 직사각형 도형 삽입

- 크기 : 높이 1cm, 너비 4cm
- 텍스트 작성 : 행사 식순
- 도형 스타일 : [밝은 색 1 윤곽선, 색 채우기 – 회색 50%, 강조 3]
- 슬라이드에 적절히 위치

④ 직사각형 도형 삽입

- 크기 : 높이 1cm, 너비 4cm
- 텍스트 작성 : 문의 사항
- 도형 스타일 : [밝은 색 1 윤곽선, 색 채우기 – 황금색, 강조 4]
- 슬라이드에 적절히 위치

≫ 도형 편집

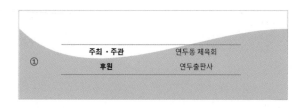

세부 조건

① 직사각형 도형 삽입
- 크기 : 높이 5cm, 너비 19.05cm
- 도형 스타일 : [반투명, 녹색, 강조 6, 윤곽선 없음]
- 정렬 : 맨 뒤로 보내기
- 점 편집을 이용하여 도형 편집

>> **종합문제 3**   다음과 같이 'Solar Energy Systems' 슬라이드를 작성하시오.

다음 6개의 슬라이드를 작성한다. 글꼴, 색깔 및 기타 사항에 대해 별도의 지시사항이 없을 경우 슬라이드 크기와 전체적인 균형을 고려하여 출력형태와 같이 작성한다. 세부조건 번호인 ①, ② 등은 입력하지 않는다.

[슬라이드1]

[슬라이드2]

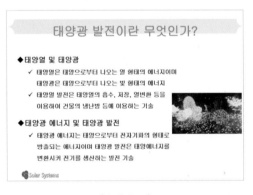

[슬라이드3]

[슬라이드4]

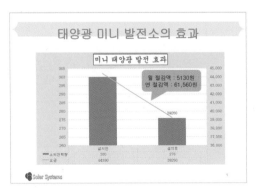

[슬라이드5]

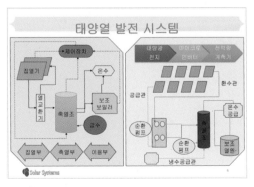

[슬라이드6]

≫ 전체구성

1. 슬라이드 크기 및 순서 : 크기를 A4용지로 설정하고 슬라이드 순서에 맞게 작성한다.
2. 슬라이드 마스터
   - 슬라이드2~6의 제목, 하단 로고, 슬라이드 번호는 슬라이드 마스터를 이용하여 작성한다.
   - 제목 글꼴(굴림, 40pt, 파랑, 굵게, 가운데 맞춤)
   - 하단 로고(로고1.jpg) : 배경(회색)을 투명색으로 설정

≫ 슬라이드1   표지 디자인

도형, 워드아트 및 그림을 이용하여 작성한다.

세부 조건

① 그림 삽입
   - 로고1.jpg
   - 배경(회색)을 투명색으로 설정
② 워드아트 삽입
   - 변환 : 아래쪽 수축
   - 글꼴 : 궁서, 굵게
   - 텍스트 반사 : 1/2 반사 터치

③ 도형 편집
- 도형을 삽입하여 점 편집으로 모양을 변형
- 그림 채우기 : 그림1.jpg
- 도형 효과 : 부드러운 가장자리 5포인트

≫ 슬라이드2   목차 슬라이드

출력형태와 같이 도형을 이용하여 목차를 작성한다 (글꼴 : 굴림, 24pt)

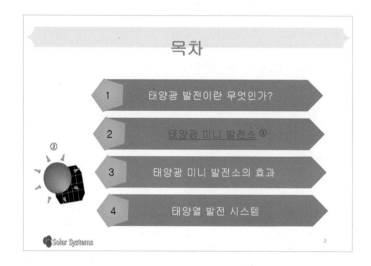

세부 조건

① 텍스트에 하이퍼링크 적용 : [슬라이드4]로 연결
② 그림 삽입
- 그림2.jpg
- 자르기 기능 이용

≫ 슬라이드3   텍스트/동영상 슬라이드

텍스트 작성 : 글머리 기호 사용(◆, ✓)

- ◆ 문단 : 굴림, 24pt, 굵게, 줄간격은 1.5줄
- ✓ 문단 : 굴림, 20pt, 줄간격은 1.5줄

세부 조건

① 동영상 삽입 : 동영상.wmv

- 자동실행, 반복재생 설정

≫ 슬라이드4   표 슬라이드

도형과 표 작성 기능을 이용하여 슬라이드를 작성한다(글꼴 : 돋움, 18pt)

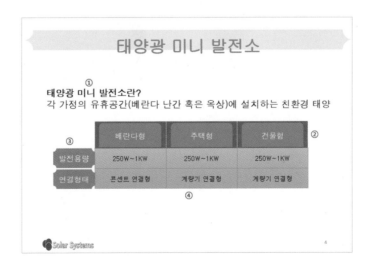

세부 조건

① 텍스트 작성
- 태양광 미니발전소란? (글꼴 : 돋움, 22pt, 굵게)
- 각 가정의 유휴공간~ : (글꼴 : 돋움, 18pt)

② 상단 도형 : 2개의 도형 조합으로 작성

③ 좌측 도형 : 그라데이션 효과(선형 아래쪽)

④ 표 스타일 : [테마 스타일1-강조2]

≫ 슬라이드5 차트 슬라이드

1. 차트 작성 기능을 이용하여 슬라이드를 작성한다.
2. 차트 : 종류(묶은 세로 막대형), 글꼴(돋움, 16pt), 외곽선

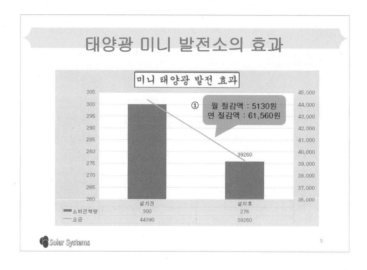

세부 조건

(1) 차트 제목 : 궁서, 24pt, 굵게, 채우기(흰색), 테두리, 그림자(오프셋 위쪽)

(2) 차트영역 : 채우기(노랑)

(3) 그림영역 : 채우기(흰색)

(4) 데이터 서식 : '요금' 계열을 [표식이 있는 꺾은선형]차트로 변경 후 보조축으로 지정

(5) 값 표시 : '설치 후'의 '요금' 계열만

(6) 데이터 테이블 표시

　① 도형 편집

　　• 채우기 : 파랑, 투명도 50%

　　• 외곽선 없음

　　• 글꼴 : 돋움, 18pt

» 슬라이드6   도형 슬라이드

1. 슬라이드와 같이 도형 및 스마트아트를 배치한다 (글꼴 : 굴림, 18pt)
2. 애니메이션 순서 : 왼쪽 도형 그룹(①) → 오른쪽 도형 그룹(②)

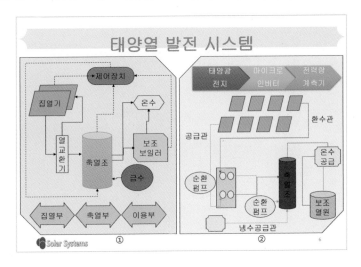

세부 조건

① 도형 편집

　• 그룹화 후 애니메이션 효과 : 바운드

② 도형 및 스마트아트 편집

　• 스마트아트 디자인 : 강한 효과, 3차원 광택 처리

　• 그룹화 후 애니메이션 효과 : 시계 방향 회전

INDEX